洪啟嵩著

觀音傳十萬史詩系列

首部曲

勅給　大悲觀世音菩薩

目錄

出版緣起

南無　大慈大悲觀世音自在菩薩摩訶薩
一心頂禮在您的面前
安心淨聽著您的教誨
一心　一心　深跪在您身前
寫下您無生無滅的究竟詩篇
於是　大悲聖者觀世音自在菩薩
那無始無終的史詩　在法界一切處中傳響
那觀世音十萬史詩啊！
是我一心　依著您一言一語的教授
輕輕的揭下了心骨為筆　沾上了心血為墨
一字一句寫下這永恆的詩篇

——《楊枝淨水》

大悲觀世音菩薩可以說是人間最熟悉、最廣受歡迎的菩薩，他無限的慈悲心與般若深智，圓融無二的具體表現，無剎不應的示現，使他成為與我們娑婆世界眾生最為相契的菩薩，俗語說：「家家阿彌陀，戶戶觀世音」，正是這種現象的最佳寫照，「觀音媽」的親切稱呼，更代表了民間對觀世音菩薩如慈母般的情感。

觀世音菩薩（梵名 Avalokitevara），以慈悲救濟眾生為本願，又有光世音、觀自在、觀世自在、觀世音自在等名號。由於觀世音菩薩的偉大勝德，有時也被稱為救世菩薩、救世淨聖、施無畏者、蓮華手、普門或大悲聖者。

觀世音菩薩遍歷宇宙中無數世界，而其主要居住的淨土，則是在極樂世界，與大勢至菩薩同為阿彌陀佛的兩大脇侍，共同在極樂世界教化眾生。在《悲華經》中記載，將來西方極樂世界阿彌陀佛涅槃之後，觀音菩薩將補佛處，號為「遍出一切光明功德山王如來」。其淨土名為「一切珍寶所成就世界」，比起現在的極樂世界，更加的莊嚴微妙。

觀世音菩薩代表著諸佛的大悲菩提心，拔除一切有情苦難，聞聲救苦，不稍停息；在《法華經》普門品中說：「若有無量百千萬億眾生受諸苦惱，聞是觀世音菩薩，一心稱名，觀世音菩薩即時觀其音聲，皆得解脫。」可見觀音法門的廣大，與悲願的弘深。

正因為其廣大無盡的悲願，「普門示現」成為觀音法門的特點；無論眾生有任何的需求，應該以那一種身份得度，觀世音菩薩即示現出何種身相來救度。觀音菩薩由「普現色身三昧」現起的不可思議變化身，常在十方世界作無邊的救濟，使苦難眾生得到無限的安慰與清涼。

而除了無盡的大悲救度，觀世音菩薩蘊藏於大悲之後的，乃是無邊的大智，所以在華人世界最廣為人知的智慧經典《般若波羅蜜多心經》，正是觀世音菩薩所宣說。

在中國歷史上，觀世音菩薩秉著循聲救苦的悲願，不斷的示現救度有情眾生，感應無數。唐代的不空三藏，在海上遭遇大黑風、巨鯨噴出水柱造成巨浪，以觀音神咒平息海難。玄奘大師西行求法時，在沙漠中遇到種種惡鬼異類糾纏，甚至有迷途長達五日無滴水進喉，連人帶馬倒臥沙中，幾至殞滅，以不斷持誦般若心經及觀音聖號，而脫離險境。宋朝政治家范仲淹，也曾感得白衣大士降凡誦經為亡母超度。

「眾生被困厄，無量苦逼身；觀音妙智力，能救世間苦。」觀世音淨聖，於眾生苦惱死厄，能作為無上依怙，而使之不生畏怖，所以又稱為施無畏者。釋迦牟尼佛滅度後，彌勒菩薩尚未降生前，大悲觀世音菩薩是娑婆地球無佛世界眾生的大悲依怙。

由於作者洪啟嵩禪師深受觀世音恩被慈護，一九九五年起陸續完成《阿彌陀佛大傳》、《地藏菩薩大傳》之後，開始著手《觀音大傳》的寫作計劃，一轉眼已過了二十餘年，如今終於逐步圓滿，令人期待！

難能可貴的是，除了籌備著述之外，歷年來作者也透過藝術、文創等型態，使更廣大的普羅大眾，親切悟入觀音之心。二〇〇七年，恭繪五公尺巨幅千手觀音為全球禽流感祈福，二〇一四、二〇一五年母親節，與台灣鐵路管理局合辦「母親是一千隻手的觀音」藝術特展及千人孝親寫經活動。二〇一六年以Q版觀音彩繪觀光列車，滿載三百位旅客，環台祈福，除了在沿途七大車站舉行觀音畫展，列車內也安排寫經、畫畫、品茶、養生功法教學，車廂化身行動教室，圓滿健康覺悟的幸福觀音之旅。

二〇二〇年伊始，在全球新冠疫情爆發前夕，作者率團朝禮觀音聖境印度普陀洛迦山，此地正是經典中記載觀音菩薩在地球的淨土祕境，作者在如實的相應下，承受了菩薩咐囑觀音傳十萬史詩的計畫，成為本系列的出版因緣。

一本書就是一座心靈道場，就是觀音菩薩的清淨法身，宛若觀世音菩薩希望以此普度眾生，此書所在之處，無論是圖書館、學校、飯店、寺院、宮廟，就如同觀世音菩薩法身常住，無間福佑眾生。來年朝禮觀音聖境普陀洛迦山時，所有倡印大德芳名錄，也將寫於疏文之上，上表菩薩，大悲護念，永世福佑！

我們期待此書出版後，如果每個人每一天，都能為世界讀誦一段觀音史詩，透過網路上傳分享，在網路之流投下大悲覺性的音聲，將如同暗夜中的點點繁星，照亮混亂苦難的人間。

在今日眾苦煎逼的時代，祈願觀世音菩薩傾下清涼的甘露，再施救濟；亦願每個人都能具足觀世音菩薩的無限悲願威力，作觀音使者，使人人都成為觀世音！

南無 大悲觀世音菩薩摩訶薩

序

二〇二〇年新冠疫情肆虐，全球六大洲迅速淪陷，民眾瘋狂搶購口罩、囤積物資，各國高階領導接連驚爆染疫，甚至牽動全球局勢的美國總統大選，也由於現任總統川普染疫而爆發「十月驚奇」，宛如電影戲劇化的情節一一成真，「新冠病毒」和「心靈病毒」，如影隨形撼動全球。

瘟疫是人類歷史揮之不去的夢魘，它奪走了無數的生命，更引來了無數的苦痛。例如，人類史上最嚴重的瘟疫之一，黑死病(Black Death)，除了病人的皮膚會因為皮下出血而變黑，黑色也象徵著憂鬱、哀傷與恐懼。

瘟疫讓人在緊張、恐畏中，生起了如是虛幻的瞋恚、貪痴、糾纏，但同時也能讓人真心迸發，顯現出吉祥的美善悟境。

在此次新冠疫情時，我心中細思，如何能夠再為這個苦痛的因緣貢獻什麼樣的心力？年初在新冠疫情全球爆發前夕，我有幸前往印度南端科摩林角附近的普陀洛迦山，朝禮觀世音菩薩。

普陀洛迦山 (Potalaka) 是經典中所記載，觀世音菩薩在地球的淨土，卻罕為人知，在印度，此地被視為三大神祇之一濕婆神的聖地，由政府所保護管理，入山時為表示崇敬，須穿著僧服禪袍，並赤足進入。在《華嚴經》〈入法界品〉中記載：

「善男子！於此南方有山，名：補怛洛迦；彼有菩薩，名：觀自在。

……

海上有山多聖賢，眾寶所成極清淨，
華果樹林皆遍滿，泉流池沼悉具足。
勇猛丈夫觀自在，為利眾生住此山。」

在印度時，我帶領著禪旅大眾，一行人於觀世音菩薩居止處「石天宮」前安坐修法，祈求疫情早日平息。而此處正是《華嚴經》中描寫，善財童子參訪觀自在菩薩之地。由於如實的相應，我承擔了觀世音菩薩的咐囑：以十萬句史詩，完成觀世音菩薩大傳，規模將超越印度二大史詩之《羅摩衍那》。

相應於全球疫情，觀音傳十萬史詩系列首部曲《楊枝淨水》，正是以佛世時，毘舍離國發生大瘟疫，佛陀教大眾迎請觀世音菩薩從極樂世界前來娑婆地球消除疫疾的故事展開，祈願大悲觀世音菩薩消伏疫疾，而最重要的是，在這特別的機緣當中，讓人們身心安頓，並得以開悟成就。

《楊枝淨水》以《請觀世音菩薩消伏毒害經》為主脈絡，再加以擴大發展而成。共分五十三品，象徵著《華嚴經》善財童子五十三參，從發心、修行，到圓滿成佛的歷程。故事以序品〈觀世音・時空越〉揭開序幕，此品是觀世音菩薩和你我的深心對話。接著從毘舍離城危急的疫情開始，由月蓋長者至王舍城請佛陀前往救度。

在此過程中，佛陀善巧地化解了國與國之間的世仇恩怨，帶領弟子走向疫區。隨著場景推移，讀者宛若參與其中，跟著佛陀的腳步，寂靜地移動，我們看到佛陀隨緣度化貴族、餓鬼、天神，種種不同的生命。我們看到毘舍離城疫區的慘況，惶惶的人心，祈請救度。進入觀音十萬史詩，二千五百年前與當下的二〇二〇年，如幻時空交織，跟隨著佛陀與觀世音菩薩的腳步，一步一步走向大覺的幸福人生。

祈願這無始無終的不滅金剛心詩，無上光明的大悲故事，在人間無盡傳唱，讓我們共同祈願，大悲觀世音菩薩永遠的守護人間，無災無難直到成就無上的佛果，深願：人間幸福、眾生覺悟、圓滿淨土！

地球禪者

洪啟嵩

主要人物及場景簡介

釋迦牟尼佛

梵名 Śakya-muniBuddha，地球上第一個圓滿覺悟的人。十方世界有諸多佛陀，在人間之佛陀，則是指釋迦牟尼佛。佛陀公元前五百餘年出生於北印度，為淨飯王太子悉達多，成道後被尊稱為「釋迦牟尼」，意即釋迦族的聖人，為佛教教主。印度毘舍離城發生大瘟疫，佛陀教以祈請觀世音菩薩救度，觀音史詩從這裏展開。

阿彌陀佛

梵名 Amita-buddha，意譯為無量光，或無量壽佛，為西方極樂世界的教主，以觀世音、大勢至兩大菩薩為脇侍，在極樂淨土實踐教化、接引眾生的偉大悲願，是華人世界最為熟知的佛。在毘舍離大瘟疫時，西方三聖共同降臨人間，施以救度。

觀世音菩薩

梵名 Avalokiteśvara，以慈悲救濟眾生為本願，象徵著諸佛大悲體性的菩薩。又名為觀自在、施無畏者、蓮華手。觀世音菩薩主要居住於極樂淨土，為阿彌陀佛的脇侍。觀音大傳十萬史詩首部曲，所描寫的即是觀世音菩薩來到地球救度瘟疫，幫助人類成佛的故事。

王舍城

梵名 Rājagrha，為位於中印度摩竭陀國之都城。為頻毘娑羅王、阿闍世王在位時之都城。佛陀一生常駐說法地，竹林精舍、靈鷲山等都在此地。佛陀入滅後第一次經典結集即在此地舉行。

頻毘娑羅王

梵名 Bimbisāra，佛世時印度摩竭陀國國王，與佛陀同年同月同日生，與王后韋提希夫人皆虔信佛法，竹林精舍即其為僧團所建。後因太子阿闍世王篡奪王位，而被囚於獄中。佛陀遣弟子目犍連尊者以神通進入為其說法，於命終前悟道證得聖果。

阿闍世王

梵名 Ajātaśatru，為佛世時中印度摩竭陀國頻毘娑羅王之子。及長，立為太子，因聽信提婆達多之唆使，幽禁父王於地牢中，欲致之死。即位後，併吞鄰近諸小國，威震四方，奠定印度統一之基礎。後因弒父之罪而遍體生瘡，至佛前懺悔而平癒，遂皈依佛陀，並護持佛陀滅度後，於王舍城舉行的首次經典結集。

神醫耆婆

梵名 Jīvaka，為佛陀時代之名醫，因醫術高超被譽為神醫，為頻毘娑羅王與阿闍世王之御醫。其虔信佛教，曾引導弒父之阿闍世王至佛陀面前懺悔。雖然毘舍離大瘟疫讓他束手無策，但在疫情後的重建，耆婆醫師以設立溫水浴池，提昇公共衛生等前瞻性作為，來防止疫疾發生。

毘舍離城

巴利文 Vesāli，意譯為廣嚴城，中印度的都城，位於恆河北岸，與南方的摩竭陀國相對峙。為佛世時十六大國之一，跋耆 (Vajjī) 國之首都，離車族人所居之地，維摩詰菩薩、菴摩羅女、長者子寶積，都居住於此。佛世時曾發生大規模疫病，日死數百人，佛陀教大眾祈請觀音菩薩降臨救度，為觀音傳十萬史詩首部曲主要場景。

月蓋長者

毘舍離國長者。在印度，稱積聚資產的富豪或年高德劭者為長者，毘舍離由五百位長者居士共治國政。月蓋長者曾於維摩丈室，聽聞不二法門。在毘舍離大疫中，代表前往向佛陀祈請救度。

恆河

梵名 Gavgā，為印度三大河之一，又作殑伽河，意思是「由天堂而來」。發源於岡底斯山脈，在喜馬拉雅山頂高處，向東南奔流八百公里，於東孟加拉與布拉馬普得拉河會合，流入印度洋。印度人視之為聖河。傳說恆河原為天上之河，要下降人間時，恐大地無法承受，而順著濕婆神之髮，分為七支，流入人間。印度河上流為阿闥婆吠陀及梵書成立時代之印度文明中心，中流為古奧義書時代之文明中心。至釋迦佛陀應世，恆河兩岸更是佛陀及弟子教化活動之重要區域。其地人口稠密，經濟繁榮，交通發達，物產豐富，故印度人視為神聖之地。

餓鬼

梵語 **preta**，音譯為薜荔多，為三惡道眾生之一，前生造惡業、多貪欲者，死後生為餓鬼，全無食物，常陷於饑渴之苦惱，若偶爾獲食，於將食時，又化作火燄，無法下嚥。見水欲飲，一到口邊又化為膿血。佛陀在前往毘舍離救度的途中，遇到餓鬼群聚，教以持水供佛，捨除貪吝、增長福報，早日脫離餓鬼身。

死王閻摩

梵語 Yama-rāja，又作：閻羅王、剡魔王，為人間第一個死者，冥界之總司，地獄之主神。在印度文學《梨俱吠陀》中，閻摩志願死亡捨身入於冥界，而為眾生發現冥界之路，是為人類最初之死者，被稱為死者之王。

菴摩羅女

毘舍離城絕世美女，相傳其由菴摩羅樹所出生，被稱為菴摩羅女。傳說神醫耆婆即為她與摩竭陀國頻毘娑羅王所生。菴摩羅女後皈依佛法，將所居之菴摩羅園供養佛陀。

離車族

古代居住於中印度毘舍離城的種族。意譯皮薄、仙族王，屬跋祇族之一部。佛世時，此一種族實施共和制，由五百長者共治，國家富強。佛陀滅度後，此族亦分得佛舍利，並為起塔供養。

不思議光童子

佛陀在前往舍衛大城乞食途中，偶遇路上的一名棄嬰，許多狐狼狗群，發現嬰兒後不但沒有叼走，反而親切地舐了舐就離開了，引起民眾好奇圍觀。在宿世善緣成熟與佛力加持下，不思議光童子和佛陀之間開啟一段甚深的法義對話。

維摩詰菩薩

梵名 Vimalakīrti，意為：無垢稱、淨名，為毘舍離城之長者，佛陀之居士弟子。雖在俗塵，然精通大乘佛教教義，其修為高遠，僧團中許多聲聞弟子都向其請益大乘法要。維摩詰居士與夫人無垢、女兒月上女、兒子善思童子，皆虔心皈佛。在毘舍離大瘟疫期間，共同救護眾生。

歷代中國佛教藝術中，常見以《維摩詰經》內容為題材的雕刻、壁畫，如雲岡石窟、敦煌石窟。

帝釋天

梵名 Śakra Devānām-indra，為忉利天天帝，又作天帝釋、天主。並有因陀羅、憍尸迦等異稱。帝釋天與大梵天同為佛教中重要的天神護法，帝釋天鎮護東方，居於須彌山頂之忉利天，其城稱善見城。於每半月之三齋日遣使探察天下萬民之善惡邪正。

根據《法顯傳》及《大唐西域記》所載：在印度靈鷲山五精舍之一「帝釋窟」，相傳即為帝釋天以四十二事問佛之處，一一以指畫石，畫跡猶在。

賢護菩薩

梵名 Bhadra-pāla。為八大菩薩、十六大菩薩之一。賢護菩薩是一位在家菩薩。在《摩訶般若波羅蜜經》與《無量壽經》之聞法大眾中，皆列於首位。經中記載賢護長者為富商之子，其所受之諸樂，為帝釋天王所不及。《楞嚴經》卷五所載，其因入浴室而悟水因入道，因此後世禪宗遂於浴室安置賢護菩薩像。賢護菩薩參與了毘舍離疫病的後援勝會，佛陀為其開啟了一切諸佛現立在前的般舟三昧法門。

舍利弗尊者

梵名 Śāriputra，佛陀十大弟子中被譽為智慧第一者，又被稱為「舍利子」（舍利之子）。佛陀成道不久，舍利弗受佛弟子馬勝比丘所度，旋即與好友目犍連各率弟子二百五十人同時詣竹林精舍皈依佛陀。舍利弗皈佛後，常隨從佛陀，輔翼聖化，為諸弟子中之上首。舍利弗一生為僧伽長老崇敬，可惜後早於佛陀入滅。

迦旃延尊者

梵名 Kātyāyana，佛陀十大弟子中，被譽為「論議第一」者。他的辯才無礙，常在當時佛法尚未普及的西印度弘法。由於他的善巧方便，除了使其他宗教者懾服之外，也接引了許多人步入佛門。迦旃延尊者教化事蹟，令人津津樂道，在此中描寫了他教導一位貧苦無依的老婦「賣貧」的故事。

阿難尊者

梵名 Ānanda，全稱阿難陀，意譯為慶喜，於佛陀十大弟子中被譽為「多聞第一」。阿難為佛陀之堂弟，容貌莊嚴，面如滿月，眼如青蓮花，光淨如明鏡，極受大眾喜愛。其二十餘年間為佛陀的侍者，並任說法傳持之務。佛陀入滅後首次佛經結集，即是由阿難尊者誦出佛陀所說之諸經。

藍色的眼淚　滴成了澄明的大海
清色的明光　滿成了無礙的虛空
大悲的風啊　將虛空海水與光明
揉成最無礙現空的寂澄淨心
這是觀世音菩薩大悲的廣大自在

—地球禪者 洪啟嵩

序品　觀世音·時空越

一、法界生

仰　星空天際　向　看來處
是現在　是過去　是未來　是當下
乘著大悲的心　法界雲遊
到了娑婆地球
揭開一場宇宙的穿越大劇
看星明成瀑　玉浪騰悅　相會成霄漢
用星斗舀光　宇宙芳寒
從銀河流下靈光
淡淡的　默默的　微微的淨水
竟流出了我吉祥的眼心

拈一粒沙　點成了星

拈恆河般的沙　天河成
沙映成晶　海中星清
深心相會　漢洋燦明

袖雲捲起千個太陽
巧粧成一片蓮瓣
種在八功德水裏
長出千葉的淨蓮波湧

用千朵清淨的蓮華雲星
莊嚴成三千大千世界
做佛的家園　成了佛土
細巧地將百個佛土匯成絹流
漫出了霄漢
這億萬千條銀河　掛在天際

恰恰正安在我的心底
化出一個一個小小的星海宇宙
演那重力因緣波濤成
依假名幻世　宇宙本來空
從劫後劫初　到劫前時空越過
那無量的宇宙啊　十方三世
正同時炳現
就這樣子道盡了緣起世間
法界於是現前　一片現成

星弦落英演音
天潤流晶銜玉鳴
法界清唱心聲

我是觀世音

不是過去　不是現在　不是未來
我是觀世音
不在東　不在西　不在南　不在北
不在上　不在下　不在中間
不在此處亦不在彼處
在空更不在空
生住異滅　一場劇
成住壞空　一場夢
生老病死　只是一場不生不滅的遊戲

以有空義故　萬法方得能成
若無空義
如何有了你、我、他、法界、宇宙
於是我就是觀世音
就這麼在無量的世界遊

在重重的宇宙大海中　如來如去
輕彈萬月　盡鳴宇宙合聲
春光秋色同應和　我心獨唱觀自在
法界齊奏　太古遺音
引清風歌上心月
唱出朝陽昇明
身遍十方　不動的道場
餘音繞法界　宛轉入深定

於是回眸　我的家鄉
從此西去十萬億佛土
在這娑婆世界太陽的西方
極樂世界是最吉祥安居處
願你們常來　常往

二、極樂界

無有眾苦　但受諸樂
這是阿彌陀佛的極樂國
淨心處　安在最深淨的大海窮底
億萬光年里程　宇宙風吟
向上望　如千百億個太陽透藍海相看
無量光雪飄下宇海　星燦鋪落銀流
就這樣成了極樂世界的大地

幻然明現　琉璃成淨
冰澈澄清　光雨虹舞
七寶池上八功德水
金沙布地明空照　星點映波金
光明作水　塵星玉滴繁灑　逐海成晶流

吹幻銀盤漩法界　霓霞巧搭成橋
用月光　鋪玉階　拈日作燈晶
布虹霓織出千百億樓閣
金剛光鍊築欄楯
無盡莊嚴極樂界
安立在我師阿彌陀佛　四八大願
香光音淨心

白鶴善演佛音　孔雀銜明
彩虹展羽屏　幻人歌法界　細合光音
鸚鵡迴向淨心曲　敲玉星磬
絲竹如來和　舍利清唱應霞音
迦陵頻伽共命鳥鳴淨
天樂圓空韻　淨演暢曲雅　飛音叩翠雲
心心相唱入三昧　念佛　念法　念僧

香霓舞靈　焰雲銷空玉波湧
珠露麗曲　用秋月琴彈
聲飄法界　眾生同寂淨

舞虹清聖
如我念佛
一心合十
阿彌陀佛
佛常念我永續如如心

三、時空旅

從銀河到銀河
空箭射穿宇宙
一念億萬年　已歷多少劫波

無盡星海　如念而去
千萬劫　只看一心
永遠無盡的時空旅程
在無念當中彈指而逝
暗物演微頻　顯宇宙本初
無始法界從緣起
相注夢中夢

當時間停止　時何在
當空間失去蹤影　大小何處
向東、向西、向南、向北
向上、向下、向中、向空、向大空

劫波一瞬　剎那印成百億光年
空亦空成

於是把十萬億佛土　拈成了心光
在無時空中遊歷

銀浪湧天渠　光明演津波
身在高明　不敢翻身怕北辰破
語輕如風微　恐驚法界心

四、靈山上

在宇宙大海中擺渡
回到觀自在心的原初
於是當下來到了娑婆地球
所有的時空　成了我心的維度
如是身遍十方十世

在不動的道場
在沒有時間　沒有空間中遊
當下到了靈鷲山上
於是時間停止了　你的心在何處
就這樣如實的觀看
回首望億萬星河　蓮華藏海
從此西去十萬億佛土
我的家邦

捲起靈山上的雲　鋪成了七彩的錦
我拈起太陽的光
織成了千葉的寶華蓮座
敷坐在上　念清明　法界入娑婆
光喜常雨淨甘露　大悲無害生慈心

灑淨瓶一滴　普教大地成清涼
靈山清聖　絲竹演妙光
誰和晨曦　珠玉同唱
舞虹敲清磬　法界奏覺音
合掌深念　用最淨的本心
唱出我觀自在的妙音

五、觀世音

山吹曲妙松風吟
雅韻北斗洩清聲
億萬晚鐘　敲成一片靜
空平心鏡　鑑照了無痕
但願眾生得離苦　圓滿到成佛
心心寂定　常念

觀世音

你問我　為何我名為觀世音
我是你心中的能觀自在
最深的慈悲、安寧
莫若當下迴觀　問你自心
我是觀世音
從來不曾執著我為觀音
在無我中觀照著你　觀照著我
這觀照當下　三輪體空了

於是沒有你　沒有我　也沒有觀照
就成了觀世音
在萬象寂然無別中
照見五蘊皆空　度一切苦厄

觀照音　觀照聲　觀照眾生無相
一切都得到了解脫

那無盡無量的誓願
觀世音的心
只有畢竟空中才能明見
大悲方能了悟
我聽見你的聲
我聽聞你的音
我聽覺你的心
我聽悟你的夢
我聽入你的願

只有空啊　才能聽見你真正的心聲
我聞了你的聲

我應了你的音
我安了你的心
我到了你的夢
我圓了你的願景

空不是有　也不是無　空只是實真
演出無盡的宇宙戲夢
清唱光明覺性藏　吟吉祥梵音
光階輕敲聲月　淨玉星鳴空　甚深寂靜
我那胸中誓願深如海
竟將眾生同成了佛
這無念當下　我是觀世音
你也是觀世音
你我都是觀世音
於是大家都成了觀音

六、施無畏

一心稱念我的名號吧
觀世音將成為你真實的心
當我觀照著你的音聲
你將圓滿的解脫
我是法界的倒映
宇宙是我心的投影
大悲的觀音妙行
在如幻時空中
如空谷迴音
善巧回應所有的因緣
回觀自心
我是你慈悲的心聲
弘誓廣深如大海　歷了多少的時劫

慇懃常念我
現身得離一切苦惱
一切障難　一切怖畏
貪瞋癡的三毒罪業　將得洗淨
得至不退轉境
我心如鏡　澈照了法界
如光華舞
一身普現十方佛土
一切有為法　如夢幻泡影
如露亦如電　應做如是觀
在無量佛所　發了廣大清淨的願　甚深

我的心與你的念　如明鏡相照
你鏡中有我　我鏡中有你

最空的當下
滅除了一切苦厄
火坑已化為清淨的智水
在惡浪大海中自在地出離
從須彌山上聖母頂墮下
亦宛如日輪安住虛空
惡人追擊、怨賊執刀加害
如化、如響、如焰、如水中月
是鏡幻中的虛影

憶念我觀世音的名號吧
觀音力將轉那惡念成慈心
在苦獄、受惡刑　讓我守護你的心
讓你安度一切苦厄　幸福康寧
羅剎、惡鬼、毒龍、猛獸

我來安撫　讓牠們安心
成為吉祥的守護

大雨、風暴、驚雷、地震
從地、水、火、風、空及心識中
所幻化出的恐怖障難
以我觀音力　讓所有災厄成為慶喜
妙音如虹
大地盛開歡喜的蓮華、牡丹
天華雨灑浴身淨
如同彩雲、善友
帶來瑞遇
是你的夢　我的行
圓滿你所有的夢願　是我的妙行

所有的執念放下吧
清風和煦　淨月明心
如實念我觀世音

讓我的心力安住宇宙、大地、人心
一切回到本初的和平
眾生被困厄　無量苦逼身
觀音妙智力　能救世間苦
具足神通力　廣修智方便
十方諸國土　無剎不現身

七、大悲勇士

宇宙風波惡　多少難劫已過
無念善成般若

形色依心造
你的心成了最善巧的畫師
繪出種種驚怖
惡鬼、夜叉隨著你的心悄悄的生出
恐懼來自自心　自畫自驚怖
那麼精巧的妄念
竟繪出六道中所有的痛苦
地獄、餓鬼、畜生的一切災難
生、老、病、死催逼苦惱
自己被自心所畫的惡形聲色所害
迷妄無覺　自作自受　如蠶絲自縛
執著所有的苦　將幻誤真
墮入六道輪迴　那麼癡心妄想
永不願離

憶念我觀世音吧！
我誓將一切的迷幻苦厄　漸令除滅
化作吉祥清靈
用最真實的心　無比清淨的意
用廣大的智慧　大慈大悲觀照
徹見究竟的深心　清靜　清靜　清淨
無垢的光明　如同慧日般照破所有闇黑
降伏一切的災障　普照世間覺生

清景為心有　五色蓮心間清開
一笑付天河光華星浪
達心見空澄　法界喜遊

讓我消除一切地、水、火、風、空、識的災難
用慈意興起淨妙大雲

降下如同甘露的法雨
法界降意龍　空山射心虎
滅除你心中一切煩惱的火焰
恐怖惡境的怨敵
在觀音的大悲力中
惡障如霜雪消融於日　終歸吉平

雙手合十　所有智慧的善友
跟我念誦吧
妙音觀世音　梵音海潮音
勝彼世間音　是故須常念
念念勿生疑　觀世音淨聖
於苦惱死厄　能為作依怙
具一切功德　慈眼視眾生
福聚海無量　是故應頂禮

清風帶寬心寧　空釣白雲喜
無事正好　合掌常念觀世音

八、千手觀

為什麼我有一千隻手
我用第一隻手　加持你的頂
我用第一千隻手　安撫你的心
用一千隻手牽著你　護著你
到成佛

為什麼我有一千隻眼
我用一千種眼神　看著你的心
淡定清澄

每一眼都帶著最深的願
開示悟入　長養你的心
再用一千種真心　看著你的眼睛
覺透明真
直到你們成佛了

為什麼我有一千隻腳
每一隻腳都將是你的支柱
助你奮力開拓覺的人生
健康　幸福　快樂　慈悲
高高興興地學著佛　快快樂樂地成了佛
我奔走在無盡的時空路途
用一千隻腳　磨穿了法界、宇宙、地心
為你磨心
當你成了觀自在

我們都成了觀自在
你就知曉　你也是觀世音

九、應身明

小舟行月　法界自常春
但看萬劫風塵　點沙成星明
用心在闇物質中　彈奏幻化弦波
疊出了多重宇宙
是空　非有　非無　非關有無
是不真的空　如實如幻的動
星瀑天水　烹茶飲清寧
江空明秋月　億萬經卷藏心
一種平懷　念蒼生　憫有情
三界遊來

願如香花馨天地
氣正浩然
我是你清淨大悲的心影

蒼宇明志　法界誓深
在觀世音佛前　我發起了無上菩提心
彼佛教我　從聞思修中入了甚深三摩地
我全然放下　初心專念
聽聞了一切的聲音
剎那際法流音靜　敲破聲塵
在法性流中　亡失了所聞音聲的差別
聞聲法流同注寂滅消融　一時平明
白雲松聲展袖風清
琴鳴迴音碧山空磬
萬柏雲任長

動靜二相　了然不生
如是增聞法界一切音聲
聽的我　聞的音
了然盡處　寂寂明淨

聞音窮盡無執住
能覺　所覺　念全空
空了覺知時　極圓滿處　境界無生
能空、所空全寂淨
生滅分別　全然了滅
圓音不染聲塵　聲色以外
觀世音

究竟寂滅　覺證現前
豁然間　超越世出世間

十方法界同圓明
上合諸佛本妙覺心
與諸佛如來同一慈力
下合眾生最深禮敬
與諸眾生同一悲仰
無上正覺

我乃觀世音往昔供養觀音佛
如來授我大悲如幻三摩地　一切現成
薰聞性習　聞性修鍊
金剛三昧如實圓證
彼佛教我觀世音

十、幻化舞

覺悟星海
竟演成一齣大戲的宇宙
幻化的大悲舞步
與諸佛如來同一慈力
我回應你的心願
成了三十二種妙身
善入一切國土世界
做你的善友
我身映照如來的廣大慈悲
用你最深淨的心顯現
我將回應你所有的祈求
這正是你心中最深的感應

千化萬變　應入國土　就在你心
諸佛慈悲無執無作
妙力於是自在成就
你的心　我的心　如明鏡相照
摩尼寶珠相攝相悟
我是你心中最覺悟的慈悲
回應是你智慧的心

大悲施無畏　我是觀世音
以金剛三昧的無作妙力
與十方三世一切眾生
同生悲仰
當你深心憶念著我
十四無畏的廣大功德將覆護你身
身心微妙含容周遍法界

聞持我的名號　觀世音
十四無畏將匯聚你身
讓你超越一切苦難
具足無邊的福德
福起你　福起地球

你將在無邊世界中聽聞　觀世音的名號
永遠幸福、覺悟、安寧
由我觀聽十方圓明
在微妙聽聞中證悟
究竟至妙的聞性自心
超越聽聞眾相
所有見聞覺知已無所分隔
圓融清淨寶覺一切現成
這是我最深的祕密

無量的妙容是我的身
無比的妙聲是我的音
於是從一頭到無量頭　隨緣顯現吧
一切的智慧　將成為你的覺悟
從二臂乃至八萬四千臂
每隻手都為你而用
扶著你走向無上的菩提
二目、三目乃至八萬四千清淨寶目
慈、威、定、慧　開悟你心
每個眼睛都來自最深的大悲心聲
廣大自在救護你及所有的眾生

苔滑非雨　松鳴亦非風
萬境如如　不變隨緣去
如此超越一切音聲塵境

自在的現形　誦持無聲的妙音
無畏是佈施的一切
十方微塵國土　都稱我施無畏的人
周遊十方法界　證得佛智究竟
清淨心一念觀世音
究竟圓滿　法爾現成

十一、念佛心

初心見佛　初心念佛
一念成佛　是心是佛
一念大家都成了佛

諸佛如來是法界身
遍入一切眾生心想之中

心念佛時
心已成了三十二相八十種好的如來
繫心一念　諦觀佛陀　是心作佛
當下這一念心　就是佛

隨我憶念　南無本師釋迦牟尼佛
南無阿彌陀佛
稽首十方三世一切佛
讓我們的心　共同相繫一念
憶念我那吉祥的名號
南無大慈大悲廣大圓滿
觀世音菩薩摩訶薩

貳

吉祥名號贊誦品

一

嗡！嗡！嗡……嗡……嗡……

娑　紇哩　莎訶

sa hrīḥ svāhā

那諸佛大悲心的殊勝總集
法界體性畢竟空的大悲現起
那法界現前　如母的觀世音菩薩摩訶薩
用您最溫柔的手　守護著一切眾生
如同母親般　用大慈的心　育護法界一切如子的有情
將那所有的眾生養育成佛子

善哉！善哉！
現前一念啊！　開示悟入了佛的知見
是始覺豁然現成本覺　圓滿了全佛
一切的眾生都如是現覺的成了佛
那不壞的金剛心啊！　在您大悲心水的灌注下
都成了金剛薩埵
成了普覺的如來　十方三世一切法界
都全成了佛

稽首頂禮大悲心的佛母　永憶皈命大悲母親的恩德
發願啊！善願！　無上的菩提願！
我們要同母親　大悲觀世音菩薩一樣　普度一切眾生
我們如同母親　現成了觀世音菩薩
用千手至柔的撫育眾生成佛
用千眼慈愍的觀注法界眾佛

將千足磨穿為了讓眾生全佛
用那千手千眼　無量的手眼
普照一切眾生全成了佛

我等佛子　一心　一心　一心　一心　一心……
那麼至心至性的深密深願　共心祈請
請將那究竟勝利的大悲心要　交付於我等
以大悲成就大悲　是以心傳心
將本密妙明的正法眼藏　那自性的大悲精要
如實的法界體性究極光明　如實交付
這是法爾無生無滅　自顯無上的最勝利傳承
廣大圓滿於是現成
一切眾生於是現前成了　觀自在王
皈命　南無大悲不動的法界體性

啊！法界最最勇猛的施無畏者　觀世音菩薩
一心一心的念念憶念　如同眾水融於大海一般
如實的證得了大悲光明遍照等持三摩地
施無畏的大悲聖者啊！
相應您那無初法爾的　大悲體性
以心應心　永誓皈命這大悲的心王

願與如來同一慈力　廣大圓滿無礙　密護一切有情
在畢竟空　是在畢竟空　在實相中　一切了不可得
不生不滅　不一不異
不常不斷　不垢不淨　無來無去
於是在如中行來　如中行去

稽首勝利的觀世音　法界大悲主
我們如實一心的南無皈命

具足無上洪深的大悲菩提願力　圓滿一切的相好妙身
在真實語中　宣說一切究竟無上的現空密語
在無為心內生起最深、最深的　同體無緣大悲之心
迅疾善哉！　滿足了眾生一切心願
永使滅除所有的罪業無明

那無邊的法界龍、天、眾聖　同心慈護
具足百千的禪定三昧　頓然現前薰修
受持這無上微妙的身　成了光明的寶幢
受持最密明的心　成就了無漏現成的神通寶藏
洗滌一切塵勞的大慈願海　濟度了我等
這是讓我們頓然超證了　無上菩提的廣大方便之門

二

我在當下稱誦　偉大的觀世音菩薩　永誓皈命
一切所願從心　一切悉皆圓滿
唵　阿嚕力迦　莎訶
oṁ alolika svāhā

皈命　那無染著者　一切圓滿　圓滿　成就
法界體性自示的廣大圓滿教授
三輪現空　頓超了能作的主體、所應的對象與現前的觀照
在言語道斷無可表示中　詮解指示了最勝利的莊嚴教授
皈命於那一切如來的大悲體性者　觀世音菩薩
在究竟現空無住、無所住中　普現了大悲心

在不可得中　大悲法界灼然現成
那極幻的金剛界體、實相體性　自然顯現了
現成授記法界眾生　圓滿成佛

這是究竟最密常寂的大悲之王
在無實中自圓滿現成
這如實的教示　以空顯於空
心心相成　如同光明注照著光明
如同以水注於水　月映於月
如此的自性空寂　互相緣起無有間絕
相互發起、相互圓滿、互映究竟
法界體性畢竟空寂的大圓滿明鏡
如實映照著十方三世　同時炳現

清淨！　清淨！　一切清淨

體性現成無生大悲心　如是無滅
平等心是　無為心是　無染著心是
這是空觀現前恭敬無比的心
無上菩提心　如實的現成了　原來體性自佛加持了自佛
自觀自在加持了自觀世音
原來眾生全成了大悲心觀世音
自性的中脈現生法界等量　無有法界不是觀世音

從觀自在中脈如空　從本自心現前自觀世音
全觀法界全成了觀世音　清淨法海自然顯現了
一切法中最上乘　諸佛大悲總集的究竟體性
是三世佛母　諸佛的祖母
於是始覺相會本覺　豁然成佛究竟

三

南無大悲觀世音　願我能速知一切究竟之法
南無大悲觀世音　願我早得佛陀的智慧之眼
南無大悲觀世音　願我速度一切眾生
南無大悲觀世音　願我早得圓滿的善巧方便
南無大悲觀世音　願我速乘般若智慧的船筏
南無大悲觀世音　願我早得超越生死苦海
南無大悲觀世音　願我速得戒定慧的大道
南無大悲觀世音　願我早登無上涅槃的寶山
南無大悲觀世音　願我速會無為體性的房舍
南無大悲觀世音　願我早同如來法性真身
我若走向刀山　刀山自然會摧折
我若走向火湯　火湯自然會消滅
我若走向地獄　地獄自然會枯竭

我若走向餓鬼　餓鬼自然會飽滿
我若走向修羅　惡心自然會調伏
我若走向畜生　自得廣大圓滿智慧

嗚呼！大悲觀世音菩薩　嗚呼！世間自在的怙主
若有專心正念憶持者　得以解脫一切惡道之苦
這是世間最尊重的父親　這是世間最尊重的慈母
這是世間真實的救度者　這是世間的廣大日光

妙音觀世音菩薩　宛如梵音、海潮音般清淨
超勝這世間的一切音聲　是故我等須常念誦
念念勿生起疑惑啊！　這大悲觀世音　清淨的聖者
在眾生苦惱死厄之際　能夠成為眾生究竟的依怙
具足一切最勝功德　用慈眼注視著一切眾生
福德廣聚廣如大海無量　是故應一心頂禮

共同祈願於未來　皆如同觀自在菩薩一般

四

聖觀世音菩薩的百八名號
聞者自在不墮於惡趣
生生世世恆見聖觀世音菩薩
常能受持無間　具足智慧勇猛
善持法義具足世出世間福德
圓滿一切真言悉地成就
如是現前往生極樂淨土
嗡……一心皈命　入於大悲勝海曼荼羅中
一心念誦那大悲聖觀世音自在者的百八淨名：

皈命蓮華薩埵　尊貴而偉大的蓮華聖者
世間自在的王者　法爾究竟的大主宰
圓滿的觀自在王　殊勝勤勇的至尊
稽首皈命於金剛法　勝妙的法王
法界大清淨尊　最無上的偉大心意至聖
勇猛的王者　大蓮華生　具足蓮華之身
頂禮蓮華至尊　微妙的蓮華光明
由蓮華所出生者　具足蓮華的清淨
善妙的寂淨者　如同金剛不壞的蓮華
勝妙蓮華所成的身相
皈命本淨的蓮華　一切蓮華怙主

勝利廣大的光明　廣大善巧的淨業
廣大善妙的譬喻者　偉大勝利之身
具足大勇猛者　法界大無畏者

禮敬大勤勇士　了知一切有情之心
圓具大乘教法　相應一切勝法
世間偉大的父親　息滅一切災障者
清淨利益的人　從大空寂靜中出生
稽首皈命大覺妙華秀出　諸法真實勝義
善持一切正法　為清淨法者
善作一切勝法　如是勝妙法門
廣大實相法門
皈命正法之輪　覺智大士

微妙勝利勇者　有情薩埵勝王
一切法之大士　如是一切中最上
微妙勤勇之至尊
禮敬勇猛殊勝大士　如實觀照自在者
最上勝尊　普遍觀察法界者

大勝利主　為世間光明　利益一切世間
頂禮世自在者　具世間文字
廣大文字　最上文字
以字為甚深法喻　示一切文字
一切字中之字
皈命文字之輪　持蓮華之手
成就廣大之手　具布施者

普令一切安穩者　即一切佛
即一切法　如佛之大尊
稽首皈命諸佛之威德　佛陀微妙之色相
廣大究竟之色相　金剛色相　善相者
大法光明　勝妙光明
禮敬皈命世間之光耀　蓮華吉祥
尊勝王者　法吉祥尊　最勝尊者

最上大梵　梵中之至尊
頂禮清淨梵行所生子　勝上法燈
燈中最勝之燈　發起燈中光明
普照一切者　為光耀之至尊
廣大照明

禮敬佛光之相　得佛灌頂者
最上覺悟　為諸佛之子
廣大覺智　大覺灌頂者
殊勝頂輪
稽首皈命於覺中之覺
已具佛眼者　即具大眼者
復為法眼者　廣大觀視尊
三摩地智尊　一切之主
一心禮敬於金剛眼尊

觀世音自在者的一百零八名讚誦
若人能全身一心恭敬深禮
或後觀想乃至稱揚　此人當得成就世自在者

參　竹林精舍化毒龍品

一

竹
無風輕動
靜　至極　淨
靜到無聲也吵
只那心音低語
靜靜也鬧

竹輕輕的低語著竹
靜到莎莎微微
喜到了極處的樂
聽聞佛將來的足音

風淨淨的嘆息向水
波微微的倒泛　影著青空
風與水細語著輕空
世界忽然亮了起來
佛將來的足音

佛陀將來
大竹告訴小竹們
在我們的環敬中
結夏安居

翠鳥叫了
蟲鳴了
風呼吸了

水淨明了
空更空了
佛陀將來
大眾安心明清

二

忿怒啊！忿怒啊！
恨啊！恨啊！恨啊……
那恨就像源源不斷的熾熱火泉
汩汩流出
迅間滿成了烈河
那熾烈的恨火
充溢了心堂
不知何所從來

只有日日狂生滂沱
那麼恨啊！那麼恨啊！
竟已成了惡毒的平常
就這樣從知曉到不覺知的
被瞋惡了

像那上湧無停的熔岩
總要噴洩而出
愈緊愈惡
愈發洩愈張狂
我的心在那裏？
我的心難道就是瞋

難道只有瞋？

難道就是那麼的被瞋了
只有恨　成了被恨
被惡毒的那麼平常自然的心啊！
嗚……　惡龍阿波羅利已忘了本名
彷彿存記著自己是個婆羅門

想當時那甚大兇惡的毒龍酸陀梨
為什麼記得這個已消逝的名呢？
總是放出雹霜
傷破五穀令不成熟
人民飢餓啊！飢餓

似乎有個精壯的婆羅門
咒術流利精通
舉聲誦咒

雲便解散　不降雹霜
五穀豐熟　人民歡喜
大家好快樂　好高興的供養、敬信
生活的那麼喜悅莊嚴
好快樂　好自在　好尊嚴……

那婆羅門是誰啊？
似乎記得　又似乎不記得了
那是誰啊？
是我嗎？

三

後來佛陀來了　來說法了
為何要來說法呢？

所有的龍神惡鬼不再惡害而行善
人民也受到教化　得道的人甚多
於是風調雨順　五穀常豐
大眾便不再供養婆羅門了……
那婆羅門是我嗎？

真是咬牙切齒啊！
這些忘恩負義的人
過去受了我多大的恩惠
一日一沒事　當我前往索取供養時
不只不理睬　不與供養就算了　還唾棄著我
恨啊！瞋啊！　那太丟人了、太欺負人了
一定要報復　一定要復仇啊！
那無明的箭射中了婆羅門的心

瞋火化成毒念焚燒了所有的心意
心被瞋、被恨了
被怨火焚燒了
於是那心中的惡龍生起了

用供養來順遂我的心願
用供養的功德來滿足我的恨火
破滅這忘恩負義的人民國土
我也來供養啊！　我也要供養！
供養有功德
我至心的作禮發願啊！
願這福讓我化成大力毒龍來破滅此國
我一心一意啊！　必當成就這心願啊！
心中的毒龍就這樣生起而壯大了

舍利弗用慈悲的道眼觀注著他的惡願
「婆羅門！莫作此願啊！
何必成為惡龍的惡身來毒害眾生
何不祈求成為轉輪聖王或天帝釋、梵天王呢？」

那堅定的心啊！
那不移的惡願啊！
已被瞋恨的心啊！
一心一意的成為惡龍
於是就繞著龍池
心無他念的繞著龍池
專精念思自己化成了惡龍

婆羅門舉手　水即從五指流出了
舉足下足　足下水出了

自己的龍業將成　自知必當成為惡龍
身也漸漸化了
龍鱗逐漸在皮膚上隱隱現
心更加決定了　決定了
於是那滑膩的龍身漸成了
於是　是惡龍了

恨是那麼的傳染
當心中的惡龍生起
竟捲起了無垠的纏繞
婆羅門的妻子、二子都願作龍
竟同樣恨恨的死受龍身
阿波羅利惡龍有著諾大的神力又至為惡毒
便殺了酸陀梨龍　奪了宮殿

放起風雨　大墮雹霜
傷殺五穀
只剩下草秸莖杆
人民啊！餓死、病死甚多
似乎我是婆羅門吧！
似乎只有被瞋恨的心
已遺忘了一切……

四

阿闍世王苦惱的來到竹林精舍
頭面作禮長跪白佛：
「國土人民被惡龍疫鬼傷害
　死者無數
　佛陀世尊啊！

唯願您大慈大悲憐愍這一切
救護眾生除卻災害」

佛陀默然許可

朝陽照著佛陀
光明自在安心吉祥
著衣持鉢入王舍城中乞食後
佛陀今日來到了龍泉野餐
只見食訖後在泉中洗鉢

洗鉢的水澍於泉中
引發了廣大的異變
泉水變得更清、更淨、更香甜
但毒龍　那麼的恨啊！恨啊！
已忘記了一切

那連瞋恚都已不用再發起的鉅大瞋眼　如惡龍盤在心中
這時他感覺受到了挑釁
氣得衝出龍宮
向佛陀噴出毒氣、吐出無盡的烈焰

佛陀的大慈大悲啊！
是永遠的和解、和平的大覺
像無盡的明鏡一樣
自覺自照　鑑照無痕
如是火到佛身　自然淨水相和
惡龍吐毒　卻化成無盡的香風

毒龍更怒了
於是如暴雨般的下了大雷雹
卻在虛空中化成七彩的蓮花供養佛陀

當忿怒的大石從空驚落
現成了無比莊嚴的妙飾
刀劍飛射　化成了珍貴的七寶
幻化出的羅剎惡鬼
毘沙門天王自然鏡幻空化
千萬種的惡念神通
自然化成最吉祥的供養
無法傷害那最仁慈平和的心

惡龍束手無策
只好突迴龍泉之中
但半山已崩墮泉中
無法回到龍宮
於是再轉身欲出
泉水已盡成清淨的大火

於是急欲突走逃逸
但世尊已安蹈龍頂之上
只有安然降伏

豁然一念轉心
長跪白佛哭訴道：
「世尊啊！我今日真是受盡了無窮苦酷……」
「但你何以懷著惡心苦惱眾生？」
龍王頭面作禮稽首佛足說：
「祈望佛陀慈悲　救捨
世尊所有教敕我皆奉受」

佛告訴龍說：
「你當受持五戒成為佛弟子優婆塞」
於是阿波羅利龍及妻、子盡受五戒、皈命三寶

慈心行善不再下落霜雹
如是風雨時節五穀豐熟
摩竭陀國人民再得飽滿
眾病治癒　安樂自在

那心中的惡龍不再生起了
龍啊！將成大善的龍王
龍王將成為慈悲的龍菩薩
龍菩薩將圓滿成為
大覺的龍佛

肆

王舍城朝陽品

一

朝霞煥彩
空澄淨深
那暗的天宇正慢慢的染上明相
一層一層的塗上光暉
世尊淡淡的身影伴著無聲的足音
日出金色

著衣持鉢　領著比丘大眾默照前行
這是王舍大城最淨美的影相
一層一層的時空疊成了當下
柔軟如幻的映出無數明晰的過去、現在、未來

那深刻的時空流影
總是在鑑照無痕中又應灑在心

那同年、同月、同日生的無上大覺者
是頻毘娑羅王的最勝導師
當菩薩從兜率天宮內院
經過了五事因緣：人、事、時、地、物的觀察
降生到了迦毘羅衛國
是時　大地震動
光明晃耀映奪金色
遍照世界

而大蓮華王在王舍城中
同日誕下了太子
共遇這無邊的光明

「我子威德如日出時
我子威光能照世界」
這光影殊勝的王子
就名為影勝太子
成了後日的頻毘娑羅王

菩薩未成佛前
大王發願以半國相贈
並曾發善誓願：
「我頻毘娑羅王
一心合掌讚嘆
唯願太子佛道速成
無上正覺佛果
此後我必時時侍候在您身旁恭敬供養
成為如法弟子

如果勝尊所作已辦
祈願憶起今日因緣
為諸眾生賜下憐愍
依願前來度我」

彼時大王雙手合十
一心頂禮菩薩
菩薩熙怡微笑
如日光遍照
「善哉！大王！　如是　如是
願大王身心安樂　少病、少惱、身心精進
恆行善法、遠離非法
如是安穩受用　吉祥安樂圓滿」

二

往事如鏡如夢
如實如幻卻如是現成
世尊成道憶念大王
先前所立要誓
領眾來到摩竭陀國
大王歡喜踴躍
舉國王、臣、居士、長者、人民
前來迎接佛陀

遠見如來安坐尼柯樹下
大眾圍繞在旁
宛若眾星麗天
列侍明月之前

亦如金山光明晃耀
莊嚴宛然龍一切時定

大王淨心降伏諸根
下車安步前進
頂禮佛足致上最深禮敬
三次自稱名姓
「世尊！我是摩竭陀國頻毘娑羅王」
世尊安祥告慰
「如是！如是！你就是摩竭陀國頻毘娑羅王」
大王吉祥安坐佛旁

當大王見到了國師優樓頻螺迦葉坐於佛旁
心中默念：
「難道這是釋迦世尊的威力

讓勝德迦葉國師等
　成為佛陀的弟子？」

佛知大眾心念而問迦葉
「你見到何等的實相利益
　而棄捨了事火法門？」
迦葉高聲白佛說：
「修福奉祀火神
　一切果報悉皆輪迴
　增於生死煩惱
　是故我今棄捨」
為了進求殊勝的寂滅至道
遠離生老病死的無盡清涼之處
如實了悟這究竟勝義
棄捨了事火法門

三

迦葉奉世尊教勅
在大眾之前斂身入於禪觀正受
在坐處消失
從東方虛空中飄然現起
自在行、住、坐、臥
或舉身洞然若明
下身出火、上身出水
上身出火、下身出水
如是之身既不焚燒亦不濡濕
身中出雲雨　雷電動天地
並在南、西、北方也如實的示現自在

收攝神通頂禮佛足說：
「佛陀是我大師
我是世尊弟子
奉教成為聲聞證得阿羅漢
所作已畢諸事圓滿」
決定了知世尊
具足真實一切智智
法界一切悉是究竟平等
究竟平等啊！

在佛陀眼中
佛與眾生有何差別？
若非平等　云何教授眾生成佛？
「一心諦聽！善巧的諦聽！
一切心、意及六根、外境

完全是生滅之法
了知並遠離生滅執著的過患
這是真實的平等現觀
如是的平等現觀
則能徹見身、心諸法的如幻生滅

無取也無受
無我也無我所
了知苦的現象
苦的生起原因
證悟滅除眾苦而現起的實相
修持除滅眾苦因緣的正道
一切的我見、煩惱、無明、苦痛都消失了
遠離所有的塵垢
一切的繫縛完全解脫

這是第一無盡清涼之處」

大王聽聞如來所說的真實甘露教法
平等究竟第一義諦
心生廣大的法喜
遠離塵勞染垢心得清淨
如實的了悟　生起了清淨的法眼
證得了聲聞初果須陀洹
已見法相、已知法相、已入法相
大王自皈於佛、法及僧眾
終生皈命

四

頻毘娑羅王安住佛前供養

心中卻反覆思惟：
「今日要請佛住於何處？
　不要太過接近王城
　也不要太過遠離王城
　這樣才能讓出家的人身心安止
　也能如法行道
　何處是最好的修行處所？」
心中滿滿的是念佛、念法、念僧
這時他心中忽然閃過一個最佳的處所
竹園、竹林：
「在王舍城附近有一座竹園
　往來王舍城不只十分的穩便
　來去不疲累也平坦易行
　這是眾人所喜樂處、易得不難

而且林中少有蚊虻、毒蛇、蝮蝎
晝日寂靜無人來去
夜來少聲易安住修行
往來城池暢至無礙
堪為善人的修道之處
我現在應當用這竹林
奉施給世尊做為住處」

大王心中有了決定
於是祈白佛陀說：
「大聖世尊！
有一座淨竹園林
離開王舍城不近不遠
實在堪為善人修道之處
唯願世尊！

教我用何方便

以此竹林做為住處布施給世尊」

佛陀告訴大王說：

「如是大王！

若要布施我竹林的話

應當布施給僧眾」

世尊接受了竹林的供養 並祝願說：

「一切樹木及各種園林

以及造作一切橋樑

開通渠池、井泉來安濟眾生

用船舫來度眾人至於彼岸

彼等將恆於晝夜之中

福報日日增長而不斷絕

行法持戒者亦復如是

信敬堅固者　即能具福生於天界」

佛在王舍城竹林精舍
頻毘娑羅王每日三時禮覲世尊
爾後年歲漸老
身體不堪如此勞累
從佛世尊乞請頭髮、指甲
於後宮中造立塔寺
每日以香花燈明供養禮拜
如實依教奉行
最後終至證悟道果
不再還入生死

伍

阿闍世王懺悔品

一

政變了
頻毘娑羅王被太子收執禁閉了
提婆達多教唆了阿闍世太子
行了違背人倫的事
幽閉在七重的宮室中嚴加守衛
嚴禁群臣前往探視
也不供給頻毘娑羅王食物
於是頻毘娑羅王在佛陀的教誨中悟道
如實的入滅了

很深！很深！　很深！

那麼深的驚　那麼深的怕
那麼深的時時惡夢
在白天在夜晚　睜目閉目
那殺害父王的惡相
一幕一幕的映在眼簾　照在眼珠
深印在臉中　刻印在腦海　凝結在心上
恐懼啊！恐懼！　那阿鼻地獄的惡相時時現起
無間地獄的閻摩鬼卒　隨時隨地追逐身後
地獄的惡犬利牙的口水　彷彿已沾濕了衣裳

後悔啊！懺悔！　悔的很深！很深！
想挖出心肝　來證明懺悔
心悔啊！　那無間地獄的熱火已燒了起來
遍體生了瘡　臭穢不可聞
慈母啊！慈母！

啊！　慈母韋提希夫人　雖然氣這孩子
傷害夫王　而不欲再生人間
佛陀為她開啟了往生極樂淨土
現觀無量壽佛的究竟大法
但兒子依舊是親兒
用了種種的藥　乃至耆婆醫王的配藥　來為他敷治
但是這些毒瘡　不只未曾痊癒　反而更加的增生

二

阿闍世王這時心中倒明白了　告訴母后說：
「母后啊！
這些毒瘡是由心所生　並不是身體四大假合所生的病
或許眾生是無法醫治的啊！」
於是所有的大臣各自推薦了六師外道的大師

但阿闍世王過去已來所尚餘的善根　讓他不能相應

耆婆醫師了悟　此病從心而生　終須向心中懺悔

因此詢問大王說：

「大王！　您是否能自在安眠呢？」

阿闍世王回答說：

「只有那能永斷一切煩惱的人　才能真正安穩睡眠

如果造作了最深的惡業　那裏能夠安穩睡眠呢？

耆婆啊！

我現在病得很重

像你這樣的良醫、妙藥、咒術　都難以療治

我的父王如法治國　正法治世　我卻橫逆加害

我曾聽聞　像我這樣犯了五逆重罪　身、口、意業不清淨者

必然會墮入阿鼻無間地獄　我如何能安穩睡眠呢？

但我又沒有無上的大醫王　來為我演說法藥治心

幫我脫離病苦！」
那深深的嘆息 就像在無邊無際的無間地獄中的迴音

耆婆回應說：
「善哉！善哉！
大王的病雖然連我也無法癒治
但現在有了療治的因緣
因為大王雖然造罪 但心生殷重懺悔
心生甚深的慚愧
大王啊！
我常聽聞佛陀世尊教誨：
『有二種清淨的白法能救治眾生 一者是慚 二者是愧』
慚者是自己不作罪業 愧是不教他人造罪
現在大王有了慚愧的心 而且發露懺悔
因此大王已有了療治的因緣

我想佛陀如來是真正的無上醫王　除佛世尊無人能救
因此如果能夠禮拜受學當能療癒」

三

這時阿闍世王想起了殺害父王的過程　心中驚怕
眼中浮現了阿鼻地獄的恐怖影像
於是舉身戰慄　因為怖懼恐慌
全身宛如芭蕉樹一般風吹顫抖
這時他忽然仰面狂呼　似乎見到更可怕的音影叫道：
「你到底是誰？　不見身像只有聲音？」
這時奇幻的音聲回道：
「我是你的父親頻毘娑羅王　你應隨順耆婆所說」
原來當頻毘娑羅王命終之時　已生天上名為人仙
由於他在人間已證得初果須陀洹

因此還生天上為毘沙門天王太子稱為人仙
已能善了佛所說法　微妙寂靜安樂
將速證二果斯陀含

阿闍世王嚇得當場悶絕躄地　身上的瘡更加臭穢嚴重了
當阿闍世王醒來之後　病情加重而且國土不安
他心中憂苦的詢問母親韋提希：
「母后！我現在種種劇苦齊生　而且還聽到父王音聲
　是否即將命喪　該當如何是好？」
韋提希告誡他說：
「你千萬要向佛陀禮敬懺悔　解此一切憂苦」
但是阿闍世王身心病重劇苦　不知如何是好？　因此說道：
「母后！　我現在身體病重劇苦　無力前去禮佛」
「你應當一心向佛陀祈請　當能滿願」
於是阿闍世王一心懺悔祈請

這時　佛陀正在王舍城中的耆婆梨園中
現觀了阿闍世王悶絕在地並一心懺悔祈請的鏡相
是時佛陀入於月愛三昧　入於三昧後發出月愛光明
這廣大光明注照王身　身瘡竟然痊癒
阿闍世王感覺身心十分的清涼　這時他心中驚異的問道：
「這到底是何種光明能療治身心？」
耆婆回答說：
「這是佛陀加持所放的光明
這光明性空、無根沒有邊際
非熱非冷　非常非滅　非青非黃　非赤非白
為了要度眾生　才使得眾生能見是相」

四

這時阿闍世王欲禮世尊　但心中十分慚愧的說：

「我往昔所做的一切　沒有做出任何對佛法眾生有益的行為

甚至傷害了真正的佛子　我的父親頻毘娑羅王

現在心中懷著極深的羞恥　實在無顏面對佛陀世尊

你現在能否為我獻出良策　讓我能往見世尊？」

耆婆告訴大王說：

「諸佛的心中絕對沒有分別彼此　一切煩惱結使已完全除盡

究竟平等無二的心　才是佛法真正的實義

希望大王安心屈駕　前往親覲如來的妙顏

要斷除一切心中的狐疑　不要停足於此有所留滯」

這時阿闍世王下定決心告訴耆婆說：

「你現在速速嚴駕五百牙象及五百母象　燃起五百燈明」

於是阿闍世王帶著千象侍從　前往梨園

但到中途之後　又開始胡思亂想自起疑心

他衣毛皆豎、恐懼萬分的顧視耆婆說：

「我現在前去不會被你所誤導吧！

　你不會將我送給仇家吧！」

「實無此理　大王再稍往前即到　現在已離如來不遠」

但走著走著又開始恐慌起來　再問耆婆說：

「你會不會騙我　我聽說佛陀帶領一千二百五十位弟子

　但現在那麼多人　怎麼一點聲音都聽不到？」

耆婆說：

「大王！如來的弟子恆入三昧　在寂定中不會亂想出聲

　現在已到了」

於是阿闍世王立即下車　步入梨園門中到達講堂之前

這時他果然看到大批僧眾　正在坐禪

他默然而立　觀察一切的聖眾　就輕聲的問耆婆說：

「如來現在何處？」

這時　一切聖眾盡入燄光三昧　照著講堂　十分明亮

耆婆立即長跪地上　伸起右手指著如來說：

「這是如來　在中央安坐　如同日陽披著雲彩」

這時　阿闍世王告訴耆婆說：

「太奇特了！太奇特了！　現在這些聖眾如是的心定

何因何緣有如是光明？」

耆婆回答說：

「這是三昧禪定的力量所以放出光明」

阿闍世王說：

「如我今日觀察聖眾　如是極為寂然自定

我應當也要讓我的太子學習　如是的寂然無為」

五

阿闍世王來到佛前　五體投地　以雙手著如來足上　自述說：

「唯願世尊慈愍　接受我懺悔過罪　父王無罪而我卻傷害他

祈願佛陀受我悔過　往後將不再有所過患」

世尊告訴他說：

「現在正是最適宜之時　應當在恰當時節因緣悔過

不會有所缺失　人生處事　有過則能自改者

才能名為人上之人　在佛法中　極為廣大寬宏

應當及時懺悔」

於是　阿闍世王即從坐起　頭面禮佛足　向佛陀祈白道：

「唯願世尊受我懺悔

我往昔因為狂愚痴傲無知　而造惡行

我的父王以法治化　無有偏枉　而我卻因迷惑於五欲

加害了父王　唯願世尊慈悲　受我悔過」

佛陀告訴阿闍世王說：

「你往昔愚冥無識　現在自行悔過

如果能在賢聖法中悔過者　能自得利益
我現在慈愍於你　受你悔過」

這時　世尊更以偈語開示：
「若人作了極惡之行　悔過之後罪業轉而微薄
每日懺悔無有怠懈休息　罪根將永遠拔除」

阿闍世王如是再禮敬世尊足後　還坐一面
佛陀再為他說法　示教令生法喜
他聽聞佛陀的教誨後　即祈白佛言：
「我現在皈依佛　皈依法　皈依僧
希望佛陀允許我在正法中　成為在家信士優婆塞
此後　將以正法治世　如我父王」

大王去後　佛陀告訴諸比丘說：
「阿闍世王的罪業已得滅損　已拔除重咎

假如阿闍世王不殺害父王的話　今日在座上就能證得法眼淨初果
但不管如何　他今日由於懺悔　還是獲得大福報
雖然猶有業報但已拔去重罪　而在佛力加持下得到無根之信」

六

至聖的心是最和平的念
為人間灑上清淨光明
佛陀人間行道
帶來吉祥和諧明悟喜樂圓滿眾生
阿闍世王成了三寶弟子
但身為摩竭陀國王
在人間浮沉中
總有俗事難決
當摩竭陀國與跋祇國有了爭端

心中難決如是自念：
「這跋祇毘舍離國雖然國勢十分熾盛
人民十分勇健、豪強
但我想以我的國勢來攻取他們
應當不足為難」

但阿闍世王聽聞祈願佛陀開示　於是命令婆羅門大臣禹舍說：
「你前往靈鷲山中到世尊之前
以我的名義　頂禮並問訊世尊
並代我祈白佛陀說：
『跋祇國人自恃勇健　民眾豪強
不順伏於我　我想討伐他們
不知道世尊有何教誡？』
如果有任何教誡
你須牢牢記住　不要有所遺漏

如我所聽聞　如來所言　終不虛妄」
禹舍受王命後　即乘寶車前往靈鷲山
到達下車之處　就步行上山到世尊之前
問訊後　如王所說祈白世尊
這時　阿難在世尊身後執扇扇佛

跋祇國當時是共和政體的國家諸事和合
佛陀此時告訴阿難說：
「如果跋祇國人善修於七法　終不會被他國毀壞
這是那七法呢？
首先你是否聽聞跋祇國人　常盡俱一處集會
講議正事而不散呢？」
阿難回答說：「我聽聞過」
「第二如果一個國家　長幼上下和順
其國久安　轉更增強　無能侵損

阿難啊！　你是否聽聞跋祇國人

君臣和順　上下相敬呢？」

「我聽聞過」

「第三你是否聽聞跋祇國人

遵奉法令　曉了忌避之事　亦不貪念他人財物而且不違禮度呢？」

「我聽聞過」

「第四你是否聽聞跋祇國人

孝事父母　敬順師長呢？」

「我聽聞過」

「第五你是否聽聞過跋祇國人

皆共同一心

專精其意　恭敬於宗廟呢？」

「我聽聞過」

「第六你是否聽聞跋祇國人

不貪著他女人色　亦不邪淫

對於女眾　不會戲笑邪曲
潔淨無穢呢？」
「我聽聞過」
「第七你是否聽聞過跋祇國人
宗事沙門婆羅門　瞻視護養　修行者
並承事禮敬持戒、梵行者　未曾懈怠？」
「我聽聞過」

「阿難啊！　如果能夠如此　長幼和順
轉更增盛　其國久安無能侵損」
這時　大臣禹舍心中了悟而白佛言：
「彼國的人民　如果執行其中的一法
已經不可圖謀　何況具足七法？
世尊！　由於國事繁多
現在向您請辭還歸」

於是　大臣禹舍即從座起　遶佛三匝而退
佛陀世尊在微妙的說法中止息了兩國的戰爭
讓人民安樂吉祥
讓正法得以增長

陸

毘舍離光明品

一

阿闍世王頭面禮足
向佛陀祈白道：
「唯願世尊受我禮請
在王舍城中九十日結夏安居」
爾時世尊默然接受國王的禮請
阿闍世王於是隨時恭敬的供養
衣被、飲食、床臥具與醫藥……

如是佛弟子眾身心安穩
如心如意的精進修行
善哉！　善哉！

那悟道最勝的因緣
總在結夏安居之中
聽佛說法安心禪觀
如是現證　悟勝菩提

此時毘舍離城受到瘟疫的驚襲
恐畏的哀號在瘟疫中蔓延
那畏　那懼　就像刀鋒一樣
深刻在離車族人的臉上
一向的勇士國土　也只留下了怖懼的迴音

疫鬼流行人民傷死無計
一日之中竟有上百人死亡
毘舍離城只剩下了恐怖的陰影
鬼神、藥叉、羅剎、疫鬼宛然充滿城中

肆無忌憚的百鬼日行

於是離車國人共聚議論：

「我等聽聞

佛陀所到之處

眾邪惡鬼不得嬈近

若能請得如來來到我國

所有的夜叉、羅剎、惡鬼將各自馳散

疫病也得以解除」

「但有難處……」有人點出了問題癥結

「佛陀在王舍城中為阿闍世王供養

毘舍離國與摩竭陀國素有怨嫌

佛陀恐怕無法前來廣嚴城遊化救度」

「不會的！ 不會的！
佛陀廣大慈悲愍念眾生
未度者恆令得度
不捨一切眾生如母愛子
如果有人祈請
佛陀必將前來
阿闍世王最後終將不會留住佛陀」

如是月蓋長者在大眾中立起
周身散發著無畏的光輝
是那施無畏者加持吧！
他發心前往迎請佛陀
當月蓋長者立身承擔了這可能殺身取命的重任
大眾眼中充滿了敬慕
有些勇士的眼角露出了珠光

於是大眾同聲共道：
「慈悲的勇者將前往佛前向世尊祈請
在我等的國城遭受了如是無比的困厄危難時
唯願世尊慈愍屈顧這哀苦的國土！」

月蓋長者默然接受大眾的委請
回到家中準備供養行具
交待了家中一切事宜
在大悲心的加持下
領導眾使前往禮請佛陀

二

見到了佛陀
按下了心中洶湧而起的仰慕與悲情

月蓋長者一心頭面禮足　在佛的身旁安坐祈白佛言：
「偉大的佛陀世尊！
毘舍離人民遭患可怕的疫病
城中人民傷亡慘重苦迫萬端
每日城中連車載屍上百　幾乎成了尸林
祈願世尊垂愍濟度我等眾生
使一切眾生得以平安
世尊具足廣大威德　所到之處
天龍鬼神不敢騷擾傷害
願使一切人民平安無憂
在正法中修行」

世尊慈悲的回應：
「我現在已受摩竭陀國阿闍世王所請
在此結夏安居九十日

諸佛世尊言無有二
如果阿闍世王答應我前往毘舍離
如來必當依緣救度」

「這事太難了……」
月蓋長者雙眉緊蹙哀聲說道：
「阿闍世王必然不會讓佛陀前往我國
阿闍世王對於毘舍離國
沒有毫釐的善意
每日長夜想盡方法
欲侵害毘舍離國
如果聽到我國人民為瘟疫所害
還會歡喜無量
何有可能濟助？
因此阿闍世王見到我之後

必當殺害我等
何況陳述迎請佛陀救度一事？」

佛陀安慰長者說：
「你只要成為佛陀的使者
終無有人能殺害你的
你現在前往國王的宮殿
告訴阿闍世王：
『如來所預記大王的事
絕對沒有任何的虛妄錯謬
你的父親頻毘娑羅王
沒有任何的過咎而殺害他
你所造成的惡逆重罪
應當墮在阿鼻地獄之中歷經一劫
但因為向如來懺悔改過遷善的緣故

在如來的教法中信根成就
因為這功德能滅除此罪
因此將來當生拍毬地獄之中』

『云何名為拍毬地獄？』
『如是拍毬地獄　如同躍球落地速起
故名為拍毬
亦以墮地獄疾速名為拍毬
此乃孤獨邊小地獄
阿闍世王往生拍毬地獄中後
如受世間五百日罪
便得以解脫生於天上

在各類天上受生後
於二十劫中不墮惡趣

恆在天上、人間中受生
最後身時信心堅固
出家學道成就
名為除惡辟支佛』

阿闍世王聽聞此語
自當歡喜踴躍不能自勝
彼時大王將告訴你：
『隨順你的要求願望
我順應你一切所求』」

長者信聞佛陀的教誨後　祈白世尊說：
「我現在將持著世尊的威德前往王宮」

三

王宮之前熱鬧紛紛
王宮之內議論紛紛
阿闍世王與群臣在高殿上論政
這時聽聞到毘舍離城派遣月蓋使者來到宮前

這時滿是騰鬧的宮庭忽然全靜
靜到完全寂然無聲
只有殺氣瀰漫在空間的每一個角落
在國王與大臣的鼻孔與呼吸之間串連
豁然之際
闇黑的氣息　轉成烈焰焚燒

瞋火怒意便如熱油加火般滾滾燃起
宮殿之內滿布著闇與殺
阿闍世王咬牙切齒的問道：

「臣卿們您們認為應當如何對待此人？」
「應當將他梟首」
「應當將他的耳、鼻切下」
「應當粉碎他的身骨如同揉麵一般」
阿闍世王於是就闇靜的回道：
「你們就將他殺了　不須前來見我」

月蓋長者在生死關頭中
大悲無畏現身
便在殿前高聲的說道：
「我是佛陀的使者
　世尊派遣我來到大王這裏」
那無畏的迴音在大殿上響徹
大王聽聞是佛陀教命的使者
立即下座右膝著地

恭敬的面向如來之所祈問曰：

「如來有何教敕？」

月蓋長者安穩的回答說：

「佛陀教示：

『世尊往昔對大王的預記

決無虛妄

過去所造的惡逆殺父之罪

本當墮入阿鼻地獄之中

但因向佛懺悔遷過向善

並在如來之前發起信心修行的緣故

因此功德滅除了重罪

將來只要在拍毬地獄中受如同世間的五百日罪業

便能得以解脫

但當自責改往修來不用愁憂
從地獄出後往生天上
在各類天中受生
於天上、人間受生二十劫
不墮於餓鬼、畜牲、地獄等三惡趣中
最後受身信心堅固
出家學道成就
名除惡辟支佛』」

四

阿闍世王聽了月蓋長者之語
身心歡喜踴躍不能自勝
遙向佛陀稽首作禮
並語月蓋長者說：

「你能為我帶來這上好的消息
讓我心中快樂不可言諭
你有任何願望
我當與你」

月蓋長者一心憶念著佛陀　堅心的向大王祈請道：
「我所祈求的願望
祈願大王務必見允」
見到了長者的莊嚴神色
佛光似乎正注照著月蓋
融化了任何堅硬寒固的心
宮中充滿了一切祥和
在這和融的佛光下
阿闍世王誠心的說道：

「你放心的說出你的願望
我必然會應允你」
月蓋長者這時悲淒的說道：
「毘舍離城的人民遭逢了大災難
疫病流行　死亡無數
祈望大王能聽許　佛陀
駕臨我們的國境
消除所有的疫病、夜叉、鬼魅」

阿闍世王的慈悲善心在佛陀的加持下增長了
大王聽聞了長者的話後
長嘆了一聲　告訴長者說：
「你的慈悲心願與無畏的勇氣真是廣大啊！
這並非常人所能及
你就是向我求取城廓、村落、國財

我也會毫不吝惜的與你
我允許你所祈求的願望
但只是要委屈世尊了」
人間和平的淨光在自性的佛心中開敷了

阿闍世王告訴月蓋長者說：
「來！告訴你們的大王
為了對佛陀表達敬意
我從王舍城的城門到恆河邊
修治道路以花佈地
羅列幢幡直到恆河邊
舉國兵眾也侍送世尊前往恆河

你們的國王也要從昆舍離城
平治道路並散佈香花

羅列幢幡到恆河邊
毘舍離國的臣民、兵眾
也要到恆河邊來迎佛
如果能夠如此
我就允許佛陀到毘舍離國
不能如此就不能讓佛陀前去毘舍離」

佛光似乎從阿闍世王的臉上煥然而出
究竟和解的心意
竟是沒有敵者的恆永慈悲
月蓋長者歡喜踴躍的禮辭大王
回到佛前頭面禮足報知世尊
佛陀告訴他說：
「你但當回國準備
如來自當知時而去」

五

長者告辭佛陀歡喜作禮而去
回到毘舍離國告知大王
這時毘舍離國離車王
聽聞如是善妙的消息心大歡喜說：
「我們毘舍離國也應廣種福田」
立即宣令平治道路
從城門到恆河邊如實清理盡淨
佈散妙花　燒眾名香
一路上豎起莊嚴的幢幡

毘舍離國舉國人民歡欣鼓舞
椎鐘鳴鼓演奏伎樂
以最盛大的慶儀

一心恭敬持著五百寶蓋到恆河邊
迎請世尊
而阿闍世王也同樣莊嚴著從竹林精舍到恆河的道路

清亮的朝陽奉送著世尊
微空帶著甜喜
佛陀帶領著比丘大眾前後圍繞
寂靜的走出迦蘭陀竹園　往毘舍離城行去
阿闍世王在高樓上遠遠的看著佛陀
心中不免懊悔的嘆息一聲：
「看來我是被月蓋長者欺瞞了
　我現在做了這蠢事還活著幹嘛？
　竟然讓如來離開這國境！」

但是佛陀的大慈大悲充塞在大王心中

而世尊竟然用無上的智慧　在不知不覺中讓兩國和平相處
想來真是不可思議
真是蒼生的大幸
阿闍世王一面想著　一面下令佈散花香
唯恐灰塵沾染上了佛身

持著五百座幢幡往送世尊
侍從們舉國臣民大眾
椎鐘鳴鼓各種妙樂震天動地
恭送世尊來到恆河邊
而臣民們也聚合了五百寶蓋隨著如來身後

這時天空中隱隱約約
如幻似影
若風若雲

帝釋天王釋提桓因及四大天王　也持著五百幢幡寶蓋在虛空中
覆護著世尊
莫使塵粉沾染佛陀

六

諸天雲海共持了二千五百寶蓋懸於天際
幻出無比的晶亮
世尊見到了這些寶蓋之後
開口微笑　發出了青、黃、白、赤、玄等五色光明
阿難見到了這光明　心中思惟並祈問佛陀道：
「這是何等妙緣呢？
佛陀微笑了
世尊的微笑必有因緣」

世尊回答說：
「你看到這供養如來的二千五百寶蓋嗎？」
「是的見到了」
「如果如來不出家學道
會當二千五百世的轉輪聖王教化人民
但如來出家學道成佛了
當然不受持這些寶蓋了
但是眾生還是獲得廣大利益具足功德
就將這些寶蓋合成一蓋
來持用覆護如來後世的弟子
使他們獲得不斷的供養吧！」

阿闍世王心中念念紛發
十分後悔的喜悅　深心的憶念
「佛陀啊！世尊啊！

您能了知我的懷念嗎？
您年事已高
我此生還有機會再見到佛陀您嗎？

但佛陀是一切眾生的依怙
任何人需要佛陀
世尊總會示現在他們眼前
我不能自私
要為一切眾生著想
讓您能自在的濟度一切的眾生

佛陀的大悲啊！那麼和平的大智、大慈、大悲
清淨的化解了摩竭陀與毘舍離的深怨
將我自阿鼻地獄的深淵解救而出
佛陀啊！你是一切眾生的慈父依怙

也是我永遠的依止
我不能自私、我真為毘舍離國的眾生歡喜
南無佛陀南無本師世尊
佛陀請慈悲的常住在我心……」

一心一意念念明明
皈依佛皈依法皈依僧步步安實的追尋著佛陀的足跡
一心的奉送佛陀到了恆河邊際
佛陀深深的關注著阿闍世王
默默在大王心中永世的守護
「直到你成佛
永遠守護著你
永遠念佛
以佛為心
永遠依著正法

如實走向解脫圓滿的無上菩提」
此生或許不會再見面了
但心心念念卻從來不離

柒　初心明悟品

一

念佛念得那麼深
念佛念得那麼心
吉祥和憫慈悲的明照著眾生
從王舍城將向廣嚴城
從摩竭陀將向毘舍離
一心一意的是光明永耀的佛心
那本覺如是　那始覺如是
當始覺同了本覺
初心竟是生命中最圓滿的註記
南無佛！　南無佛陀！
自在的經行

成了明空的心流
永悟著初心

二

淨淨的流著大悲的心河
用觀世音菩薩的眼淚
洗那無盡深深的業痛
在同體大悲的現觀中
悟了　是觀自在
悟了即是觀自在

於是悟了　在瘟疫蔓延時
是那光明與黑暗相際的時代
點燃不滅的大覺心燈

為這偉大的時空
做圓滿註解　光明遍照的大覺親自詮釋
輕輕揭開這偉大史詩的劇場吧！
讓我們依著大覺緣起
航向未來　航向地球的黃金新紀
啊　那地球太空船啟航了　航向無際的星空
於是覺性宇宙的時代於焉開啟
善哉！善哉！
悟在瘟疫蔓延時……

嗯……
這是一首宇宙的詩
帶著淚人的哀憫
與最深的慈悲心

我們一起共奏
這一首宇宙最和諧的詩篇
我們用最靜、最深、最輕、最淨的音聲合唱
唱出無始無終　永覺的大悲心曲

靜聽啊！
淨聽！
那麼寂　那麼妙　那麼沉靜　那麼的吟出沒有敵者
當自我完全消失時
當下沒有敵者
那麼空悟靈妙
就成了這首最真實的宇宙民謠
從宇宙的邊陲
唱到宇宙的邊際
吉祥的和諧成了最圓滿的合音

是沒有敵者
讓自己從自心到宇宙
發出最深沉的和諧音聲
是與自心唱合
是與呼吸唱合
是與氣脈唱合
是與身體唱合

於是嗡……嗡……那清聖、美麗的合音
唱向了每一個人的心、每一寸山河大地
就向那地、水、火、風、空的宇宙和鳴
這是永遠和解的聲音
是永遠和諧的真心
是無我的唱合

用光明所交響演奏出的幸福清寧

三

用最真誠的心念
向您發出和平的訊息
心中沒有敵者
只有真摯精純的心
至誠的向您發出　共生共榮的願望
祈願從現在直到永恆的未來
我們相互扶持
走向圓滿生命

就在當下！就在當下！
真心誠意的相互守護

這是最深的誓句
我們共創生命圓滿的願景
我守護著您
您守護著我
用最相互調和的ＤＮＡ
開創出究極生命進化的旅程

一心祈請能具足歡樂與歡樂的原因
一心祈請能脫離痛苦與痛苦的原因
一心祈請能恆常安住在沒有痛苦的安樂境界
一心祈請能捨棄分別無明的心而體悟到圓滿覺悟的平等

我們一心靜寂的觀看著清淨的水
於是我們的心就那麼的澄明如水
宛如明鏡相照自然清寧

在覺明的心中
我們的每一個細胞化成了透白的淨雪
無雲晴空　麗日普照
每個如雪的細胞都融化了
化成了清白純淨的心水……

從心到身　淨水清流
成了活泉、心流　入了法界的大海
明覺的生命開始幸福歡悅的旅程
於是我們昇化了
不再悲傷只有歡喜　沒有煩擾只是一心澄靜

靜靜　流成了淨淨的大河
是心靈的大河　生命的大河　人生的大河
成了大海　安住在幸福的地球

天地伴著平潤　百草陪侍花香
清澈的藍空　是我們身淨的倒影

一心　靜心　淨心
用最深的心觀念
所有的生命永遠安住光明的幸福
願與所有的生命
共創真善美聖圓滿的新世紀
願母親地球永遠的安樂和平

四

在這裏？　在那裏？
細到比細更細　微的比小更微
似乎！　似乎！　就這麼無處不在了

但有了就是有了　見了　就認了
但那麼怕　是否怕得沒來由
但更可怕的是　不知道　完全不知道恐怖在那裏！
無知才是那最可怕的恐怖
心就掛著　罣礙著　那麼恐怖　為何？
又是什麼？

闇就帶著暗　在心中增長著慌
那真是　戰戰兢兢　如臨深淵
當居家時、外出時、面對人、面對萬物　那時
也驚的　惴惴不安　如臨于谷
又是戰戰兢兢　如履薄冰⋯⋯
當下！當下！
放心　把心放下來
恐懼不是我們生命的本質

不要用怕奪了自己生命中的最美麗幸福

讓心就像大地一樣的安住不動吧！
於是恐懼的毒龍　只有愁眉不展的遠颺逃逸
像被朝陽吹逝的晨嵐　只留下似曾存在的回憶
我們是大地　安住不動
無盡的寶智　從心中暢快的揚升
身體快樂　呼吸快樂　心裏快樂
快樂的像大地　一切放下放鬆
放得好鬆好輕鬆……

五

身心完全歸零　成了永恆的完整　完整的完整
回到無盡圓滿的胎藏世界　大地是永遠的安慰

我們是無畏的大地　沒有恐懼　怖畏的汙名
我們就是一切和坦安然　讓我們成為大地　就是大地
如同母親般的大地安穩
一心注視著清淨的大地　沒有分別　只有寧靜

開眼閉眼大地曼荼羅成了心中唯一的淨相
無分無別只是唯一大地的心靈安穩無畏沒有恐懼

將如心大地中的草石雜物一一從心中剔除
就像調鍊黃金一樣　剝離了一切雜相
大地的清淨成了光明
我們的心如同簇新的明鏡　潔淨的白貝
出雲的滿月宛若白鶴飛出烏雲的光潔
於是大地的心就是我們的心就是圓滿的自性

讓恐懼煩惱成了調鍊明淨心靈的燃料
燃那煩惱的薪材
用那恐懼成為智慧光明的能源
依著般若波羅蜜多的緣故　讓我們心無罣礙
無有恐怖　遠離顛倒夢想

於是我們的心戴上了智慧王者的冠冕
把恐懼煩惱幻成喜樂的小丑
沒有憂心　因為一切都成光明
我們的心早已與大地圓淨相合　定調出了智慧悲憫
當下大地的心王正差遣著心靈大地的勇士
奔馳在無邊的心地　戲逐著正恐懼逃逸的恐懼
我們的心靈　開創了雄偉的大地功勳

嗡……

從大地的禪定中覺起　我們正圓成智慧與慈悲的標幟
舉重若輕的談笑
正顯出最細密、無畏、勇猛的行動
成為驅除恐懼的大地勇者
阿……吽……
將自己的心與眾生的意　合成了未來世紀的願景
在廣闊大地之上啟建了幸福與光明
梭哈……

捌　恆河女神迎請品

一

麗質天成的恆河女神　宛若吉祥天女一般
心中無比歡悅的迎請佛陀世尊的到來
她化身成為人間的女子　莊重美麗的從河中現身
就這麼自然曼妙的手持著妙香鮮華、莊嚴的幡蓋
在微妙樂音的陪伴下來到佛前
就那麼不可思議的豁然在佛前現身
大眾驚愕莫名

身在佛旁的阿闍世王　忍住了心中的疑惑但沒問出口
心想：「這必定不是凡間女子」
暗中止住了護衛的躁動　如是在最深的寂靜中

只聽到了恆河的淨流合唱著吉祥心曲：

「那名稱普聞十方法界的佛陀　是所有吉祥中最殊勝無上
來到了這宛如摩尼珠莊嚴的恆河之中　是故此處最為吉祥
如來是一切的寶王世間的燈明　是所有吉祥中最殊勝無上
來到了具足甘露上味的恆河　是故此處最為吉祥
眾生喜見世尊的智慧無量　是所有吉祥中最殊勝無上
來到了用各色妙寶莊嚴的恆河　是故此處最為吉祥
佛陀具足了一切無量的義理饒益眾生　是所有吉祥中最殊勝無上
來到這清淨殊勝的恆河　是故此處最為吉祥

如來是無師自悟的世尊　是所有吉祥中最殊勝無上
來到了具足微妙寶香的恆河　是故此處最為吉祥
佛陀是一切天中之天　是所有吉祥中最殊勝無上
來到了微妙明淨的恆河　是故此處最為吉祥
世尊是無去、無來的大法師子　是所有吉祥中最殊勝無上

來到了這普眼明照的恆河　是故此處最為吉祥
如來手持世出、世間的一切功德　是所有吉祥中最殊勝無上
來到了這莊嚴妙樂的恆河　是故此處最為吉祥」

女神供養了最尊貴的佛陀並讚嘆道：
「佛陀慈光的照觸　讓我息止了所有煩惱
我見到了牟尼大聖之尊　身上皆為最勝吉祥的妙光所聚
我發起了勇猛精進的心　見到佛陀讓我的心安住決定
生生世世沐浴著佛法　永不退轉於初心
世尊是無上的大吉祥者　如同最尊勝的寶山一樣高顯自在
如同電光普照十方　明見剎那已生起淨信
我用最尊敬的心供養一切　持以奉上佛陀世尊
我已發起了最上清淨的信心　恭敬頂禮佛陀的雙足
無畏無我的心

沒有任何貪念的悲愍眾生
用著無比廣大的方便
來救度一切世間
如來偉大的功德力
如是的因緣令我得以了悟知曉
無上無邊的偉大身相
一切是不可思議的究竟
我聽聞了世尊的教法之後
永斷了一切煩惱得以解脫」

二

這時　空中遍雨著善妙天華
尚有各種清淨的妙香飄漾　如同旃檀、沉水眾香
空中迴聲著　善哉！　善哉！

大殊勝奇妙的音聲
奏出了各種微妙天樂
咸稱皈命於佛陀世尊　如是的音聲遍於一切之處

大眾的心歡喜寂靜　心念著：
「在時空交錯的無盡幻化中
摩竭陀國的臣民在阿闍世王的領導下
聚會在恆河邊為佛陀送行
整個河邊密密麻麻的聚集了數十萬大眾
在歡喜中帶著深細的哀戚心情悲意
佛陀年事已高了
我們何時能再見到佛陀呢？」

每一個人一心的憶念佛陀
祈請佛陀念念守護著大眾

吉祥、安樂、幸福、圓滿直到廣大覺悟
一心、一心、念、念、念念
念著的是南無佛　南無本師釋迦牟尼佛

恆河兩岸共同擊鼓、鳴螺、拊弦、奏管　演奏出吉祥樂章
朝陽晃耀香風和暢　塵土止息
白鶴、孔雀、鸚鵡、鴛鴦、迦陵頻伽等異類眾鳥
飛翔自在　其聲美妙和出雅音
象、馬、牛、羊也各出本音微妙相應

這時天樂又不鼓自鳴
天上緊那羅、乾闥婆等樂神更以自然的妙音
演頌出念佛、念法、念僧的勝音
那無量至微至妙的大覺梵音
是天樂鳴空的大空現成

無我、無人、無奏者、無聞者乃至無樂器
遠離一切音聲

當下在現空中演出如幻的法音：
「觀照音聲如同山谷的迴響
聲音的體性畢竟絕不可得
諸法亦復如是
無相亦無差別
了知一切悉皆寂靜
如是名為音聲三昧」

三

天樂鳴空
天鼓的妙聲傳自天際

寂淨了心中的旋律
從究竟的大寂中聽了音靜
如實的演奏出吉祥
如是澈見了宇宙的真實
安寧到悟靜最深
至美的樂章發自最最深靜的心

佛陀用覺性的光明導引眾生　超越了生死的幽谷
透了時空的緣
開悟眾生成為佛陀
啊！那是全佛的歌聲　所有眾生全是佛陀
法界圓覺的交響樂章已響起
所有生命彈奏著宇宙萬物的樂音
唱出大覺的樂章

地、水、火、風、空的妙音融入清淨的心
這是全佛開悟的時節
地球太空船航向無盡的虛空
在法界中散發出永恆的光明

四

坐在天空上
如實的觀世音
如幻的樂與心
樂音是大地
樂音是水
樂音是火
樂音是風
樂音是空

樂音是我們最深的心

在天空奏樂
太陽、月亮、眾星成了我們的樂章
諧和的樂音成了覺的交響詩篇
時、空了然寂靜成了心中的弦
樂音隨著淨頻周遊著我們的身、息、心
我們是宇宙的迴音
而宇宙正是我們的倒映
於是　在觀自在中相互映照迴響
音樂完全覺了

佛陀如是歡欣
在如幻中
如心的教化那樂神乾闥婆

持著虹彩玻璃般的琉璃箜篌
奏出法界最和諧　最覺明的妙音
當下
奏出箜篌的第一音弦
啊！這是大覺的妙音
大地聽聞了這美妙的樂章
當下唱出共諧的合聲
彈奏著第二音弦

如實的空音在法界中迴響
性空的實相如斯的現成
第三弦傳出了觀世音的妙聲
大悲的樂章充滿著眾生的心
至美的感動自身
即是無上菩提心願

第四音弦
超越了法界　成就了淨聖
第五音弦覺明了我們的心
觀自在的眼目在純淨的淚光中完全的清明現前
於是我們成了觀自在者　在法界中唱著不滅的大悲心曲

第六音弦從大空中彈出
在究竟的寂空三昧中
鏡照如實的法界
只有覺性智慧弦音
在自性中歡欣的迴盪
當下
完全的自由　自由
超越了一切煩惱、罣礙
在圓滿清淨的心中

具足寂定的甚深幸福
慈悲來自空性與智慧的交注
當安住在甚深的三摩地時
圓滿覺悟的智慧的唯一示現
是無始、無終、無界、無盡的大慈大悲

奏第七音弦
在畢竟空中
一切眾生全成了佛
這是法界究竟的交響詩篇
法界悅意吉祥
滑奏出所有的弦音
圓滿融攝一切的心
成就了完全覺悟的樂章

當時在恆河彼岸的毘舍離王及一切臣民早已共同商議：
「現在佛陀要渡恆河
　我們應當共作五百艘寶船迎佛渡水」
因此已經備好五百艘寶船準備恭迎佛陀
阿闍世王及摩竭陀國臣民也早在河邊
備好五百艘寶船恭送佛陀渡河

不只如此　在虛空的如幻形影中
諸天及阿修羅等也各自備著五百寶船
投映在晴空雲彩之中如真似幻
天上諸龍也各自編身成為五百雲橋
希望世尊能足蹈身上渡過恆河
此時　佛陀應身上了大王的寶船
也見到諸天、一切人民、龍王及阿修羅的恭敬虔誠
為了使他們生起歡喜恭敬的心

普心安慰並得其福報
於是幻化自身如虛擬實相的投映在每一艘船上
於是大眾莫不歡喜
各自見到如來世尊獨坐在自己的船上

玖　如來渡恆河品

一

恆河有一百零八個名字
佛陀渡河時
她一一用恆流的水音
向如來世尊報告她的名姓
水流、水洄、水施、水靜
流水是恆河女神最敬的心
那從九天落下的銀河
劃開天際常流著功德之水

恆河之舞
從空性中流出的水澆注了宇宙

展延成無垠的銀河
霄漢閃耀著明星泛成天流
我們在銀河霄漢中
自在的現生

天際銀河映照在地球上
竟成了美麗的恆河
啊！夜空時閃耀的、閃耀的小星星
正如鑽石映耀在河中一般
閃爍著、閃爍著、閃爍著如實的夜靜
明照著墨藍色的恆河心
密微晶光照亮所有人的心靈
所有的人心於是如此的光明與青春
觀照天空鏡射著美麗的恆河　迴映天際成為銀河

這是不可思議的觀自在心境
當明淨的恆河與燦爛的銀河
在法界中互照鏡攝
當下　歡喜的波河湧現出我們
所有的人都如是的清喜

淨水常明　清流在三界的心
是喜馬拉雅眾山之王的長女
流經大自在天的髮
從阿耨達池東方的銀牛口中流出
溫柔的落在大地撫育著眾生
這諸水的母神從碧落降下
暢流的水　澄澈淨化
最終匯成一味的大海清流

從最深的心中讚嘆眾水的母親
養育眾水之子　一切眾生
河水妙淨常流　激盪著波紋蕩漾
眾河之首從地球的顛峯
用最潔的水清淨眾生　奔流大海
仁愛微妙吉祥
永遠唱著那永恆的潺潺歌聲
遍流三界的心　波光照耀
順勢暢流　光顯晶澤瑩清
如明鏡般迴照著日月、星辰　通透淨明

那廣大的威力　在雷雨暴發時
威勢奔騰呼嘯　無比具力
摧破一切　顯示了無常的真相
在順流明暢　平水和靜時

承載著眾生的心願淨行
那吉祥的河啊 養育著一切
東逝而去的水
在大海中化育雲雨
又如是的流下

如來在寶船上安祥的渡著恆河
恆河女神細心的安住在流水上
那麼安適的淨流著
無數的天人、龍王及阿修羅在虛空中
散著各種的妙華
焚燒著奇異的天香
用最清亮的音樂 伴著寂妙的風聲、水聲
而阿闍世王、離車王及兩國的臣民

正散著花蔓及鮮花供養如來
並焚燒著各種妙香
演奏著清念寂心的樂章
供養佛陀

這時佛陀寂觀著恆河中飄浮的聚沫
臉上現起了微笑
五色光明從佛陀的口中發出
每色光明各化出五光
各色光明流出無數的虹光晶鍊
交會出無數的寶光蓮華
所有的光明寶蓮上都現出化佛
上照欲界、色界及無色界的三界天人
並下照著五趣眾生

「佛陀將要說法了」
一切天人安靜的群集聞佛說法
這時吉祥的恆河女神
也悄悄的從恆水中現起　淨觀如來
明麗的水神現出四臂
兩手輕持裝著清聖妙水的淨瓶
兩手持著蓮華　發出微妙的芬馨
站立在摩伽羅魚的身上

二

世尊的眼睛如同法界的明鏡一般
在不必聚焦觀察　卻能完全覺明的觀照中
平等的觀察法界所有的眾生
三界的天人及每一位眾生

都感受到佛陀正專注著對你開示
佛以一音演說法　眾生隨類各得解
這時　佛陀指著在恆河中被水所漂動的大聚沫說：
「你們看到了這水沫聚積被恆水所漂動嗎？」
大眾回答說：
「如是啊！　世尊　我們看到了」

恆河女神受著佛陀及法界眾生的注照
一心吉祥柔順安穩若定
恆河水若天而來
從阿耨達池東面銀牛的冰河之處
繞地一匝向東奔流入海
在雪山群間千丈飛瀑奔流
宛若銀河驚落九天空騰
繼如恆河暢流閑緩自在

後成平流光明寂會
恆河之水恰如自心
任運安持住於體性
分別的垢水也自當明淨返清

佛陀如心的教示著恆河：
「這樣的水泡聚沫云何可依怙呢？
這聚沫如幻
每一個人應當如實的善觀
仔細諦觀　如是分別現前實照
這如幻的聚沫從何而來、依何而住、往何而去？
用那遠離過去、現在、未來的三際之心當下觀照
這剎那聚成、剎那現前、剎那消失
卻不斷迴旋相生的微細水泡
空無所有、無來無去、亦無所住、無所堅固」

恆河女神諦聽如來法音
迴觀自照恆水自身如幻現成
深悟如來旨要　雙手合十連稱：
「善哉！善哉！南無佛陀勝法妙音」

「如是觀察所有法界萬物所存有的色相質素
不管是過去、當來與現在
或是粗、細、大、小、遠、近的一切形像
所有的有目之士思惟分別仔細諦觀
如此明見之後如法思惟
了悟這一切空無所有、無去無來、無住亦不堅固
所有宇宙萬物的色蘊有何堅固實在可言？

一切就如同空雨下在恆河之上

就有水泡聚沫出現
或有生出的水泡　或有幻滅的水泡
當如此仔細觀照之後
我們當豁然了悟
這一切萬物空無所有、無來無住
就如同這水泡一樣有何堅實可言？

三

如是再觀察我們身中的感受
在未來、過去與現在中
不管是感受的粗、細、喜、厭、好、醜、遠、近
我們也發覺到這些感受是那麼的虛妄
空無所有　無來無住
我們的感受是那麼虛妄無實

又譬如在夏日午後　日正當中
沒有任何的雲相之下
忽然看到雲氣　幻雲如野馬般熾盛奔騰
如同乾闥婆城般虛幻不實
若能如實觀照
覺知這一切空無所有、無來無住
宛如夢幻泡影
我們的思憶想念亦復如是的虛幻不實
空無所有、無所從來、無所從去

就譬如有人從城廓村落中出外
想尋找堅固實用的材料製造用具
到了大樹叢中
見到芭蕉樹生得茂盛相好

十分歡喜的砍下芭蕉為材
開始剝皮求取內實卻不可得
於是了悟芭蕉樹空無所有、無來無住
決無堅實之處

再觀察我們的心行、自我意志
在過去、現在、未來中
不管是心行的粗、細、好、醜等各種概念
都是空無所有　無來無去
並沒有堅實的自我可言

這如同幻師及幻師的弟子
在眾人面前自現幻術
仔細觀照這幻術
空無所有　無有來去

虛幻不實　決無任何堅固實際可言
不只行蘊　我們的識蘊也是如此

我們的意識
在過去、現在、未來中的一切存有
仔細觀照　都是空無所有如幻不實
這識蘊也不能成為生命堅固真實的根本」

這時　世尊便用偈語來解說這一切：
「色相如同這些聚沫
感受如同那些水泡
思想如同夏日的野馬幻相
心行意志如同芭蕉樹般無實
心識恰如幻術不真一般
這是最殊勝者所說的正理

若能仔細諦觀察照
如實思惟分別了知
這一切是現空亦無所有
若能作如是的觀照
諦察此身中的一切
這是大覺智者所宣說的至道

當滅除對自身生、住、滅三法的執著
觀察一切色身現空無常
幻偽不真無有堅實
能捨除執著去除物質眾色的執著
所有的心行意識眾法亦復如是
如同幻師所現的幻術不真」

四

佛陀現觀恆河上的聚沫
為大眾開示五蘊等的諸法實相
同時世尊為了讓恆河女神捨棄虛偽華麗的我執
繼續對她開示道：

「女神這恆河水是妳莊嚴美麗的身相
但妳仔細思惟
就像妳的身相恆河及閻摩那河、薩羅河、阿夷羅婆提河、莫醯河
這五大河都東流入大海
而這些水皆同一味　終不會有任何的別異

如是恆河女神
這些河流的種種名字與諸法
入於法界大海之後　就不再有任何名字的差別

因此一切眾法在法界中平等毫無差別
無此無彼、無染無淨、不生不滅
無凡夫、聖人乃至諸佛法的差別
一切都是假名　無名可示　無境可執

如是的法界無有差別
無順、無逆、無有二相
無來、無去、不可見故
無有起處　同時亦無住、無滅

恆河女神啊！妳看妳這恆河的水
承載著有情的心願　清淨養育著眾生
但何處的恆水是妳自身
是過去、現在、未來
是一相的恆河　或眾相相緣的恆水

一切河流到大海同為一味
而大海也是空寂
在法界中不可分別了知其別異的相貌

法界是不生不滅　無染無淨　不濁不亂
在法界中無可滅者　也無生者
恆河女神啊！妳觀察自身莊嚴的身相
恆水淨流千里　而水卻時時相注相離
剎那、剎那變幻無常　一切生滅是如是的不生不滅
在寂靜的流水中
一切日、月、星辰、萬物　相影鏡攝無生
妳身映萬相卻不留下一切鏡相的痕跡

如同幻化水所幻作一般　映成世間眾事
這世間的眾相也如妳身的幻映一般

但有名字　卻無真實物相可得

妳也應當如是了悟
不離法界　卻見於世間、行於世間
何以故呢　因為世間如幻不可得故
無有世間　但有名字
妳應當何處行於世間呢？

這就是所謂的色性不生不滅
所行亦不生不滅
而受、想、行、識也是如此
如是識性不生不滅
而受、想、行也不生不滅
如是的一相就是所謂的無相

恆河女神啊
妳從自身中應當了悟
不見有一法非法界
不見有一法非平等
不見有一法非佛法啊！」
恆河女神深心感悟不退轉於佛法
整條恆河水更加的清澄明淨
如日光在水中自生自明

拾　餓鬼得度品

一

如來度過恆河　忽然之間
那八萬四千餓鬼　身出煙火
或近於水　或遠於水
隱隱約約的赤燄
如同火燒大山一般可怖的前來禮佛
那麼闇赤的火　帶著那麼深的苦畏
未成道的大眾從心中生出莫名的怖懼

阿難了知眾生心中的驚恐　於是敬白佛言：
「如同天中之天　無上世尊的佛陀
　這隱現的赤燄濁火

到底從何因緣而生」

世尊如來悲愍的告訴阿難：
「這是八萬四千餓鬼　所影現的身形
他們先世不曾信聞佛、法、僧三寶
除了貪婪之外
他們絕不相信世間有罪福與因緣果報
顛倒無知　慳貪嫉妒
愚痴顛覆　心剛如鐵
煩惱執著　但樂於推求執取一切資財
只知剝削他人　不知有所厭足

不只對於他人萬分慳吝
連對於父母、妻子、兒女　也悉不慈心施與
師長的教誨　更視如糞穢

連親友都不施與　何況一般眾生
如是慳吝之人　從不思慮世間的無常遷化

他們只護惜自己的財物　自利自私
貪求藏積　不知無常、老病自相逐身
身遇惡病　雖知來日不久
但依然執妄　畏懼死後財物被奪

當妄念紛生　惡業現成時
自現幻境　羅剎、惡鬼幻變為惡人
現前強取財物　以火焚之
幻業所生　慳貪者反而顛妄心喜
以此因緣　在惡業道中中陰現前
風大先動　黃冷諸風　因此發動
惡風起動　筋脈結塞

口中乾燥　遍體萎黃
於是飲食難消　唯見火燄
心頭惡臭穢火　上衝咽喉成為燄口

如此的面然惡鬼　身形羸瘦
枯樵極醜　面上火燃　見之可畏
其咽如針　其腹如山　形體枯瘦
頭髮蓬亂　毛爪長利　身形皆豎
脣口乾焦　飢渴心惱　見一切淨水悉化為火灰或膿血
因此現出如幻的濁火煙燄」

這八萬四千餓鬼但因為往世的微福因緣
如今見佛奔趣歸向佛前
頭面著地長跪叉手而白佛言：
「天中之天的無上世尊佛陀

祈請您悲憐天上天下的一切眾生

佛是一切眾生的父母

希望佛陀救度我們這些可憐墮入餓鬼道的眾生」

二

佛陀了知這些餓鬼的種種因緣

但世尊為了讓一切眾生了悟眾緣

因此詢問這些惡鬼先世所種下惡因

於是八萬四千餓鬼自述道：

「過去世中我等雖然值遇佛陀　但卻盲然無見不知有佛

雖見到法　卻不知有法

雖見到僧　亦不知有僧

我等過去不曾做過福德之事

也叫他人千萬不要做福緣之事

見到別人行事植福就譏笑說：
『行善作福那裏會有福報？
不行善作福那裏會有罪業？
這一切皆是虛妄不實』
如是見到別人造作惡業眾罪就引為同類　心中十分歡喜」

佛陀悲憫的看著這些可憐的餓鬼又問道：
「你等出生於餓鬼道中到底經歷了多少歲月？」
「我等生在餓鬼道中已歷七萬歲悲慘命運」
「在七萬歲中　你等如何飲食呢？」

餓鬼哀慼的回答道：
「佛陀啊！
由於我們過去世所種的至惡之行
讓我們當遇到了微少的水時

忽然之際　這些水就幻化不見了
見到了大水
便被鬼神、龍族與羅剎所追逐而出
不准我們接觸這些水
有時雖然得值大龍普雨天下
歡喜得到雨水潤澤自身焦燥的身體
但這些水卻盡化為礫石、熱沙
或成為炭火反來燒身」

佛陀悲愍的觀照著餓鬼問道：
「那生值餓鬼之中　飲時云何獲得？」
餓鬼哀傷的回報佛陀說：
「如果有值遇因緣
為世間親里　稱呼姓名　成為追薦的受福者
乃至慈悲供薦得福者

這時便能稍受到一些飲食
如果沒有這些因緣福份
只有困頓飢渴
無法獲得飲食了」

這些可憐的八萬四千餓鬼叉手白佛懇請道：
「我們從過去以來一直不斷的飢渴著
佛陀天中之天啊！
願您慈愍一切的眾生
現在賜予我們這些可憐的餓鬼些微的飲食」

這時　慈悲的佛陀顧視著阿難說：
「提鉢取水　用來給餓鬼布施」
阿難便提鉢取水給予餓鬼
八萬四千餓鬼心生疑惑　共白佛言：

「佛陀啊！
這一缽水　連一人都無法滿足
何況是八萬四千餓鬼呢？」

佛陀看著這些愚痴的餓鬼　慈愍的教示說：
「這是要你等八萬四千餓鬼
共同拿著這一缽水
用最精誠至心　布施給佛陀及諸位僧眾弟子」

八萬四千位餓鬼這時才恍然大悟
趕緊共同提持著這缽水
長跪布施　並一心懺悔道：
「因為我先世不布施
所以這一世出生於餓鬼道中
我們現在已一無所有

只有共持這一鉢水
布施給佛陀及諸位聖弟子
使我們這八萬四千餓鬼
能以此功德遠離三惡道
在來生中報得如佛一般無異的恩師」

三

餓鬼們恭敬的將水供給阿難
阿難拿著水鉢供養給佛陀
佛陀嚐了一口之後
使一千二百五十位弟子各得供養
佛陀這時告訴餓鬼眾等：
「你們進入恆河中飲水並可洗浴」

佛陀的教敕引起了騷動
河海中的諸神龍眾
遮止恆水使八萬四千餓鬼不得洗浴飲水
佛陀向海龍王及諸神眾說道：
「這是無盡無極的水
你們何以如此的愛惜？」

諸龍神們回答道：
「我們不是愛惜這水
是因為餓鬼不清淨的緣故」
佛陀告訴這些江海眾神及海龍王說：
「你們從數劫來
成就為這樣的身相
你們如愛惜這無盡無極的水
此後還是成為這樣的身相

但是如果因為慳貪的緣故　而不肯布施
　未來也可能會有餓鬼之報啊！」

這些江河諸神及諸海龍王等
聽聞了佛語之後　心中了悟佛心的慈悲與平等
就不敢再行阻攔
讓八萬四千餓鬼
盡得飲水飽足並淨身洗浴

最後他們從恆河中現身還出
遶佛三匝　一心禮佛　叉手白佛問道：
「佛陀天中之天
　您了知一切過去、現在及未來三世
一心向您祈問：我們何時能脫離此餓鬼之身？」

四

這時　佛陀的眼光端注著西方
十萬億佛土的淨聖世界宛若在前
那甚深無際的因緣
在釋迦世尊與極樂世界阿彌陀佛中交互迴照
無量的時空是當下的一念
善妙的因緣　將如實的發生在現前

深深的緣　深深的誓　深深的無上妙因
時間之輪其實不必存有　在如幻中　既不向前　亦不向後
更非現在　但就是如是的動了　如同一部影片　要映向何方何所？
往世　越恆河沙等阿僧祇劫　我們的世界曾名為刪提嵐
如是時劫名為善持

彼時　無諍念王轉輪世界　統領天下
此轉輪聖王　有具德大臣　名為寶海　家學淵博　善了眾命因緣
如是吉祥　寶海的夫人誕下男嬰
具足三十二相圓滿　八十種好次第莊嚴
其身常光一丈　眾相具足清淨
生時　百千諸天大眾供養　寶海命其名為寶藏
寶藏長大　剃除鬚髮　出家修行
成就無上正等正覺　圓滿成佛　號為寶藏如來

寶藏佛大轉法輪　廣度眾生　這一天回到自己的母國
返回無諍念王所統治的首都安同羅城
如是在大城外不遠的閻浮園林安住
佛陀出現於世不可思議
無諍念王前往佛所恭敬禮拜並祈請道：
「偉大的世尊　祈請佛陀及一切聖眾

受我迎請供養三個月　祈願於此間能布施一切供養

願如來及聖眾歡喜」

寶藏如來默然受請

國王所有王子及小王也如是供養佛陀

寶海梵志也來到佛前　向佛陀祈請供養

佛陀也如是默然受供

寶海梵志勸請一切眾生要發起無上菩提心

但大眾在供養後　只是發心將功德迴向世間福報　十分可惜

於是寶海梵志一心勸發大王及諸王子等同發無上菩提心

無諍念王發願成就清淨佛土並度一切眾生成佛

以此因緣現前圓滿創建極樂世界成為無量壽佛

而大王子不詢即為現前的觀世音菩薩　將來補處在無量壽佛後成佛

此時極樂世界轉名更廣大的「一切珍寶世界」

而寶海梵志最後也成就了無上菩提

成為我們的導師釋迦牟尼佛
佛陀、無量壽佛與觀世音菩薩　宿昔於法界中共同修行度眾
而今　也將在毘舍離大會中共同度眾
實相從空性中注入心中
這是超越時空的法界旅程
充滿最殊勝善妙的因緣
沁入了所有宇宙的無盡流動
用法界的光芒
成了最微妙的琴弦
在夢中彈奏出最喜樂的宇宙星塵

當時間停止時
時間在何處？
當空間消失時
那來的宇宙世界？

五

阿彌陀佛與觀世音菩薩也如是的關注著娑婆地球的眾生
大悲觀世音菩薩的大悲慈心　將那熾盛的業火化為清涼
在如幻空淨中　施無畏者觀世音菩薩生起大悲心
從手上與足上十指指端流出清淨水光
清越空淨入於恆水　恆河發出了更殊勝的明光
天空中發出清淨的光音　如山谷流音、天樂鳴空般隱約的迴響清亮
那打開地獄之門及開啟咽喉的明咒如實現起

唵　步布入帝哩　迦（哩）多哩　怛他蘗多引也

Oṃ bhū-puteri kāri tāri tathāgatāya.

加持眾生並打開了餓鬼鎖閉的咽喉　讓他們能安心的受用久違的飲食

接著持誦出無量威德自在光明殊勝妙力真言

曩莫　薩嚩怛他蘖多嚩嚕吉帝

Namaḥ sarva-tathāgatāvalokite

唵　三娑羅　三婆羅　吽引

oṃ saṃbhara saṃbhara hūṃ.

加持飲食令一切餓鬼消業受用增福成就解脫的勝緣

蒙甘露法味真言也如同天樂鳴空般發出

曩莫　蘇嚕頗也　怛他蘖多也　怛儞也他

Namaḥ surūpāya tathāgatāya, tad yathā,

唵　蘇嚕　蘇嚕　鉢囉蘇嚕　鉢囉蘇嚕　娑嚩二合賀引

oṃ sru sru prasru prasru svāhā.

這真言將飲食及水化成無量甘露及淨乳　讓餓鬼廣大受用

這些真言光音　交織成微密網音淨　一切餓鬼盡得吉祥安享

觀世音菩薩往昔受到佛陀勸發修證成就

於今也將加入如來的大悲度眾事業令一切眾生成佛

佛陀這時歡喜的收回日光　慈悲的觀注著八萬四千餓鬼並說道：

「你們以這一缽水的福德因緣

將在未來彌勒佛出世　人壽八萬四千歲時

不只脫離餓鬼道盡得人身

並將一心修行　皆得以證悟成為阿羅漢」

聽聞了這不可思議的布施功德

大眾發起了真實的菩提心

八萬四千餓鬼　遶佛三匝　禮敬而去

拾壹　瘟疫品

一

毘舍離王及長者、居士、臣民
歡欣鼓舞的在恆河邊迎了佛陀
吉祥的足將踏上這苦難的大地
迎來了光明與安心
天空耀著明光化成晶心明點
耀成金剛光鍊
是誰的心　無為的敲醒法界體性的本覺

大覺者！南無佛！
用始覺同了本覺　現起了體性的明空寂光
道路平整街樹如行

嚴飾幡蓋帳幔床座猶如天街
以花散佛周遍覆地
大眾來集　迎佛一心恭敬
猶如秋水長投於大海
在大覺的佛心下沁入清涼
佛陀來了　佛陀降臨了這力士之國
毘舍離將遠離一切的苦厄
迎來了幸福清淨

佛陀　一切智者
您早已完全知曉　毘舍離這苦難大地所發生的一切
您的蓮足將在這荒闇中帶來無盡的光
大悲者觀世音菩薩
您的大悲早已觸了這苦的地
楊枝淨水將遍灑清涼

那麼苦、那麼苦、那麼苦的大地啊！
南無……

二

那麼闇　比黑更暗的闇　比暗更黑的闇
會吞下所有的光　會吞盡所有的光
就在那嬰兒小牛眼般的眼珠裏
靜靜的　比無聲還靜寂
黑色的眼珠　無思的吞噬了亮

一夜醒來　母親就這樣走了
父親呢？　也已渺然
只剩下老奶奶無助的看著小嬰兒
怎麼相依為命？

這時　那無辜的雙眼　睜睜著看
彷然　被靜嚇的靜了
看著奶奶　噘了噘嘴
想哭　不敢
小嬰兒的眼　看著瘟疫奪了父、劫了母
至親的生命竟在初開眼中如煙雲無蹤
痛亦或無知、無痛？

三

就在那陀村　在毘舍離城不遠的那雉迦聚落
在大惡疫中　人命像被大風雨吹落的菴摩羅果般墮下
出門幾無所見　白骨蔽於平原　十家或成九空
只聞號泣的哭聲斷斷傳出
但更哀傷的　已是無淚可哭的死靜

不是寂滅　是死滅的靜

那三歲的孩子　少了眼神
抱著他的是呆坐著更沒有眼神的母親
三歲的童眼　無神的回看著母　似看非看
茫然的望著前　這是什麼樣的世界
父親呢？
未知將身死何處　那麼的淒
眼淚從童眼中流下　叫了一聲
娘！

四

牧牛兒繼續牧著牛　牛會繼續活下去　我呢？
那牧童的牛眼已經不再澈

想活　年輕的命還守著些清
飢寒要來了　總守著或許還有的命　繼續的牧活
就這麼眼睜睜的看著隔家的叔伯二人
忽然就在田邊　兩人倒下了　就這麼橫著路　走了

不敢數了　白日頭下死了多少人
也不敢哭了　夜裏多少人走了
牧牛也牧心吧！　不然怎活？
人的臉上有了鬼色　鬼則奪去了人魄
白日牧牛見人　懷疑那是鬼吧！
黃昏返家遇著了鬼　反而疑惑那是人了！

五

青年俊發的眼神　看著生命像飛花般的零落

我那青春年少的生命　那會在這無常的際遇中落塵
我的身體那麼好　那麼勇猛無畏的面對著疫鬼

忽然間
我的眼神怎麼闇闇的充血了　呼吸怎麼粗了
嘴內怎麼乾臭的無法出聲了　鼻子怎麼無味開始流血了
耳朵怎麼黏膩膩的流膿了　我怎麼開始嘔吐了
我沒喝酒　怎麼神識開始沉昏如醉了
我的身體那麼燥、那麼熱的那麼寒、那麼冷
我年輕強健的身命怎麼了？
鮮衣怒馬　那年輕的命啊！
緩緩從馬上落下了塵埃　錦衣上僅留著塵

六

功成名就了　在這壯年的身上　我已擁有了一切
但是這可怕瘟疫　讓一切變了色調
翻手為寒、覆手成熱
我的親人、朋友、下屬、僕奴竟成了血肉模糊的骷髏
有時車乘百里就是不見人影　驚將草木喚神魂
人死滿地　見人現倒　人骨也將風塵吹白

豁然看著四座生死大山向我逼迫而來
老山　能壞我的壯年盛色　病山　能壞一切的強健
死山　能敗壞所有的壽命　衰耗的山　將破壞一切的榮華富貴
貌美青春的妻妾終將喪沒　子女眷屬亦將分離　錢財也將亡失
這麼無常　這麼苦迫　如何是能超越這困境

七

老了！看盡了繁華　守不住啊！守不住
在這瘟疫中　妻子、兒女就這麼走了　留我孤獨
眼睛看了那麼多的生死　卻忽然經歷了前所未見的大惡疫
一切的歡笑落入了無盡的黑洞沉埋
惡咒竟在乾咳的毒舌中奔馳而出

已經認不得這是誰家的墳了
良田只成了在野火中自焚的　寒林墳場
什麼是悲傷？什麼是感傷？　竟然忘了
淚不濕了　只留著風乾刺目
在江流盡處沉浮的是餓鬼的哭
只剩餓鬼為友了
燈影明滅中　人、鬼、屍、棺竟相會同聚
陰陽作孽　天地不仁　故人半在無塚的寒林
果不再香　花瘦黯然無神

八

我死了嗎？　我沒有死！
我沒有死嗎？　我是不是死了！
一連串的疑惑　我心不解　守著自己倒下的身
那絕不是屍體　還會活　快起來吧！　還要活！
我記得！　我記得！　咦！　我不記得了！
我的身體好好的　只是怕！　我的眼睛出了一些些血
耳朵、鼻子……　反正沒事！　沒事！
怎麼可以死？　怎麼會死？

騙人的！　騙人的！
老婆啊！　妳哭什麼？
孩子啊！　你們哭什麼？
那些莫名其妙的親族

竟假心假意的藉著哀悼　要占我的家　分我的財
什麼是死了？　事情才要開……

九

那一天　就在路旁　我就那麼倒下了
花了那麼長的時間驗證　總算知道我已死亡
我好餓　好渴　好飢渴
想到水邊飲水　卻看到了滿滿的猛火膿血
驚猛的絕望中　窺見了我自己的身

我為什麼變成這個樣子？
目陷髮長、身形羸瘦、枯燋醜陋
那面上火燃　好痛！好痛！
那如針的咽喉　難道叫我如同蒼蠅般吸水食物？

那麼蓬亂的毛髮蓋覆身形
毛爪又長又利　身上那麼重的難以負擔

想來一生的貪婪、惡口　連生命的最後
那麼的瞋、那麼恨、那麼的貪那最後一口食物
換來了這樣的難堪
看著那麼多人　棄世倒斃
偶起瞋心要在路上嚇人　竟倒被人嚇了
人早已不當我是鬼　只當我是一樣可憐的病人

餓啊！　飢啊！　渴啊！
路上遇人愈來愈少　許多好友也爭相加入這鬼道
那罪啊！　那報啊！
大家商量怎解？
聽聞大悲觀世音菩薩能救度惡鬼

大夥商量　向觀音菩薩祈請
用那楊枝淨水澆灑淨化
讓我們能自在吃食、飲水、洗浴
脫了這餓鬼身　發願成了菩提

十

羅娑耶女的氣息還未斷　但已被棄在寒林
在半昏半醒之際
她心中竟然遙聞　佛在毘舍離與觀音菩薩將救度瘟疫
豁然心清　她怎麼知道的？　不知道？
誰告訴她這一生苦命的人？
似乎是觀世音菩薩的耳語通了她的心
她忽然憶起曾供養過佛與僧
似乎長長遠遠的時劫前與大悲者結了緣

於是她一心一意不斷的憶念
南無佛　南無大悲觀世音……

豁然間心更清涼　身上五根的痛寧靜了
於是呼吸停止了　暖、識、壽一時俱離
開眼已上生在三十三天　成為帝釋天玉女
那無量的光明炳然　威德廣大　神通自在成了天神

如是自思念：
「這是夢嗎？　我到底有何因緣而成就了天身？」
如是清淨的思念　自識了宿命
原來我在人間　成為婦女　在大惡疫中生了病
那眼、耳、鼻、舌、身、意的痛苦襲了我的身命
我那無福無德的業啊！　讓我竟在尚有機會活時
被棄到了尸陀林間等死

我心中沒有恨、沒有瞋……

往昔啊！　往昔啊！
那供佛的微福　與大悲者的緣　竟讓我受到了教示
於是一心一意的念佛、念觀音
那善福竟讓我成為玉女天人
於是向佛、向觀世音菩薩報恩禮敬
放出殊勝光明
往詣佛與大悲觀音菩薩所在　頂禮佛及大悲者足
受了三皈、五戒　在生死長夜中得到大利益、大安樂
於是我發起了菩提心　發起了無上菩提心
永為佛子　永遠跟隨著大悲者的腳步　廣度眾生

十一

在無常生死大海中　不再流轉
藉著這瘟疫的緣　離了糾繆的世
於是身遭苦患的耶輸長者　安住四念處專修繫念
讓身心的苦患暫得休息

他看著身體由業障所生的病痛　循著自己的身體善觀念住
一心精勤方便　用正念、正智　調伏身體的苦痛及世間貪憂
於外在世界及內外相合之身　內受、外受、內外受
內心、外心、內外心　內法、外法、內外法
一一觀照勤修　調伏世間的苦痛及貪愛
於是在以四念處繫心安住的緣故　身體的苦患暫得到休息

在安和的情境中　諸根喜悅　顏貌清淨　在吉祥中逝去
於是現前受生在四禪五淨居天中的無熱天　證得阿那含三果聖境
為了感念佛恩　如力士屈申手臂般那麼疾速

從無熱天沒　現於佛前
這位無熱天子由於尚不知身心調整的善巧方便
因此天身下地時　竟然如同酥油般委然於地上　不能自立
由於這天子的色身太過微細了　不能在地球上持立而住

這時　佛陀告訴這位手天子道：
「你要變化自己的身體成為地球上的粗重身　才能立於大地」
手天子這才了悟　即變化自己的細身為粗身　安立於大地
頂禮佛足　退坐於一面

佛陀問手天子說：
「手天子　你在人間受我教化所持的經法　是否還完全記得呢？」
手天子敬白佛陀說：
「世尊！本所受持的經法　現在都沒有忘卻
　而在人間時　有所聞法　還未得窮盡者　現在也尚在思惟憶念修證

如同世尊的善巧說法
世尊說：『如果人在安樂之處　能憶持正法　這就是不苦的處所』
這真是如實的妙法啊！
我將學習世尊在人間各處　為大眾圍繞的種種說法
大家都完全奉行　我現在也將在無熱天上
為諸天人大會說法　讓天眾也如是受學」

佛問手天子說：
「你在人間時　無厭足的修學了那些法門　而得生於無熱天上？」
手天子敬白佛陀說：
「世尊！
我無厭足的受學了三法　因此身壞命終　生於無熱天
我於見佛無厭　於佛法無厭　供養僧眾無厭
並依四念處一心修法　生於無熱天上」
見佛心無厭足　聞法於心生喜悅

廣大供養一切眾僧　受持賢聖法要
一心修證四念處法　調伏慳著的垢染
如實善巧修行　故生無熱天上
今為感恩禮敬佛陀　憫念惡疫眾生
如是還歸故土相續精進修持

十二

法界開始合唱著無死的歌聲
嗡！
皈命那無死的勝尊
只有他們能消除淨清自性佛的寂寞
天邊的虹彩多美麗
橫掛著紅色的天鼓
在那裏　無量光明的

無量壽佛
正帶領著大悲觀世音菩薩
或許　正教授著
無死的金剛之歌

啊！
南無世尊
南無本師釋迦牟尼佛
皈命一切本不生的至尊如來
從空色的霓虹
請隨手的揑出片片的吉祥
輕敲大覺的雅音和鳴
讓我憶起石琴和合妙聲

吽！低鳴著

和上法界寂滅
南無佛陀！
吉祥的無死身
現前
現前
啊！
一切眾生全佛
全是圓滿的虹身

拾貳　大悲深願品

一

於是了悟
在最勝吉祥中以心印心
從大悲如來的心性傳承了大悲觀自在
十方三世一切佛的無上大悲
現成了觀世音
永遠的故事訴說著從大悲來到大悲
於是在最深苦處得了救度
生死苦患盡得安止
病痛瘟惱疫消光明

從大悲心傳承了大悲心

讓一切的傷痛苦薪
成了大覺的心焰
眾生離苦得樂
盡成如來無上菩提
南無大悲世尊
南無大悲觀世音菩薩

二

來　讓我們在瘟疫中調鍊那美而無畏的心吧！
讓心覺醒、覺起
讓健康　快樂　幸福　智慧　慈悲
成為自心的標幟
當瘟疫把我們閉起來
我們就順勢閉關

讓疫疾成了我們最盡責的護關者
順勢關起了心中的貪婪、瞋恚、癡愚、傲慢、疑執
讓一切的恐懼、猜忌、自私、焦慮、不安、壓力
這所有負面的心緒　成為光明智慧的薪材火力
讓　覺性在瘟疫蔓延時增長

開悟　就這麼讓心悟了起來
於是　在睡眠的夜幕合下時
我們就用放鬆禪法
成了夢幻中的光明心性
晨起的朝陽與夢光相和
演奏著每一天的光明活力

讓我們憶起慈母　思想起在慈母胎中的安喜

那大悲胎藏的曼荼羅　充滿了智水
那智慧羊水養育著我們
那是生命中最究竟的高峰　引導了我們最喜悅精純的心境
現在一心細思　我們就身在最舒適柔軟的清淨溫泉中
喚起在母胎中那至善至美的幸福高峰體驗
於是壓力、恐懼　乃至一切負面的心緒
都隨溫泉的水氣逸離
喜樂、自在成了唯一的心

三

細思楊柳　隨風微而起
從來不把恐懼、壓力等負面情緒
這些高利貸的吸血鬼留在身上
就讓風　吹走了一切負念　留下了純鬆、至悅的心

讓身體的五臟六腑、所有器官、一切的細胞
都宛如嬰兒般充滿了生命的氣機
像氣球一樣充滿了空氣　像水母一般柔和自在
於是身心只是光明的喜　喜的光明
讓這樣的心境純習

在最自在的清淨心中　放下一切
讓一切自然放下
當下　連能放下的　也輕輕的　全體放下
放下……放下到沒有一絲一毫的罣礙
於是寂靜的心　讓光明自然的生起

遍照光明成了自心唯一的光景
當下　讓我們全身放鬆
就像柳絮一般的輕柔

像海綿一樣的溫柔
把所有的身心壓力全部放下

放下身體　讓身體像流水般的明淨
放出呼吸　讓呼吸如同清風般的自在
放開心意　讓心靈如同柔妙蓮華般開放
身、息與心淨裸裸的
像千百億日的光明
如水晶般的明透
宛轉如流虹般的明潤自在　無有實質
心意自然的止息　無念
身體與呼吸也安住在光明無念當中
當下只有最是無念的清明

四

讓我們的骨骼完全放鬆開來！
如同海綿般的輕柔與彈力
把壓力從身上全部移除
海綿般的骨骼自然溫柔的彈起
我們清楚的觀照著自身所有骨骼
從頭到腳一節一節的放鬆
全身像彈簧般有力　像海綿般柔和
所有的壓力已悄然無蹤

再將皮膚與表皮肌肉全部放鬆
頭腦、內臟與肌肉也全部放鬆放下了
從頭部到身體到雙足
所有的壓力遠離了

就像海綿一樣恢復了彈性
徹底的放鬆
像氣球一般充滿了柔和的空氣
讓全身的血管放鬆
所有的循環系統內分泌也自然鬆開了

全身的筋絡神經系統完全暢通無阻
柔和充滿了欣喜
呼吸徹底鬆開了　全身充滿了氣機
五臟六腑所有細胞毛孔
都自然的盡情呼吸
無比的喜悅從心中生起

每一個細胞都充滿了微笑
化成了最輕柔的白色雪花

在無雲晴空的陽光下　晶瑩的發亮
白色雪花慢慢的融成了清淨的水
從頭到腳都化成了清澈的淨水
當下我們成了由淨水所化現的人形

無雲晴空的陽光繼續普照著
全身的淨水吸入了無盡的能量
於是歡喜的化成淨明空氣
成了由空氣所化現的人形

告別所有的壓力
空氣便昇華成了光明
這光明就像水晶一般的淨透
太陽般的明亮與彩虹般的無實
當下完全成就了光明的身體

而全部的宇宙也轉化成無盡的光明

五

完全的覺悟自然生起
一切的心念自然的消逝
連所有光明的心念也已逝去
於是過去的心、現在的心、未來的心
都已消失

自心只是絕對的無念清淨
絕對的覺悟寂靜
而宇宙與自身的光明　自生自顯
圓滿具足了光明的大覺

從放鬆光明的無念中覺起
所有的光明收入了心輪
只有無念無依沒有罣礙
身心一如　健康自在
快樂的覺悟
沒有壓力的人　成就了最有力的人生
雙手伸出　光明的勇士
對所有生命有著最快樂完美的慈悲方案

六

在歡喜的深心中
我們打開完全沒有執著的空性中脈
那是現空無實　在身心的正中
宇宙的中心

那麼明、那麼亮
從頂輪上現起金剛鍊光明般的如意寶珠
宛若無數太陽的光明普照
如水晶一般透明
像彩虹一樣沒有實質
自在的現空映照

將寶珠沿著身體前後左右的中脈
從頂輪安置到眉心輪
從眉心輪安置到喉輪
從喉輪安置到心輪
從心輪安置到臍輪
從臍輪安置於海底輪
讓海底輪安置於空吧！
讓空安置於不可得　無生無滅的法界體性

於是用最柔和的氣息
呼吸著宛若金剛光鍊的如意寶珠光明珠串
用空息呼吸著法界的智慧氣息
隨著中脈的呼吸
悟入了法界光明自在
現證了光明的廣大休息　安穩的睡在畢竟空的中脈裏
不只在夢幻光明中如是
在行、住、坐、臥、語、默等一切生活中
都如是的在中脈呼吸

拾參　閻王三使品

一

那死王閻摩派了三位使者在人間遊行
那是老使、病使與死使
人間那些放逸的人
身行惡行　口行惡行　意行惡行
由是身壞命終　見到了死王閻摩
那閻王問道：
「你是否見到了我所派出的第一位使者
　他不斷的教導著你　指正著你　你是否看到呢？」
死者回答到：
「大王　我完全沒有看到您的使者啊！」

「你難到沒有看到嗎？　你往昔在人間時

不管是身為男性或女性

不管是婆羅門、國王、后妃、大臣、命婦、富貴長者、貴婦

乃至於一般的平民百姓　或是貧民、奴隸

當大家老時　齒落髮白　皮膚緩皺

膊傴背曲　侍杖而行　這種種的老態　你看到了嗎？」

「大王　我看到了！」

「你真是愚痴的人啊！　你怎麼不想想　你終將像他們一樣老去呢？

這是我的第一位使者　這一切都是自身因緣所現啊！」

閻羅王再問道：

「你是否見到我的第二位使者？　他就在你的身旁

不斷的教導你、規勸你？」

「大王　我沒有見到啊！」

「你難道沒有看到　世間的男男女女　四大和合的假身

忽然乖違　為病苦所侵　像你現在所面臨的瘟疫一般
眼睛充血、耳朵流膿、鼻中流血、舌噤無聲、
所食不消、六識閉塞猶如醉人
到處都是我的病使者　因何不見？」

這人驚嚇的說：
「大王　我真的見了　我也真的與他相見而生了重病」
「世間的人愚痴若是　每個人總是幻想這四大假合的身體
不會生病　用這危脆短暫的肉身　用身、口、意去行不善的事
現在應當善自覺知　一心行善
在生死長夜中作大利益、大安樂的事
愚痴的人總是不知自作自受
自己的惡業　還由自身受報」

閻王又問道：

「你是否看到我第三使者　隨時在你眼前出入」

「大王　我沒有看到」

「痴人　你如果沒有看到的話你是怎麼死的？

現在你豈不見瘟疫之下　十室九空死者盈半

不管年幼、年長　身壯、身弱　恰似風中微燈

不知如何保命　在路上、在田邊　隨時倒死

你因何不見這第三位死亡的使者？」

這人驚嚇的回道：

「大王！大王！　我見到了　我見到了

我就是見到他時　就這麼死了　親友眷屬也死亡泰半……」

說著　說著　悲泣難抑

「眾生不知業報因緣　在生死長夜中　不趁機多所行善

而妄作惡事　終是自作自受　自業自消啊！」

眾生造作了諸般惡業　死後墮在惡趣當中
閻摩死王見彼前來　以悲愍心而呵責：
「往者你在人間　為何不見老、病、死使？
這些使者的真實告示　為何放逸而不覺知
應當一心斷惡　修習一切善法
以正法作為皈依　脫離生死苦海」
當死王閻摩如是告知時
他的心中也如是的動念　我自己也應當一心的修行
皈命佛陀　覺悟正法以得解脫
在生死長夜中　我不也是會見到自己的老、病、死的使者嗎？

二

那死王閻摩也終將見到自己所派出的三位使者
死王死時　死的是什麼？

這好細心商量思惟
死者死時成聾　死者死時再死是生或死？
心總混著不思惟覺悟
在生死長夜中　無法涅槃
讓生死寂滅現空　覺悟現前
於是　超生越死法爾現成
在畢竟空中　無死忽憶起
於是始覺同了本覺
原來如是　原來如是
南無佛陀
南無大悲者觀世音菩薩
我乃了悟

金剛心不死　無有生滅期
輾轉反側　現前忽憶起

現成本來佛　無有修證心
千般尋覓　現前忽憶起
念密本寂照　無有昏昧境
次第作觀　現前忽憶起
無願廣大時　無有不悲時
口說無憑　現前忽憶起
立斷明空體　無有剎那離
遠近璇繞　現前忽憶起
頓超金剛鍊　無有窒礙處
祕密空色　現前忽憶起
無死虹身　無有不如意
霓虹擁護　現前忽憶起

三

如是我們將不再受到死神的誘惑
不會貪玩的進入自己的迷惑
不要無聊的進入自己無明遊戲
無死而死　死而無死
如是自在者　遠離那生死的遊戲
但是每當看著自性的大悲
供養著如佛的眾生
於是大悲者又依然的不住涅槃

清風再次吹動著本然的心
天地間的百華
迴向了鼻根的真如妙香
於是無妨還是持明

用六大演奏
法界金剛的妙音
敲醒著閻摩的命鼓
吽！吽的低吟著劫初的冥路
如來　依舊　如來
沒有畏懼
依舊超然於生死中遊戲

於是我們不必允許再死亡
我們不必再允許自己進入幻境的死亡
只是心中充滿了如實的大悲
雖然過去已經如是的消逝了
但依然有著滿膺的芬芳
時間的鍊鎖
已悄悄用金剛斬斷

十方的相遇
如明鏡般的幻化流光
重新架起時輪
迴旋了法界
依舊自在現生於十方世界

我不必再允許如夢的死亡
生滅的遊戲在體性中全幻
為什麼那樣的任性
不肯與自己的心性商量
回首已逝去的時空
滿掬著淡淡的輕夢
或許這一片
菩提的葉子
稍稍彌補著

成佛的寂寞
於是再來一次
慈航

我不必再允許死亡
夢醒的時候
夢已經醒
殘殘的迷味
不必再留在身上
但喚醒我再進入夢的裏的夢
讓我在夢裏依舊不在夢裏的夢

我依然不必允許再死亡
生死都化作了彩虹
光從光裏流出

這是究極的密意
不必再允許死亡

拾肆　菴摩羅園品

一

毘舍離歡天喜地的迎佛入國
國王、大臣、長者居士、無數的國人
五體投地禮拜佛足　皈命三寶
一路上香花伎樂　繒蓋幢幡
奉迎世尊
香華覆地　尋路供養不絕於途
善哉佛陀　如是因緣
一路弟子圍繞安行
遊行至城外菴摩羅園坐一樹下
菴摩羅女是菴摩羅園主　宿昔有緣　住於毘舍離國

聽聞佛陀前來
立即先遣善解人語的鸜鵒圓面
飛往前來毘舍離國路間　到那雉迦販葦聚落迎佛
善哉！　圓面鸜鵒善解人語　菴摩羅女教言：
「飛至佛前頂禮世尊　問訊如來善言：
『世尊！起居輕利
少病、少惱、行安樂否？
祈願世尊欲至毘舍離廣嚴城
願哀憫我故先至菴摩羅園』」

鸜鵒受命即往佛所
途中遇離車童子等出城遊戲
見菴摩羅女鸜鵒飛過　挽弓射之
其箭無力掉下至童子頭
童子痛的大叫　幸好無傷

鸚鵡此時即說頌曰：

「兩國交戰之時
使者不應被殺
何況我是佛使
一切不能傷害」

這時離車童子等也回答道：

「我等所射的箭十分無力
你所說的話極有效驗
這是佛陀的威德神力
你應當無畏前去」

時鸚鵡即至佛前禮敬世尊具陳此事

佛言：

「善哉！當善安穩」

默然受請

鸚鵡知佛受請　致敬而去

二

鸚鵡圓面尚未飛回菴摩羅女家中時

在空中即為惡鵄所搦殺

捨命後即生於四天王天上

在生天剎那之後自念：

「我因何事？種下何種福業而生於此？」

剎那憶起自觀　因作佛使功德

因此捨棄傍生之身　得此善報生於天界

此時心中復作是念：

「我不應隔宿再行　應當立即回報世尊的廣大恩德！」

如是天人立即以莊嚴的身具自作嚴飾
並持俱物頭花、芬陀利花、曼陀羅花、摩訶曼陀羅花
在中夜時分至那雉迦販葦聚落世尊處　頂禮佛足　供養佛陀
天人退坐一面　天身光明照耀四方
這時世尊知道天人根性因緣
為他宣說苦、集、滅、道四聖諦的教法
使用大智的金剛杵
摧破了宛若二十座高峯般的煩惱薩迦耶見我執大山
於是天人開悟了　證入了聲聞的預流初果

天人證見了真實諦理之後
得到了甚深的法喜　連連驚嘆三呼：
「善哉！善哉！善哉！」
合掌恭敬上白佛言：
「現今佛陀世尊　給予我廣大利益

不是父母、妻子、子女及諸眷屬
也不是一切天神、仙人、沙門、婆羅門能作斯事
只有佛世尊啊！只有佛陀、世尊啊！
能夠拔除地獄、傍生及餓鬼的痛苦
建立天人乃至超脫生死之道
乾竭在生死輪迴中的血淚的大海　遠離積如大山的枯骨、血肉
關閉一切的惡趣之門
開示了清淨天行乃至涅槃之路

從無始以來　我浸習了薩迦耶我見宛若深遠的大山
現在用金剛智慧　完全摧壞了
使我在當下開始遠離生死輪迴的大海
得到清淨法眼　證悟了預流的初果
從現在開始　乃至生命存在之際
永遠皈依佛、法、僧三寶

成為優婆塞居士　永不殺生受持五戒
祈願佛陀能慈悲攝受」

那喜悅是法　從心的最深空處發出
那歡暢是順心　遠離了生命的枷鎖
如商人獲得廣大的清淨財利
如農夫的苗稼自在的滋茂茁長
如勇士摧伏了不可壞的強敵
如病人遠離了身心各種疾患
如是禮佛而去　還至天宮

三

菴摩羅女聽聞佛陀、聖眾將至菴摩羅園
心喜無量立即嚴駕寶車帶著五百弟子侍女隨從

從城中居宅趕往園林禮佛
遙見如來世尊　莊嚴相好具足
如星中之月　如雲中日　吉祥安坐林中
心中驚嘆無倫一心皈命

詣園下其寶車　如雲飄降般趨翔而入
正宛如吉祥天女一般　姿容殊麗
連園林樹中諸天人都莫不迴目
雖然身服清淨素衣　捨離華麗妙服
自沐浴香花　宛如世間貞淑賢女
但如是端正微妙猶如天上玉女的姿容
雖然身形素潔　依然緊緊的執持大眾六情之根
撼動人心　令人迷意

佛陀遙見此女前來　即以梵音告諸沙門：

「此女身妙端正　能惑行者心境
汝等應當各自檢攝心意　安住正念
各自執持精進的弓刀
用智慧之矢　安鎮自心
披起禪定正意的鎧甲
乘著禁戒的車馬
與塵勞煩惱爭戰

出家比丘寧在暴虎口中　狂夫利劍之下亡身
也不可對女性　生起愛欲情執
女性不管行、住、坐、臥所顯現的各種姿態
乃至所畫的各種形象
都只是欺誑幻麗的姿容
能劫奪人心　出家人如何能不自防？

應當觀照無常苦空　現前不淨　無我亦非我所有
諦觀真實之相　滅除貪欲之想
正觀自心之境　天女尚不可樂著
何況人間的欲望　正攝六根勿著六境
制心精進　決無放逸」

佛陀為一切比丘種種說法　令彼等內觀定心之時
菴摩羅女漸至世尊面前
見到佛陀坐於樹下安禪寂定
金光晃耀如日出雲
憶念佛陀以大悲心　吉祥安止林園
端心淨斂儀容　發清淨意
以恭敬純然至心　五體投地稽首佛足

四

世尊安詳命坐一面　隨心為她說法：

「妳的心念業已純靜
從心內表徹於外顯現妙德容相
妳具足了廣大豐厚的財寶
又備具妙德　兼具了姿容美顏
如是能信樂正法教化　是世間難得希有之事
身為女眾如是深喜智慧、樂於正法實屬奇特

人生在世間中　唯應以法自娛
一切世間　苦空無常　不可依恃
財寶、色相均無以為恃　只有正法才是珍貴
強者為疾病所壞　少壯為老所遷變
性命為死所劫困　危緣侵擾安穩

要遠離如是過患　只有專精於正法行持

一切所愛將莫不遠離　不愛者卻強為惡遇
一切所求莫能隨意自在　唯有正法才能從心
藉由他力、外相滿足終成大苦
只有自在的心力才能吉祥生喜
女眾一生在現前的時空因緣
終是由他力來決定而不能自在
因此應當思惟　奉心於清淨白法
來解脫超越生命中的所有困境」

如來的教誨句句打動菴摩羅女的心
菴摩羅女聞法心生歡喜
堅實的智慧更加的增長心明
心更超越了愛欲煩惱　離於色身的執著

法的力量增長了　心中不染於境界
智的力量茁壯了　自心充滿了清明
慈悲的力量開敷了　無上菩提已種於心中

這時她立即起身長跪叉手欣喜的白佛說：
「從今日始　皈命於三寶
唯願佛陀聽許我在正法中成為女居士優婆夷
盡此形壽　不殺、不盜、不邪淫、不妄語、不飲酒」
佛陀默然受其皈命　接著又說：
「現在已蒙世尊攝受為弟子
哀祈佛陀與眾聖弟子明日受我所請至城中家舍供養
而今日請佛止宿我這菴摩羅園中」

佛陀了知其至誠的心
更為了利益一切的眾生

默然受其祈請受供

菴摩羅女歡喜頂禮佛陀返家

辦具百味妙食　願佛與聖眾重迴覆臨

拾伍　供養之道品

一

離城八里的菴摩羅園　成了眾流匯集的聖地
五色各異的車馬　盡顯出離車族人的繁華富足
青車、青馬、青衣、青蓋、青幢、青幡一色青麗
黃車、黃馬、黃衣、黃蓋、黃幢、黃幡一色明黃
赤車、赤馬、赤衣、赤蓋、赤幢、赤幡一色艷赤
白車、白馬、白衣、白蓋、白幢、白幡一色淨白
玄車、玄馬、玄衣、玄蓋、玄幢、玄幡一色墨玄
五色繁華寶飾異儀的車隊　在前後翼從中奔途
一心、一心只為了前往參禮佛陀

菴摩羅女辭佛返家　中路與眾車相逢

車行疾速　互不避道
寶車相互鈎撥　損折了幡蓋
離車族貴人指責道：
「妳依止何勢而行不避道
竟然衝撥我的寶車　損折麾蓋？」
「諸位貴人　我祈請佛陀世尊明日受我供養
儘速返家準備供食
因此車行快速無法相避」

離車族貴人們即告訴菴摩羅女道：
「現在且停止妳的祈請供養
請讓予我們供養　我們當予妳百千兩黃金」
菴摩羅女答道：
「這是向佛陀當面祈請受供　那裏可以讓與？」
「那我們更與妳十六倍百千兩黃金　必讓我們先行供養」

菴摩羅女還是不肯說道：

「我祈請供養已定　不可以改變」

貴人王族們熱切的心　溢於言表：

「我現在可以與妳相分國財

是否可以先讓我呢？」

「假始舉國的財寶　我猶不取

所以如是　因為佛陀住在我的菴摩羅園

先受我的祈請　此事已圓滿終不相與」

貴人們相互扼腕嘆息說：

「現在因為菴摩羅女

讓我闕失了最初供養的福報」

只好繼續前進來到了菴摩羅園

這時　世尊遙見無數車騎大眾填道而來
告訴眾比丘說：
「你等當知帝釋天的天帝
侍從出入遊戲園觀
其威儀容飾與此相似
汝等比丘！應當善自攝心
精勤觀身　憶念不忘
捨除世間貪憂　行、住、坐、臥
攝心不亂　具足一切的威儀」

二

離車貴族們來到園中
下車步行　捨除威儀從飾
息諸驕慢　恭敬的頂禮佛足　坐於一面

如來在座　光明獨顯

譬如秋日在空　又如天地清明

淨無塵翳　更如自在虛空光明獨照

大眾圍繞著佛陀

世尊自然的光明朗照　自在獨現

這時座中有離車長者名為師子

德貌宛若師子　位為離車國大臣

避座而起　整理衣服

偏袒右肩　右膝著地　叉手向佛讚曰：

「世尊！每每聽聞佛陀功德巍巍宏大

天上天下　無不傾動

我常傾望如來所在之處

夙夜敬仰　信服世尊清淨教化」

佛陀告訴長者說：

「天下叡哲之人　乃知敬信佛陀
能敬佛者　自能得福修行增上
死皆生天乃至解脫　不墮惡道」

師子長者心生起甚深仰信　而以偈讚佛曰：
「為敬謁如來法王而來
世尊至心純正而道力安然
最勝無上所以號為佛陀
威德傾動三千大千世界
名稱顯揚如同雪山
如同蓮華開敷清淨
香氣微妙令人聞喜
現在親睹佛陀的光明
如同日光初出般明耀
如同明月遊於虛空

沒有任何雲翳遮障
世尊莊嚴如是
光明普照於世間
觀察如來高妙的佛智
如光明滿盛無有瑕塵
布施大眾予光明的慧眼
決了眾生一切的疑惑
現在我願奉佛陀的清信戒法
自皈命佛、法、僧三寶」

這時　五百位離車貴族聽聞此偈頌
同感深得自心　一同告訴師子說：
「長者你講得太好了　深得我等心意
是不是可以代我們再為重說呢？」

於是　長者在佛前滿心歡喜再三重述
這時五百位豪姓大族解下身上的寶衣
授與長者　長者即以寶衣奉上如來

佛陀哀愍大眾故　而為納受並開示道：
「汝等具足廣大威德
身出名族豪家　具足莊嚴容貌
卻能除去世間憍慢
受持教法、增長智明實為難得
財色香華妙飾　不如清淨戒法的莊嚴
國土豐和安樂　能以汝等為榮耀
光榮自身而安於民　根本在於調御自心
若能加上樂法之情　令德性轉而更生崇高
薄土與群鄙無法聚集眾賢相會
所以要日新其德　來撫養萬民

用明正的教法導引萬民　自念今世及後世
當修正戒行善　福澤利益今世、後世的安穩
為大眾所敬重　善名稱普遠流聞
仁者以喜樂為友　德行之流　永遠無疆
斷除貪、瞋、痴與憍慢　遠離生老病死的苦惱
善修正法智慧　見到世間眾苦逼迫時
應生廣大慈悲心　如實救度眾生」

三

這時佛陀殷重的再告訴這些毘舍離國的豪富說：

「世間有五種珍寶甚為難得
一者如來、天人師、佛出現於世間　甚為難得
二者能演說如來世尊的正法者　甚為難得

三者能信解如來世尊所說教法者　甚為難得
四者能修行如來教法而成就者　甚為難得
五者臨危救厄能知反復救護者　甚為難得」

佛陀的教誨深植離車豪族的心
如來善巧方便的教法
隨著眾生之病而略示教誨
譬如世間良醫　隨著疾病而投藥救治

這時五百豪族聽聞佛陀教示之後　再試探著說：
「唯願世尊及諸聖弟子慈悲
　明日受吾等祈請供養」
佛陀溫和的告訴離車豪族說：
「你們請我受供　我當隨緣接受供養
但是菴摩羅女已先請供養　隨宜可當知時」

離車豪族心中懷著慚愧
本來認為菴摩羅女奪了他們的福報
現在了知佛陀心中平等
反而生起了隨喜的心　具足功德
如來善巧隨宜的教示　安慰彼等　令其心生喜悅
於是從座而起　頭面禮佛
遶佛三匝　各自還歸毘舍離城

拾陸　衆生被困厄品

一

「眾生被困厄　無量苦逼身
　觀音妙智力　能救世間苦」

眾生那麼痛　痛得眾苦逼迫入身、入心　又從骨髓中鑽出
眾生那麼苦　苦得無處藏身　時時念念被侵迫著命
比膠更黏、比漆更沾　旦夕無法去除的難
誰讓我們受這種苦啊！　拼命的喊
但連一絲聲息也發不出了　命淡淡的流逝了
那病啊！　從眼中現出赤紅的血相
從兩耳流出了膩膩的膿
鼻中血流而出　舌已啞然無聲
所吃的食物粗澀的已無法入口

意根閉塞心已宛如醉人般的迷昏
死了之後是否會再死？
就這樣死了又生、生了又死　苦那有盡時
死神啊！你是否會死？
閻魔啊！你是否會活？
死魔死了！會不會再活？
教教我吧！死後的你啊！將如何再死？
死後將如何再亡？
那大疫病啊！奪去了那麼多的父母、夫妻、子女、親朋
前村裏有十二人死了　後村裏有五十人死了
聽說還有五百人命終　他們死到那裏去
那些死了是否再活？
佛陀世尊宛若法鏡的心完全覺知吧！

淚早已經乾了　痛已經麻痺了
大疫疾再這麼蔓延　該怎麼辦呢？
尸陀林早已滿了　野火燒了又燒
空中又傳了多少疫病？
聽說啊！　那五夜叉訖拏迦羅
鑽入了人的五臟　用上出的狗牙吸食人的命氣從五根中出
才讓眼、耳、鼻、舌、身都病了
眼主肝　耳主腎　鼻主肺　舌主脾　口主心
五根病了意識也就昏迷成醉了
大家前去尋找醫王耆婆求治
但耆婆用盡了各種醫術依然無效
誰又能救度呢？

當世的第一神醫耆婆　面對著這一場大惡疫　束手無策
當年他的老師賓迦羅　教導他一切醫術

最後要他在乂尸羅國方圓四十里內　尋找不是藥的草木
他善巧分別了一切的植物　了悟每一種草木皆有其作用
於是他告訴老師：
「恩師　我無法在乂尸羅國中　尋覓到不是藥的植物」
賓迦羅醫師說：
「耆婆啊！　你的醫道已經成就了
　在這世界上　我死了之後　你的醫術就是天下第一了」
於是耆婆告別了恩師　回到王舍城開始行醫
他曾經執行了開腦手術　為頻毘娑羅王麻醉治病
也將被判定已死的人救活　他有著超時代的醫術
但現在他卻面對這惡疫　搖頭嘆息……

疫疾隨著恐懼蔓延
那最深的恐懼揪著心
那最闇的夢魘緊咬住你

那虛幻的希望迷惑著你
那生命中最深最深的分別心　正分分秒秒的切碎你的意念
人就像散碎在大地的砂粉一樣　已難完整
誰能讓生命留下最後一抹的尊嚴

二

傷心隨著痛苦走了　留下了不像生、不像死的不像身體
記錄著這一次已經不再能傷心的故事
是故事嗎？　是否能夠遺忘？
似乎完全沒有得到這惡病侵襲的理由
那麼康健的年輕　那麼能喜樂的春遊
忽然間　頭部開始發燒　很燙！很燙！
眼睛變紅發炎充血　口內從喉中和舌上出血

極度的耳痛　鼓膜破裂了　兩耳開始流膿
呼吸變得不自然　胸部開始發痛開始咳嗽
接著嗓子變啞甚至無法發出聲音
接著肚子開始痛了　開始嘔出膽汁及食物
最後沒有東西可吐了　只剩下乾嘔
全身接著強烈的抽筋　有些會停止　有些持續

身體開始變成紅色或土色
有時身上會產生小膿疱或爛瘡與硬塊
神識有些開始出現幻視或幻聽　宛如神經錯亂
有時意識開始昏迷失去記憶　宛如醉人
體內好燙　想要將全身的衣服脫掉　完全裸身
甚至想跳入冷水中　暫得清涼
像餓鬼一樣那麼乾渴　這是比較一般性的現象
但尚有許多不同的病相

三

一手按著肚子　一手扶著脖子
住在那地迦的尼迦伽在身體半露出門口狂嘔時
像要把腸胃全吐出來似的　吐出了暗粉紅色的膽汁
最後費盡千辛萬苦
慢慢的躺在地上　沒人可以幫忙他躺回床上
氣都快喘不過來　他的身體持續發燙　身體與四肢都腫脹起來
好痛！好痛！但已幾乎無法發出聲音
身上的黑色斑點也似乎變大了
平常身體硬朗的他　遇見了疫鬼病魔
「好燙！好燙！　這惡鬼要燙死人嗎？」
他無聲的呻吟著！呻吟著！
身邊不遠的一隻老鼠死了　風吹來了惱……

四

「我有痰症」　闍樓抱怨著
他的鼻子、咽、喉　嚨都開始發炎了
眼睛也開始變紅　頭痛、渾身痛起　發燒又咳嗽了
好像世間所有的病痛　同時找上了他
頭痛、耳痛、鼻痛、口痛、舌痛、咽喉痛、全身疼痛
寒戰、發燒、精神萎靡不振、厭食、噁心、嘔吐
忽然間所有的命氣似乎被抽光了
宛如竟自狂奔、爬動　後有虎狼　累到無法再累
一絲一絲的命力　百分之一、千分之一絲絲的抽光
不再是累　而是累極之後　那沒感覺累之後的不斷再累

五

痛苦　那種苦不堪言　無所不在的痛苦
苦的那麼孤獨的婆頭羅　就像在阿鼻無間的地獄
宇宙間就是你一個人孤獨的痛苦　無間的痛苦
那相續、相續的無間痛苦　把剎那化成了永恆
為何不能就這麼斷命　當然沒有辦法
連斷命　都已經沒有力氣了

痛苦　把自己推入了只有一個人孤獨苦痛的集中營
不會考慮任何事情了　對自己是死是活　完全沒有力氣關心
只有在微難的呼吸時　才勉強知道自己是否還活著
還沒有完全昏迷
但感知已成了幻　無法正常思惟與反應
只剩下完全沒有力的精神錯亂與覺迷

時間已成了錯謬　白天與黑夜失去了意義
那麼空虛的疲憊
心跳得那麼猛急　彷彿要從胸口跳出
熱得渾身發抖　惡夢啊！　厄夢！
生命是永遠無法醒來的惡夢
這是真的嗎？　夢了永遠的夢噩

六

慢慢的伽羅舍的腿不能動了　只有柱著木杖走路
站也站不穩　當早上搖搖晃晃的起床時
竟感覺不到地板的存在
什麼是腳踏實地？　竟失去了踏實的意義
頭痛、幻視、雙腿麻痺　肌肉也開始萎縮了

緊接著是那雙手　趕上雙腳的進程
那麼麻木、笨拙、鈍感　連摸臉都無感覺何況穿衣
腦袋瓜已變得遲鈍不能靈活了
隨後高燒退下　又變得輕鬆了
但又再一次的折騰高熱　虛弱不堪
但忽然間似乎見到了觀世音菩薩　出了一身冷汗
在最絕望的時候　竟然活了過來
雖然行動與感覺不那麼完美　但竟活了

在這一次大惡疫中　染病而活下來　是恩賜也是一種傷苦
但病癒之後　似乎便不再受這瘟疫的折磨　不會再染病或致死了
於是　向後一心
專心的念佛、持著觀世音菩薩名號
竟由這無比的信心　這麼的開悟成了初果須陀洹
將再七次受生往返人間、天上之後

解脫了生死成為阿羅漢

七

這一剎那　記得我愛的孩子　下一剎那　就空白了
這一剎那　記得我的祖母綠　下一剎那、下二剎那　都空白了
這一剎那　記得我喜愛的紅色紗麗　記得我叫釋迦娑婆女
下一剎那、下一剎那　再下一剎那竟忘掉了
她的腦子又搖搖晃晃　顛倒西歪的胡亂起來
下一個剎那　像斷了線的風箏　飛到那裏？
像車輪從奔馳的馬車中脫轉飛旋而出　一直轉　一直轉　一直轉轉
毫不費力的沉入了一重又一重的暗　闇的命竟然沒底
又瞎又聾　話已無法開　身體不再感覺身體
生命中的一切　似已斷鏈　已無法做任何的關懷

這時又忽然有著　一念清明　這是迴光返照嗎？
一切又忽然的那麼明晰　一切命力淡到最微時
但那麼細　宛如奈米的至微心光　看著自己的命
離去或返回？　最最終終的抉擇

啊！
似乎是！　似乎是！　那已宛然如淡的至微細光中
有種奇特的大慈悲溫度　有著比母親更母親的暖音呼喚
那光強了一些　命力似乎長了一些
從無際無底的深淵中　似乎開始往向爬回

好痛！　好痛！　從宛然渺無知覺中忽然被烈火燒痛了
烈火在何處？
啊！是在血裏　血液來　那折磨死人的痛苦在血管中流
一心念起那施無畏的大悲者　那大悲者

那觀世音菩薩
好奇！　好奇！　充滿爛臭腐敗冒著大氣的鼻孔裏
竟有一絲最沉最沉的　沉香淨味
從那噁心至極的臭味中　傳來了沁心的馨涼
只見一片淨涼的清光　透了蓋在臉上的粗白麻布
照在眼上、心裏
死亡的氣息　絲絲的抽離了如死的身
手慢慢的動了　抬起

八

嘴唇、耳朵、鼻子、面頰、舌上、眼睛、手指……
慢慢的　幾乎是全身　透出了絲絲的闇黑　那奇怪的鉛灰色
毘迦羅的嘴唇現在成了紫紺色　有些是深深的靛藍

出血了　血從身上湧出了　從鼻子、嘴巴、耳朵、眼睛
有些是從周圍慢慢的滴淌　有些簡直是噴出
生病的人　病了、死了
照顧的人　病了、死了
有些醫生也　病了、死了
到處都是血啊！　鮮鮮的、濃濃、乾闇了……
啊……
苦了

九

孩子！　我的孩子！
絕望是母親最後剩下的立場
小小的身軀經歷了一場全面性的戰役
已經完全被惡疫佔領　完全無法再抗

那麼微小的膿胞尚未完全顯現
已讓那衰弱的四肢無法動彈

在昏睡與驚醒中掙扎的小伽利子　在床上抽搐翻折
扭曲的稚臉　死閉雙眼　死命的咬著兩排牙齒
身體那麼的痙攣　頭就像節拍器般的打著擺子
呻吟的微音　迴響著最低的頻
身體忽然僵直了　牙齒又咬得更緊

接著四肢慢慢的張開　呼吸快了
身體似乎鬆了一些　手腳與身體又卷曲了起來
尖細的呻吟聲　驚起了所有的魂魄
不停地顫抖、抽搐　脆弱的身在瘟疫中吹折
在高溫中蒸煮　還有一些淚珠從發燙的眼皮下抖出
一陣一陣的尖吟　撕裂了父母的心

兩手成爪　刮著那床沿……

南無佛

南無觀世音菩薩……

拾柒　不思議光童子品

一

當看到小伽利子的痛
當看到佛寶寶的苦
一心祈願佛陀
一心祈願那如母的大悲觀世音菩薩
疼疼我們這些苦命的孩兒
以心印心讓我們成為您大悲的孩子
隨著您的腳步
法界十方　自在的度眾
一心一心一心　合十
南無大悲觀世音菩薩

孩子、佛寶寶都是您的孩子
不棄娑婆　共證圓滿
於是我們在如鏡的明照中看到那嬰兒
那不思議的嬰兒
那不思議光的嬰兒
我們祈願生命的光明
有了殊勝的傳承
祈願啊！　祈願！
一切的孩子　一切的佛寶寶
都能像不思議光童子般
在佛陀的教誨
在大悲觀世音菩薩呵護中
開悟圓滿
在瘟疫蔓延時

二

舍衛大城……
如是世尊次第的乞食　來到了中路
那空處竟棄置一個嬰兒
那嬰兒容貌十分的莊嚴　鮮白的肌膚透著潤紅
旁若無人的吮著自己的右手手指
這空置之處有許多狐狼狗群
見到這嬰兒竟只是過來舐了舐嬰兒　就離去了
竟然沒有將這可愛的嬰兒叼走
那麼多人好奇的停住觀察　生起了希有的心

佛陀見到那麼多人聚在空處
要阿難尊者前往探問
阿難見到了可愛的嬰兒　自在的吮著右指

雙眼烏溜溜的諦視眾人
眼睛連眨都不眨一下　一點都不怕生
阿難回首向佛陀報告此事
佛陀於是對這嬰兒生起了悲愍心
觀察這嬰兒的本然因緣　了知他的善根已經成熟
堪能體悟佛陀所說的法義
又觀察到如是有緣眾生善根業已成熟

佛陀來到嬰兒之前　向嬰兒說偈道：
「你原本所造的惡業　因此現在有了這樣的果報顯現
被棄置在這空處　你這嬰兒受了如是的苦報」
這時嬰兒承受了佛力的加持　加上自己的本具的善根力量
竟然開口以偈頌回報佛陀說：
「佛陀瞿曇世尊是否猶存著有無的意念
因此見到我被棄置空處時有著如是的心想

世尊在菩提道場成就佛果時

不知是否尚有如是的分別心思」

佛陀這時又以偈頌回答道：

「我已完全了悟於心想分別　而我已永無分別的心想

現在是因為憐愍你的緣故　方才來到了這空處」

這時嬰兒又說道：

「如果不得於眾生　畢竟一切是不可得的

因此世尊您到底憐愍於誰　因誰而轉生出悲心？」

世尊又說：

「眾生不能了知如是的實相　一切無我現空寂滅

為了覺悟這些眾生的緣故　我遊行於村莊、域邑說法度眾」

嬰兒說：

「了達悟解現空寂滅　覺了一切現空寂滅

但猶有眾生的分別想念　如來難道不斷除這些分別嗎？」

佛陀說：

「佛陀具有如是的大慈悲力　在覺了一切空寂之後

為了教化眾生所以生起大悲心　導師如是演說諸法實相」

嬰兒又回嘴道：

「這依然猶是執有而生起的顛倒　難道如來還未斷除耶？

在無有眾生的實相中生起了分別想　而由如是而生起悲心嗎？」

世尊如實的相應道：

「由於佛陀的護持　菩薩生起了精進之心

為了尚未通達的眾生　人中至尊發起了莊嚴的教法」

嬰兒還是嘴硬說：

「這是愚痴的莊嚴　如同不能得於眾物而生起妄思

如果法不是物的話　因何理由而起莊嚴」

佛陀說：

「這大悲神力　調御世間的佛陀如是而行

猶能不著於萬物　而為眾生說法」

嬰兒又說：

「諸法無有文字　云何可以演說

這是調御世間的大敗失　非法而作為法說」

世尊說：

「我不敗壞世間　我也不作非法之說

眾生自生顛倒迷惑　我解脫他們的惑結」

嬰兒又說了：

「結使煩惱並無根本　而且也沒有方所

又不在於內外　於何來解脫這惑結？」

如來說：

「從於妄想而生起　與顛倒迷惑共俱

為斷除彼等的妄想　所以嬰兒啊我說眾法」

嬰兒說：

「心性自常清淨　彼中並無垢結煩惱

因此正使煩惱現起多種妄想　本性清淨不生垢染」

世尊說：

「如是如同汝所說　心性常自清淨

這些外來客塵煩惱結使　無智慧者生起雜染」

嬰兒又說：

「結使煩惱無有方所　亦非方所可得

云何而名之為生　願您為我演說」

佛陀開示道：

「猶如空中的雲　可目睹卻無有真實
結使煩惱的生起也是如是　雖然見到了卻無有真實」
嬰兒這時說道：
「諸法同等於如如　其生性即為真如
法若是真實　非如即不可得」

世尊說道：
「一切非如之法　也等同住於如中
覺了是如之後　無過錯也無有功德」
嬰兒說道：
「如果不得於眾生　佛陀瞿曇與誰和合？
先觀察諸法的根本　從誰而有煩惱」
佛陀說道：
「過去及未來　及與現在之世

　佛陀圓滿知覺了了　而為眾生說法」

嬰兒又說了：

「所演說的三世諸法　及說我能完全了知

這便為是大慢心　如此則為自我稱譽」

世尊如實的說道：

「我不自我稱譽　也不輕慢於他人

如如平等顯現　是故名為如來」

嬰兒說道：

「如果無有可得　非是言說相應

非言說而以言說表示　如是則非是真實的如相」

世尊說道：

「凡夫隨於心想　如中生起了妄想

為了斷除眾生的我想　如來出現於世間」

嬰兒又說了：

「正覺者並無出世之事　因為善修於無生的緣故

於無生法中　佛陀出世並不相應」

世尊說道：

「無生中示現有生　佛陀出世顯現

這是世諦中所說　非是實相第一義諦」

嬰兒又回說：

「這猶然故有有二想　所謂世諦與第一義諦

於一乘道之中　瞿曇佛陀所說相違」

世尊說：

「我不道相違之事　我住於不相違中

為相違眾生說法　嬰兒你應如是知曉」

這時嬰兒虔誠的說道：

「向正覺世尊悔過　我如上所有的言說
　是由於佛力加持的緣故　我方能如是的演說」

三

如是佛陀世尊　從衣服中伸出了金色手臂要將嬰兒抱起
是時嬰兒抓住佛陀的手指　從地上隨著佛手起身
於是佛陀帶著嬰兒從這空曠之處　向正路行去
大家用最敬眼光看著佛陀
讚嘆佛陀　帶著這最極苦厄中的棄兒出離困境
這時佛陀告訴嬰兒：
「你的業行已經窮盡　現在可憶念起往昔本造的善根
　令這些大眾生起希有的信心」
這時嬰兒竟然上昇虛空　超過了七多羅樹高

現起了廣大神力　身放光明　遍照三千大千佛土世界
這光明引來了百千天龍八部　來到佛所
頂禮佛足　以天華散供於佛
供養佛後詢問世尊：
「菩薩的光明不可思議　身出光明普照此佛世界
使無量眾生得到不可思議的利益
是否能稱這名嬰兒為不思議光？」

佛陀印可了這個名稱
因此這嬰兒就稱為不思議光
不思議光嬰兒的故事傳遍了無盡的世界
諸天大眾都群聚於舍衛大城
佛陀帶著不思議光童子次第乞食
來到了不思議光菩薩嬰兒生母的房舍

這不思議光菩薩進入了房舍
到了母親面前說道：
「母親您遺棄我並沒有任何過咎
這是我本來的惡業
我從母親的腹中出生
母親是我的福田
哀愍母親生我的恩德
請您速往如來之前
母親現在得到廣大的利益
由於腹中懷妊我的緣故
因此有如是的功德
能夠前往向佛陀導師問法」
不思議光菩薩又向帝釋天王釋提桓因說道：
「憍尸迦天王！

請您給我香華衣服及所需的供養物

我要奉上母親」

母親用這些供養來上供於佛

並發起阿耨多羅三藐三菩提心

這時他向母親說道：

「如是供奉世尊香華及衣服

依此供養佛陀所種下的善根

發起無上的菩提心

並堅住於究竟的菩提心中

如是祈問於佛陀釋師子

因為懷妊清淨的眾生

祈願宣說如是的福報

您依此善業

不再出生於所有的諸趣惡道

供養多億佛陀之後
　當亦得成為佛陀」

不思議光嬰兒菩薩由於過去業力的因緣
受盡了種種苦難
而今業力淨盡
往昔功德如實彰顯
世尊告訴阿難說：
「你現在見到了不思議光童子菩薩的功德莊嚴
　他在經過百千阿僧祇劫後　當得作佛
　也號為不思議光佛　出現於世
　國名淨潔　時劫名無咎」
這不可思議的功德世界　具足無盡功德

四

安睡吧！小寶寶
睡在你的心中
細胞、呼吸與心都是那麼的和諧
你的心已從痛苦、恐懼、疑惑與迷思中得到自由

星星與月兒是那麼的歡喜
寶寶熟睡在他們的心中
草原、花兒與樹都靜悄悄的
甚至蜜蜂們也僅唱著無聲的歌

睡在銀色的月光裏
漂浮在銀河之中
躺在銀色的群星上

照耀著我們放鬆的心靈
穿透了心窗開悟自心

安睡吧！小寶貝
安睡吧！宇宙的小王子
你是智慧與慈悲的小寶貝
安睡在最深的三昧
安穩休息　讓所有世界全部放鬆

安睡吧！小寶貝
遠離所有痛苦的呻吟
休息在智慧與慈悲的床上

睡吧！心的小王子
歡樂的微風之歌

輕拂著我們的心

拾捌　離染清淨品

一

無常的世間　那麼欣慶的遇了大覺
在瘟疫蔓延時　那麼困頓中竟開了悟
福與禍　是在心中相遇的兄與弟
離苦得樂吧！　超越福與禍
那麼自然的戴上覺悟的桂冠
淨吧！我的心
覺吧！我的命
畫一道彩虹
那麼空　那麼自在的嬉戲

二

莫明的焦慮　記錄著不適的身心
沒有什麼病　也沒有染疫
只是不健康　悶悶的沒了力氣
遠方的光明　就像旋轉的門扇般　時暗時亮
一下子有了希望　一下子又是悶絕
在這種冷熱交替的所謂調和　更添了那麼多的不樂

鬱鬱悶悶的灰愁　是疫情傳來的陣陣迴聲
惶恐萎累　是在那麼微細病毒下　所幻化出的鉅影中殘喘
夜難眠　晝難思　憂然心獨傷
說是焦肺枯肝、抽腸裂膈也太過了
但就是推不開那影那闇

看來只有善觀心情
將那悟看得明明的　將心覺成淨淨的

讓自己使自己快活
悟在那推不盡的焦慮灰暗時
讓心　靜淨的喜樂

三

於是輕輕的呼出焦慮
用最舒適的心靈呼吸
輕輕的呼出灰藍色的、混濁的、焦慮的心情
把身體打開放鬆　開始覺的呼吸　讓悟的心靈開了
讓鬱悶的氣息毫不後悔的流出
從口中、從鼻孔、從每一個細胞、血管、肌肉、骨頭……
豁然的心靈就這麼自然的遠離了憂慮
只有很美、很美的心在澄靜平和

吐盡所有憂鬱的氣息
清淨了心靈明鏡上的塵灰
是吧！當下看著
我們原來的心就是那麼的明淨
輕輕細細的呼吸　那麼綿、那麼柔、那麼細密
深深的、和和的、柔滿的　吸入了法界的清氣
氣息是清涼的　是溫暖的　是完完全全的覺知明了
短的氣息　長的氣息
都是自在的自然
在覺照的心靈當中　就宛如明鏡般的清晰明淨

似有似無　細細柔柔的氣息……
到了心中、到了腹部、腰、腿、手指、腳底……
驚喜的氣息為我們的身體、心靈
做了最溫柔覺明的按撫

清朗明照的心中已消失了焦慮
憂慮苦惱的心境家族　悄悄的換成無盡喜樂
寒冰被春風的氣息化開　壓力重擔隨著流水漂逝遠離
清覺的明照就是柔和的光明

四

心月浮上了清空　成了我們常生的歡喜
心靈與呼吸細細密密的合成明亮心鏡　澈照實相
所有的憂慮幻影　在心明鏡中竟成了無聊的遊戲
沒有情緒　只有一心的清明覺照
心在呼吸之上　心在心靈之上　心在無心之上
沒有煩惱　沒有憂慮　沒有痛苦……
我已覺醒　自由是我明確的訊號　自在是我的完美行動

我是自心的王者　威嚴的驅離憂慮
永遠不准憂慮再入我的心中
只有幸福　光明　智慧　悲憫……才是我允納的心意
從歡悅的呼吸中覺起
從清淨的定心中行動
我們的心靈已完全療癒

慈悲的勇者是我的名號
畫出人生美麗的願景
發出了無比的宏偉心力
讓自己及所有摯愛　乃至一切生命的自在歡喜
從現在　到未來　到永恆
共同燃起無盡的明燈火炬

歡喜吧！讓我們從敵對的煩惱中解脫

開心吧！朋友且莫排斥自己　傷害自身
在共同母親地球的擁抱下　成為姊妹兄弟
對自己不要再那麼的見外
無妨好好的相互照顧自己的身體與心靈
讓心平澄　呼吸著快樂安詳
這就是喜樂人生的起點
完全放下　澄澄淨淨的　定

五

沒有對立　喜唱地球和平
吐盡敵對痛苦的懊惱　吸盡天際光明的彩虹
讓身心活成了最最晶美的彩鑽
把痛苦黑白的人生　彩繪成了喜樂的證明
風清吟　向月成曲　水流竹影

身寂清　獨立自在的吉祥歡欣

我們心靈的顏色
就像鑽石的晶面
明晰的浮現所有的宇宙人生
沒有自私　只有關愛
喜愛自己　更歡喜他人
從自心最深處的喜樂中觀照
讓自己與自己的聯結成永不失散的圓

與自己永恆的和解　更關懷摯愛的人
圓與圓聯結成無終止的圓
寂寞永逝　富饒已生
摯愛的人都離了苦得了樂
所有苦難眾生的寂寞

都在一心歡喜中溫解
地球將在無邊無盡的大宇宙中
共同圓成喜樂的生命

永遠康寧　永遠幸福
一心祈禱　永遠和平
一心　冥想　淨念
一心……

讓我們的心種下覺性的和平
用智慧相互聯結成悟聯網
開創出覺性的雲端
覺性地球
永續人間的幸福光明

用慈悲的心　智慧的念　澄清光明的手

送走所有苦難　讓心中最厭惡的敵人
成為我們的善友親朋　與我們一同欣喜快活
共享　共善　共覺　圓滿的生命

在地球母親的智慧見證下
與所有的心靈　化成無盡的圓
開創地球時代的黃金新世紀
記錄我們的和美光耀悅樂

供養最最吉祥的地球母親
和平地球　地球和平
永遠的康健、幸福、快樂、慈悲
禮敬最偉大的母親
悟在瘟疫蔓延時……

拾玖　重閣講堂品

一

靜　淨　靜到了寂淨
至寂至靜　寂然無聲
寂然靜默　止觀具足
徹妙無念　是心調柔順
威神光衍　功德巍巍
如來安坐著最勝吉祥　安住中道如日披雲
行、住、坐、臥　龍一切時定

於是下馬　解劍、退蓋、脫下珠冠、去了玉柄拂及金鏤屣
剎帝利豪族除御了五威儀
見到千二百五十沙門　寂然無聲　入三摩地

菩薩們光明從心　悲智照著眾生
清風微動　法爾淨靜

於是那一千二百五十位比丘
寂然無聲的會聚在如來的德光中
所有的諸漏煩惱都已淨盡
不再受到後有無明輪迴再生
已證涅槃的阿羅漢啊！
他們宛如鍛鍊真金一般已得淨盡
身心完全的澄靜　安住在吉祥的三昧中
天眼、天耳、他心、宿命、神足、漏盡
六種神通已圓證無礙

他們是大智慧的舍利弗
神通第一的摩訶目犍連

具足頭陀第一、深行勝利的飲光尊者摩訶迦葉
分別深義、論議第一的摩訶迦旃延
體悟深空、究竟第一的須菩提
能了見十方世界　天眼第一的阿㝹樓馱阿那律
挺特勇猛、端正第一的劫賓那
柔軟和雅、住心寂滅、能知法藏的牛相憍梵沒提
善入金光三昧、尚留餘習的畢陵伽婆蹉
長壽第一、廣具福德的善容薄拘羅
諸根寂靜、容姿端正的難陀
多聞第一、為成佛侍者尚未證得阿羅漢的慶喜阿難陀
密行第一、佛陀親子羅睺羅
他們成為千二百五十位佛弟子中的上首
善名為大眾所知曉　是天龍八部所敬重的尊者
這時更有來自十方法界的菩薩摩訶薩相聚法會

他們具足了廣大智慧的根本妙行一切成就圓滿
調伏了眼、耳、鼻、舌、身、意等六根
更圓滿了布施、持戒、安忍、精進、禪定、般若等六度萬行
具足佛陀的威儀　悲願心廣大如海不可思議　了見佛性
他們以具足無上妙德的大智妙吉祥文殊師利童子菩薩
具足圓明體性、實相深智如清淨摩尼如意珠的寶月童子菩薩
寂靜清涼、三昧明照、定慧具足圓滿的月光童子菩薩
觀心現空、具足萬行、眾寶深智圓具的寶積童子菩薩
中道正觀宛若麗日明照、具足法藏的日藏童子菩薩
善巧守護眾生、令不退無上菩提心的賢護跋陀婆羅菩薩
以及賢護菩薩同行的十六位開士菩薩
還有無緣大慈、普攝諸法、見者即得慈心三昧的彌勒菩薩
如是共有二萬名　來自十方無上偉大的菩薩摩訶薩參與這吉祥的勝會
那圓滿的勝會　來自深心的寂靜

那光明的勝會　來自究竟的智慧清淨
那莊嚴的勝會　來自最深、最深大慈大悲的心
是佛心所開出的廣大曼荼羅
是眾生解脫自在的依怙
這時佛陀世尊在比丘、比丘尼、優婆塞、優婆夷四眾
及天、龍、藥叉、乾闥婆、阿修羅、迦樓羅、緊那羅、
摩侯羅伽等天龍八部等恭敬圍繞下
吉祥的安坐在甚深的大悲三昧之中

月蓋長者也帶著五百位長者急切的來到佛前
在宛如雄偉金山、光明遍照的佛陀之前
遶佛三匝、五體投地　頭面作禮
一心的坐在佛陀身旁　向佛陀啟白道：
「佛陀世尊　毘舍離國的人民正遭遇到瘟疫大惡病
　連那偉大的醫王耆婆　用盡了他殊勝的醫術

也無法救治那些苦難生病的人民
祈願世尊哀愍這一切苦難的眾生
救濟他們的病苦 使他們脫離疾病 無患康寧」

二

天地明空 法界從容
攬洗風月 寄予誰心
燦燦的遍照無蹤
誰能拈花將來
笑暢法界 吉祥平安
佛陀悲愍著眾生 宛若守護著自己至親的孩子一般
眾生慈父 誰能為親母？
為苦痛至極的眾生尋來依怙？

世尊慈藹的明照著月蓋長者說道：

「因緣甚深！因緣甚深啊！

吉祥的救度即將開啟　無盡法界悉將清淨

眾生的苦難即將救脫！

我為了滿足你們的心願　來到此離車國毘舍離城

一切的大惡疾疫災害　終將在法界中最深的大悲中得以止息

因緣果報如斯相隨　緣起深祕汝當了知

雖然往昔惡業所造成的果報現前

但終能圓滿平息此難　使亡者解脫

生者安穩　一切疾疫相害眾生　也能消業息怨一切平和

一切眾生同得自在精進」

於是佛陀帶領大眾來到了毘舍離城　上了門閫宣說偈言：

「在地上的一切諸神

在虛空的一切諸天

一切在此的鬼神有情
都應當發起慈悲心
愛護所有的眾生
使眾生晝夜常懷歡喜
安住自心中長養休息
晝夜隨順正法之言　專勤精進
不得懷有傷害的心念
擾亂侵惱一切的人民

我已成就了大覺如來
世、出世間最為第一
再以無上的妙法
得以證得涅槃境界
三以至誠的僧寶
最為清淨第一的賢聖眾

用這佛、法、僧三寶的清淨妙語
讓毘舍離城善然安住不受擾害
讓行道於毘舍離國
安住與來至此國者
獲得歡喜清淨與吉祥」

世尊光明的教誨　使一切眾生心懷慈柔
大地六種震動　柔和慈悲的能量
開始在城中歡延　毘舍離城開始剝離了愁雲慘霧
佛陀善觀了法界因緣　亦知化身幻緣
如是　將此世界交付大悲施無畏者
是自心與法界諸佛大悲所示現的眾生究竟依怙
他將生生世世守護著大眾
直至未來彌勒佛世尊安臨此世

如來眼注著西方時空深境　告訴長者說：

「由我們娑婆世界正向西方　在法界無邊世界中

離此不遠之處　有一淨土名為極樂世界」

佛陀的無量梵音　如光似音但超越一切時空方所

遍滿無邊無盡的法界　一切世界現起無際的光明

遍照自在空泠清淨

「在這極樂世界中的佛陀具足無量壽命　因此名為無量壽佛

而佛陀世尊有二位菩薩輔佐教化

他們名為觀世音菩薩與大勢至菩薩」

這時彷佛虛擬實境般　現在西方光明熾盛

具足眼觀者　宛若親見西方三聖一般

「他們恆以廣大悲愍　救濟一切的苦厄眾生

他們與娑婆世界有著最深的因緣

所以你等應當五體投地　向他們禮敬
並燒香、散華一心繫念著數息觀禪
使心定不散　經過十念
你們應當為眾生發願
祈請無量壽阿彌陀佛及觀世音菩薩、大勢至菩薩
共同來到娑婆世界　救度有緣的眾生」
這時　佛光滿映　大眾一心禮敬祈請

三

南無……
西方極樂世界的至尊如來
法界中最為珍重禮敬的無量壽佛
滅除眾生無始以來億劫業障
使一切有情的苦惱悉皆消除

如果我們能以淨微的體性妙心
如實的現觀極樂世界
並將阿彌陀佛的廣大功德
開演與無量的眾生
那不可思議的至上功德
將使我們六根現得清淨
以父母所生的眼目
舉目即見阿彌陀佛世尊

佛身的體性光明顯現出微妙色相
超越一切最明淨的閻浮檀金
佛陀身相無比宏鉅
眉間白毫宛若五座須彌大山
清淨的紺眼現起如同四大海的水淨
光明從一切毛孔中流出

如是現成中每一毛孔含攝了三千大千世界
無盡無際宛若法界大圓鏡中的八萬四千妙相
如實明照在現觀的念佛者眼中

觀照著佛身妙相如是明見了佛心
眾生憶想著、深念著無量壽的化佛
從觀照如實中了悟了實相
在現觀實相中悟入了無生法忍
以此三昧之力深受如來無邊大慈的加持
佛身無量廣大無邊
化導一切眾生以佛陀宿願的大力
讓所有憶想念佛者皆得圓滿成就
神通如意的充滿虛空之際
眾生具足精進勇猛與不退轉的至誠心、深心、迴向發願心等三心

即得阿彌陀如來大慈悲手的接引
安住在極樂世界清淨光明的七寶宮殿中
身心踴躍歡喜的吉祥安立在金剛寶台
隨從無量壽佛後受用甚深妙法
在彈指之際行大乘菩薩教法
勝解究竟的第一義諦法門
現生於七寶清淨的蓮華池中

阿彌陀佛的廣大慈悲及無上的如來十力威德
究竟廣大不可思議難以讚嘆宣說
如是僅一聲稱名或起念佛一念
八十億劫的重罪皆得以除滅
以此濟拔救度眾生無有窮盡
如是名為無量壽佛

釋迦佛陀如實的在靈鷲山中
為一切大眾宣說了如是勝妙的因緣
遠離憂惱五濁惡世的娑婆人間
超脫一切的諸般苦趣
那極樂世界是究極淨妙的國土
修習世福、戒福、行福等三福發起殊勝的菩提心
如實的堅固一心安住念佛

現觀究竟的無量壽佛
不可思議的功德、無可宣說的光明
無量清淨的平等布施
在五濁惡世的吾等眾生如是成證無上的佛果
斷除眾生的一切顛倒妄想
猶如用水投入無邊無際的清淨大海
凡心入於究竟的聖智

人人都成為無量壽佛

一心頂禮　一心皈命

南無西方極樂世界　大慈大悲無量壽佛

至心！　至心！　至心……

皈命頂禮西方極樂世界阿彌陀佛

南無阿彌陀佛……　南無阿彌陀佛……　南無阿彌陀佛……

現在從此界直往西方　經過了十萬億佛剎的安樂國土

佛陀世尊號為阿彌陀　我一心祈願往生皈命禮敬

四

南無至心皈命禮敬西方極樂世界　阿彌陀佛

您成佛已來已經歷了十劫　壽命是如實的無有限量

法身光輪遍於一切法界　明照世間　盲冥如是我一心頂禮

願與一切的眾生往生那最清淨喜悅的安樂國土

南無至心皈命禮敬西方的無量光如來
智慧光明不可稱量　所以佛陀又號為無量光
一切有量的所有現相蒙受光明曉悟　如是稽首真實的光明
願與一切的眾生往生那最清淨喜悅的安樂國土

南無至心皈命禮敬西方的無邊光如來
解脫光輪無有任何齊限　所以佛號又稱為無邊光
蒙受光明照觸者能遠離有無的分別　如是稽首平等的大覺者
願與一切的眾生往生那最清淨喜悅的安樂國土

南無至心皈命禮敬西方的無礙光如來
光明的法雲無礙宛如虛空一般　因此佛陀又號無礙光
一切有礙的眾生與境界蒙受光明的照澤　如是頂禮難思議的佛陀

願與一切的眾生往生那最清淨喜悅的安樂國土

南無至心皈命禮敬西方的無對光如來
清淨的光明無有任何分別相對　如是佛陀又號為無對光
遇到如是光明者的業障繫縛皆得消除　如實的稽首畢竟依怙的佛陀
願與一切的眾生往生那最清淨喜悅的安樂國土

南無至心皈命禮敬西方的燄王光如來
佛光照耀最為殊勝第一　所以佛陀又號為燄王光
三塗惡道眾生承蒙光明光啟　是故頂禮大應供佛陀
願與一切的眾生往生那最清淨喜悅的安樂國土

南無至心皈命禮敬西方的清淨光如來
清淨的道光明朗超覺一切眾相　因此佛陀又號清淨光
一蒙光照能除去一切罪垢　眾生皆得解脫是故頂禮

願與一切的眾生往生那最清淨喜悅的安樂國土

南無至心皈命禮敬西方的歡喜光如來
慈光遐被法界施與眾生安樂　故佛又號為歡喜光
光明所至之處皆得法喜　稽首頂禮廣大安慰的佛陀
願與一切的眾生往生那最清淨喜悅的安樂國土

南無至心皈命禮敬西方的智慧光如來
佛光能破除無明眾闇　是故佛陀又號為智慧光
一切諸佛與菩薩、緣覺、聲聞三乘聖眾共同讚嘆稱譽是故稽首禮敬
願與一切的眾生往生那最清淨喜悅的安樂國土

南無至心皈命禮敬西方的不斷光如來
光明於一切時中普照眾生　是故佛陀又號為不斷光
聞受光明力加持淨心恆不間斷　皆得往生極樂世界因此稽首頂禮

願與一切的眾生往生那最清淨喜悅的安樂國土

南無至心皈命禮敬西方的難思光如來
勝妙的光明除了佛陀之外莫能測知　因此佛陀又號為難思光
十方諸佛讚嘆往生極樂世界　稱譽其功德是故稽首頂禮
願與一切的眾生往生那最清淨喜悅的安樂國土

南無至心皈命禮敬西方的無稱光如來
神光離相不可稱名　因此佛陀又號為無稱光
因光成佛光明赫然不可思議　諸佛所讚嘆故頂禮稽首
願與一切的眾生往生那最清淨喜悅的安樂國土

南無至心皈命禮敬西方的超日月光如來
光明照耀過於日月　因此佛陀號為超日月光
釋迦佛陀讚嘆尚無有窮盡　故我最深稽首無等等

願與一切的眾生往生那最清淨喜悅的安樂國土

南無至心皈命禮敬西方的阿彌陀佛
哀愍覆護我等一切眾生　令菩提法種得以增長
此世以及後生　願佛常恆攝受於我等
願與一切的眾生往生那最清淨喜悅的安樂國土

南無至心皈命禮敬西方極樂世界的觀世音菩薩
願與一切的眾生往生那最清淨喜悅的安樂國土

南無至心皈命禮敬西方極樂世界的大勢至菩薩
願與一切的眾生往生那最清淨喜悅的安樂國土

南無至心皈命禮敬西方極樂世界的諸菩薩清淨大海眾
願與一切的眾生往生那最清淨喜悅的安樂國土

普願法界一切的眾生

斷除所有的三障煩惱　同得往生極樂世界阿彌陀佛國土

貳拾　楊枝淨水品

一

在靜夜中除去了天際的雲霧
用明淨的眼仰觀虛空
那無邊無際的眾星　在淨眼中鏡現
如是的妙相　在白晝降臨時　也念念明了無有忘失
菩薩證得如是的三昧禪定
能見到十方世界無量無數億萬的佛陀

再於這甚深的念佛三昧中起定
為大眾演說這最尊勝的妙法淨相
如同世尊的佛眼清淨的妙緣
毫無障礙的澈見世間

這是諸佛真子的菩薩眼目

從此三昧出定之後所生起的最勝觀照
讓我們用無相的現觀　思惟明照如來
依此來澈見　十方世界無盡的等覺佛陀
破除煩惱毒害及各種虛妄想念
你應傾聽　實證如此菩薩的微妙功德

如果聽聞這微妙教法　而生起清涼的心
即能證入空寂無畏的甚深明淨之處
如同佛陀當下所宣說的不可思議妙法
為了讓眾生得證無上菩提
如同這些安養淨樂的菩薩大眾
能夠再多證見無量的諸佛世尊

菩薩如是證入甚深的禪觀思惟
也能見到百千無數的調御大師佛陀
如此的修行者將會如同阿難尊者一般
一聽聞如來的教法　就能完全的信受總持

菩薩如是得證這甚深的念佛三昧
也能聽聞一切勝法　善妙的總持
成就信心慚愧、具足光明的三昧禪境
棄捨一切的世間的語言分別
常以慈心智慧為他人宣說深妙的法境
眾生必當達到如此究竟寂靜的境地

這時　佛陀世尊安住在體性大悲三昧
從口發出青、黃、赤、白、紫、碧、琉璃等無量清淨的光明
遍照著無量無邊的諸佛世界

光明還從佛頂而入

尊者阿難見到如此吉祥的勝境
偏袒右肩右膝著地　合掌向佛陀問道：
「佛陀以何因緣　密放廣大光明普照世間
是為了世間的廣大利益　還是為了惱除眾生的種種災障
如來無緣不開啟金口光明　示現必有甚深緣起」

二

如來普放光明必有因緣
如果欲說地獄因緣之事　光從足下而入
欲說傍生畜牲道事　光從足上而入
欲說餓鬼道中之事　光從足脛腳踝而入
欲說人道之事　光從脾骨而入

欲說轉輪王之事　光從臍間而入
欲說阿羅漢之事　光從口入
欲說辟支佛之事　光從眉間而入
欲說菩薩授記將成阿耨多羅三藐三菩提事　光從頂入

欲說過去事　光從身後而入
欲說現在、未來之事　光明從身前而入
面門、口中發光　是以佛身的語密宣說祕藏法要
清淨光明　環遶佛身三匝而入
而白毫放光　助發著法界實相　普現如來意密

這時　佛陀從眉間宛如珂月的白毫中
又放出不可思議的金色光明
遍照十方無量無盡的法界　這光明柔軟的還住於佛頂
光明宛如清淨琉璃金剛寶鍊

如百千億日般的光燦　如淨琉璃般的明透
如虹彩般現空無實　明淨如日相映遍照無礙
這無礙空淨的光明化為金台　宛如須彌山一樣的高廣
如幻的映現出十方諸佛的淨妙國土
這些國土有些是由七寶所合成
有些國土純為蓮花所示現　有些國土如大自在天宮
有些國土如頗梨明鏡　十方國土如實的影現著莊嚴妙境

這時極樂世界　發出無量光明、無邊光明、無礙光明、
無對光明、燄王光明、清淨光明、歡喜光明、智慧光明、
不斷光明、難思光明、無稱光明、超日月光明
這十二種光明　盡是由無量壽佛功德所顯
也示現了阿彌陀佛自身
這些光明在法界中　無盡的閃耀著　照向娑婆世界
極樂世界如實的明現在西方空際

無量壽佛、觀世音菩薩、大勢至菩薩
明晰的投映在具緣者的眼中

在這光明的照射之下　自然三業清淨
歡喜踴躍　善心生起
傷痛啊！休息了
苦惱啊！遠離了
心吉祥了　生命終得解脫

那極樂國土啊！竟然深深的緊繫著娑婆地球的因緣
那十萬億佛土之外的極樂世界
無量壽佛正光明晃耀　用大悲圓滿的鏡智如實的說法
那清淨的梵音正與佛陀世尊的淨言　交織成無盡慈悲的光語
現空無別的滲入每個人的心音
清淨的止息所有的苦痛煩惱

源源不盡、汩汩的流出菩提智慧與柔軟的慈悲

這個世界沒有苦難與傷痛
只有信受一切的無上喜樂
這是極樂安養的清淨佛土
用金、銀、琉璃、頗梨、珊瑚、瑪瑙、車渠七寶
交織合成了欄杆、羅網、寶樹周匝圍繞
莊嚴燦麗普耀在法界之中

七寶的寶池　盛滿了具足八種功德的淨水
洗盡了一切煩惱與傷痛
增長身心的八種功德　淨沁了人心
那大如車輪、具足各種妙色的寶蓮
讓人自在安適的入禪寂定
青色青光、黃色黃光、赤色赤光、白色白光

每一朵蓮花都是一個太陽
微妙清芬的放出清淨明光

這時　觀世音菩薩的淨影更加的明晰了
這一切諸佛的大悲心所示現的法界施無畏者
即將超越時空　來到有緣的娑婆世界地球
與一切寂淨仰信他的有情相會
在他的悲智光明導引下　走上成佛的途徑

那淨樂妙聲　響自極樂世界　卻從每個人的淨心中發出
不可思議的法音　將如天樂鳴空般　普淨山河大地
那清淨的黃金大地　安穩了一切生命的身心
天雨妙華　無數清淨花雨微妙吉祥

極樂世界沒有三惡道的眾生

但如來化現了　各種珍禽奇鳥
白鶴、孔雀、鸚鵡、舍利、迦陵頻伽、共命鳥等
用微妙的音色　發出最和平、幽雅的清音
宣說五根、五力、七菩提分、八聖道等一切佛法

每個人聽了如是的妙音　自然生起念佛、念法、念僧的心
一切的寶樹、寶羅網　所有的音聲
都是最淨聖的交響樂音
讓一切人生起念佛、念法、念僧的清淨心念
而眼、耳、鼻、舌、身、意六根就這樣清淨了
融攝在無邊的佛境之中

三

那光明的心　正展現著法界淡淨的晶麗

那最清泠的深心　正宣說著如來的故事
那無所從來的因緣　也如是的無所從去
從未來回到過去　成了現在
在當下　觀世音菩薩
何處是您淨明的消息？

極樂世界中　七寶池中的八功德水
就這樣淨淨明明的靜流著
沒有動　沒有動　似乎沒有流動
靜靜而流動　動而靜
就像恆河流在廣大平漠的水　似乎不動
又在寂靜中流著　像彩虹般
不知不覺的流布在天際
阿難侍著佛　淨心一念　安住究極淨相、無分別心

極樂世界的八功德水　竟成了阿難的心水
如是！如是！
每一滴水　如是無邊廣大的攝盡無邊宇宙
如海印法界　三昧現成

每一滴水珠由法界體性清淨功德所現
隨著光明舞空　珠玉的璇光　無盡相映
水音唱和　光音無二　正是極樂的清淨梵音
每一滴水珠盡現法界的無量光明
凝成了觀世音菩薩的無盡妙容

大眾淨心繫念數息
那淨心一意　迎請著無量壽佛及觀世音菩薩、大勢至菩薩
只見釋迦如來的光明更加顯勝了
光明熾盛如百千億日一般

映徹照耀著極樂世界
而無量壽佛的光明　也同樣遍照著娑婆世界地球
兩位佛陀的光明平等普照　而娑婆與極樂兩個世界
也正如同兩面明鏡相照一般　互映無盡　竟空淨宛然如一

阿難尊者在如幻的實境中　宛若同時在明亮的雙鏡中相攝
不只自見侍立於釋迦牟尼佛身旁
同時自見身處在極樂世界無量壽佛身邊
相映如實、卓然若真　主客已了無分際
如是如幻三昧中現成
這時　在釋尊廣大威德神力示現下
吉祥迎請了無量壽佛及觀世音、大勢至菩薩駕臨娑婆地球
在無盡的時空法界中安住在毘舍離城的門閫

四

那夢醒得那麼清涼
那願滿足得那麼順心自然
毘舍離可成了吉祥的處所
這裏將成為觀世音菩薩的菩提道場
我們一心的祈求　佛陀滿了我們的心願
那無窮的苦難　即將止息　一切將得以平安

無量壽佛與釋迦牟尼佛吉祥的安立
觀世音菩薩與大勢至菩薩　來到了佛前
五體投地　頭面頂禮佛足
向釋迦世尊致上最深的敬意
並右遶佛陀三匝　退住一旁說：
「我們的導師無量壽佛

向世尊釋迦牟尼如來致問：
您是否少病、少惱？一切舉動行止　是否輕安如意？
眾生是否易度？　而一切行事是否安樂？」

而毘舍離城上的菩薩、弟子、佛會大眾
也如實的禮拜無量壽佛　遶佛三匝致意平安
無量壽佛與觀世音、大勢至二菩薩
為了吉祥勝妙的緣起　放出廣大光明
注照著與會大眾　令大會眾生起甚深的吉祥安樂
而整個毘舍離城全部在金色光明的注照之下

迎著觀世音菩薩因緣　療護眾生的身心疾病
更添綠了世界成淨　彩繪了毘舍離城
無憂樹、菩提樹、阿輸陀樹、波勒叉樹……
高廣增茂枝葉潤滋　華色更鮮明無傷了

華嚴妙飾　宛如瓔珞寶鬘　枝葉蔚盛　猶如寶蓋圓成
寶色鮮青　隱現光明周匝炤耀　平坦柔軟、清涼快樂

牛頭梅檀、伽羅沉香　芬馨流溢自淨
五色天繒、參羅垂列　天雨曼荼陀羅華
清風微動　漪靡隨順　鳥獸吉祥遊側　寂然無聲
毘舍離城的人民　備具著楊枝淨水
恭候著觀世音菩薩的降臨

那楊枝淨水　清淨微妙　楊枝拂動　慧風照淨心身法界
淨水澄渟、三昧寂定人心世間
楊枝善哉　輕拂消眾厄　拂打除滅眾苦難
淨水善哉　消洗淨身心　善悟眾生伏煩惱
洗除了、潤澤了、醒悟了、安樂了
用大悲拔苦消伏了毒害　用大慈與樂安定了眾生

深祕的楊枝淨水　相應了觀世音菩薩的勝緣
手執楊枝　當願眾生　皆能心得正法、究竟清淨
嚼楊枝時　當願眾生　自心完全調淨、噬諸煩惱
善水清淨　當願眾生　具足清淨調柔、畢竟無垢
那澄淨、清冷、甘美、輕軟、潤澤、安和、除飢渴、長養身心
具足八種功德的清淨善水
安穩的救度了眾生的苦厄

將那楊枝淨水　供養給觀世音菩薩
他將用大智慧、大慈悲的雙手灑下清淨
那大慈大悲的觀世音自在菩薩啊！
能作世間眾生的父母
能施與圓足眾生一切的心願

至慈憶念觀世音菩薩吧！
我們將成為與他一樣的觀自在者
大慈的救世尊　善巧導引一切的眾生
善持勝福功德大海　我們現在稽首禮敬
具足本然清淨的第一勝義　遍遊所有的世界大海
降伏剛強驕慢的眾生　我現在稽首甚深的禮敬

皈命大悲的蓮華手　廣大吉祥的大蓮華王
示現莊嚴無比的微妙色身　頂戴無量壽佛一切智者
天人大眾阿修羅　及與一切菩薩摩訶薩
恆以微妙言音共同盛讚　智慧如海的偉大聖尊

能於一切眾生之中　施以如同大海一味的平等大悲
能以究竟如佛一切智智　普遍救護一切的眾生
讓種種的苦難得以消滅　聖者的偉大勝名

就是被稱為施無畏者大悲觀自在

勇猛的觀自在菩薩啊！
您生起甚深清淨的廣大慈悲　您是一切諸佛悲心的總集
普現一切世界演說大悲之門　那諸佛的大悲雲海
祕密的智慧莊嚴寶藏　您以勇猛自在的心
普為眾生開啟成佛之門　具足福智莊嚴的最吉祥者

偉大的觀世音在無量的世界中　永不休息的救度眾生
您以那甚深弘誓　憐憫一切有情　宛若自己的身
守護所有的眾生　宛若自己的心
導引一切眾生成佛　宛若法界有情的父母

您是世間的救度者　是世間的廣大日光
開啟普門盡攝群生　眾生一心稱念　皆得解脫

觀世音菩薩是十方三世一切佛陀的大悲自心
是所有佛陀的法身長子　有情的共同心願乃是
「同願於未來　皆如觀世音」

貳拾壹　眞言陀羅尼品

一

那大慈大悲的觀世音菩薩　憐憫救護一切眾生
為一切眾生宣說究竟的密言明咒
從法界體性中現起　諸佛如來自心顯現
大悲觀世音菩薩的聖境所流出
那不可思議的祕密真言陀羅尼神咒
一切如來的心　即是真言　觀世音菩薩的廣大慈悲　即是密咒

於是了知　真是真如相應　言是實相的詮義
在這最究極的法性中　流出了真言四義
法真言　是以清淨法界為真言
義真言　顯示了究竟的勝義相應　一一字中都具足了實相了義

三摩地真言　讓一切的行者安住真言　在自心的大智月輪中
專注不動　成就了甚深的禪境三摩地
聞持真言　法界一切的文字　在實相中無非都是真言
真言　乃是諸佛自心所顯現的　法界密義

觀世音菩薩的大悲心中　流出了四種殊勝的密言
法密言　是具足大悲、大願的菩薩　所能成就的無上菩提
在法界中　一切所聞、所持、所行的境界
無非是諸佛的身、語、意三密與實相的曼荼羅

義密言　明示法界中一切顯現即是究竟的密言
密言中的一字、一句　只有佛與佛乃至大威德菩薩
乃能究盡這實相

三摩地密言　是一切密言明咒的文字

具足三摩地的相應威力　能遍布大悲行者的身體各支分
能轉變粗重的色身　成為微妙的光明淨身
善能具足神通威德自在　壽量無盡

聞持密言　是從諸佛妙心乃至觀世音菩薩大悲教授　如實現成
甚深密義實相　心心相應無間
師弟傳承如明鏡相印　如斯相應圓滿

二

觀世音菩薩的大悲光明　傳授了究竟圓滿的真言明咒實相
觀世音菩薩的大智明光　映澈了法界
密示了光明的四義
法明　是行者在大悲的心海中　稱誦一一字的光明
遍照著無盡的三世十方世界

安住在法界體性實相中的一言一語　都是最究竟的明咒
當一切有情沉溺在生死苦海中
能普為他們破除無明煩惱　使眾生完全離苦解脫故名法明

義明　是修行者與真言義海瑜伽相應
通達明證般若波羅蜜　圓滿菩提大智
遠離一切的無明煩惱　澈悟實相真義

三摩地明　是觀照一切實相真言種子密字
在心月輪中澈悟現空　證得廣大的光明
成就自他照明圓滿的三摩地

聞持明　是證得究竟聞持的深法　總持一切教法勝義　無所忘失
能集種種善法不散不失
能遮止一切惡念及不善根的心令其不生

速證無上菩提心的究竟成就

一切勝妙究竟的密言　從觀世音菩薩的大悲心中流出
為了普覺教授一切眾生
大悲施無畏者用最清雅柔和的微妙梵音
向毘舍離的王臣、人民說道：
「你們現在應當一心的稱念：
『南無佛！南無法！南無僧！
南無觀世音菩薩摩訶薩！
具足大悲廣大名稱的救護苦厄者！』

用那最至誠的心　一心一意的三次稱念三寶
也三稱觀世音菩薩的名號
這樣的至心念息　必能與那大悲的心相應」

三

這時　用清淨的火焚燒起最殊勝的名香
那清淨的香　將澄淨心中的一切染垢
滅除生死的熱惱　成就無上的菩提心
那燒起的妙香　將遍薰所有的法界

殊勝的功德由智慧的火焰焚起　由解脫的大風所吹
普薰一切聞者善能成就
究竟的心香　就像旃檀如來的毛孔所演現的妙香
熏聞周遍法界　使一切眾生能了悟勝法　得證無上菩提

一心一意的至念供養大悲觀世音菩薩
「如來以究竟禪證等至的妙香　和以大悲聖者三昧的淨風
　普薰一切眾生心地　除去所有的業障垢穢

由法界體性本然清淨　眾生自性本淨
薰聞現前相應　能淨一切眾生之心

大悲心風吹起　性淨佛香
遍灑法界眾生　性淨心地

法界即為眾生之界　眾生界即為心界
心界如是本性自清淨　本性清淨即遍至一切等同虛空
虛空即一切現空無生　無邊無際現前無上大悲

這是如來的體性現成　大悲聖者的廣大誓願
究竟如實的究竟真言　從心起現的大悲密咒
一心稽首、一心禮敬　願此心香雲海遍滿十方法界
一一佛土具足無量香光莊嚴　成就不可思議的微妙香海

供養十方三寶　大悲觀世音菩薩

具足一切菩薩勝道　成就如來妙香
焚香的香氣雲海　周遍盡虛空法界
微塵廣大海會　一一聖眾普遍聞馨

無比微妙心香　五分法身妙香圓滿
戒香、定香、慧香、解脫香、解脫知見香
成就無上菩提的如來妙香
大悲聖者密護導引　諸佛普授一切眾生諸身圓滿
同入法界究竟體性　南無十方三世諸佛三寶
大悲觀世音菩薩摩訶薩」

這時　毘舍離人民用淨心燃起殊勝的各種名香
沉香、旃檀、白檀　香薰遍聞
一心一意面向西方　五體投地最敬禮拜
南無大慈大悲觀世音菩薩摩訶薩

貳拾貳　數息淨心品

一

藍色的眼淚　滴成了澄明的大海
清色的明光　滿成了無礙的虛空
大悲的風啊　將虛空海水與光明
揉成最無礙現空的寂澄淨心
這是觀世音菩薩大悲的廣大自在

以心注心　沁入每一個人的本心中明白展出
心心念念都端注著眾生
如同諸佛一般　乃至出息、入息　都利益著眾生
何況莊嚴無礙的身、語、意淨業　因何造作而不利益眾生？
所有的怨惡眾生　聞佛出入息氣的香氣

都能獲得信心清淨　愛樂皈仰於佛陀
諸天聞佛的氣息妙香　亦皆捨棄五欲　發心修習正法
因此一切的身、語、意業都隨順著智慧之行

那偉大的觀世音菩薩　是一切諸佛悲心的現前
那大慈大悲的心念　乃至於出息、入息之頃
也念念不斷的說法　教化利益一切眾生
念念念念念念念念念……現空
在無上菩提畢竟空中　於入息、出息守護眾生

用如來息吸氣　念念從如中息來
用如來息安住　念念在如中現空寂滅
用如來息呼氣　念念自如中息去
那如來的大悲者觀世音菩薩啊！
用您大悲現空的氣息呼吸　從大悲中吸入如來

安住在法界大悲體性　往大悲中呼出如去
息息從如來大悲身來　息息安住在自性的如來大悲身中
息息向如來的大悲身去　與觀世音菩薩、諸佛同息
法性圓明與十方諸佛　同氣同息同體不二
觀世音菩薩大悲的密密守護　如心
在吉祥的呼吸中身住、心住　身、息、心一切不離本相體性

二

身、息、心如幻的轉動　是法住、法位、身住、心住在體性三昧中
云何數息？　讓身安住自在不動宛若廣大的山王一般
善調自身宛如佛陀及觀世音菩薩　讓呼吸清淨柔和
在風、喘、氣、息中　數息成定

如果數風　心就散了　那出入有聲的粗糙風息
不能安止你的心
如果數喘　心就結滯了　那喘相的呼吸雖是出入無聲
但入出息時卻結滯不通　你的心將無法順暢安適
如果數氣　心就勞頓了　那出入不細的氣雖是無聲不滯
但粗重的氣相也將累了你的心　疲於應付勞頓不堪

這是至妙的勝理　禪法就是調身、調息與調心
調和你的身、息與心念　讓身、息與心念了無干擾
使心能完全安住在禪的方法上　完全無分別的輕鬆自在入定

把身調和好　不要讓你必須應付粗重身體的感受
而無法專心一念的修禪入定
把息調和好　不要讓粗重呼吸　不知不覺的干擾你的心
讓你為了應付粗重的息、呼吸　在分心的習慣中不知不覺

失去了入定與自覺開悟的機緣
把心調和好　不要讓昏沉與妄念侵襲你的真心
讓你坐在虛妄慣性的牢籠　失心的應付昏沉與妄念
似乎是在坐定　但卻是沒有定力　更失去了自覺開悟的能力

所以要數息　數那沒有聲音、不結滯、不粗糙
那出入綿綿密密、若有若無的調和氣息　讓你的心神完全不受干擾
心境悅豫安穩的數著呼吸　如是數息則定
生命在呼吸之間　我們每天用二萬三千次的呼吸
支撐著命　讓我們能自在的活著修行

三

我們就像牧場的主人　而氣息就是牛欄內的牛
如果我們要讓身心安穩調和入禪

最直截明易的方法　即是用數息修禪
這是佛陀為我們所開啟的甘露法門
讓我們服用那無死的阿彌利哆甘露法藥
得證不生不滅　用涅槃的甘露使我們的生死永斷
不再輪迴流浪生死大海　安住無上吉祥的大覺安樂

用隨時隨地如是現成的呼吸　成為最真確有用的禪法
用每日不斷減少的生命息數　成為超越生死的無上法門
讓每日逝去的生命命力存額　成為不斷增加的覺悟存款
呼吸既多且亂　宛如牛欄內牛數太多的困迫
於是我們用從一到十的數字
讓牛欄寬廣　身、息、心極易調和

寬容呼吸的牛　容易安穩的養育
調和身體、呼吸、心念　安詳的數息……

一呼一吸　算一個數字或一頭牛　入出息不要同時俱數
若要使氣息不急　身心輕利、身不脹滿
則先數出息易入禪定三昧
如是隨著氣息內斂易於入定
斷除外境、善巧入禪徹見身內的臟腑
乃至身內輕盛　息去貪惡
而且生時息入　逝時息出　因此先數入息身心安穩

再者隨宜先數出息或者入息皆可　隨人心安
但莫入息、出息同數即可
若出、入同時俱數　氣息易遮障不通
鯁於喉中反生障礙　難以入定成就

善修數息禪法　如牧牛人善巧數牛
手中執杖門柱上坐　息如牛出、牛入

出入明晰善數　從一至十完數
心中純任自然　息長、息短自然
心中不做控制　如是安詳而數

若一數至三、四　心中散亂不覺忘卻
再從一起細數　至十如實完數
若數過於十　覺悟時還從一數

心若散亂、昏沉、掉舉　善用數息呼吸如繫牛之繩
繫上心牛令入三昧禪定　乃至悟覺成就
又如乘船在湍流上　善用竹篙撐船而行
此心如船漂在急流　出入息者宛若竹篙
心中五欲如河水漫流　以出息、入息安制入定
數息意定而得自由　數息出入為勝修行
心心安穩而不動搖　數息伏心善隨觀音

貳拾參　觀音救度品

一

用最能安心的數息勝法　解脫自在的妙甘露門
毘舍離城大眾　一心一意用數息法修心
令心安住不亂　那敬信定力的殊勝能量光照著大城
他們至心用定　身、息、心調柔
為免除一切的苦厄　禮請大悲觀世音菩薩摩訶薩

他們用最上的至願心意　合掌向大慈悲的依怙宣說偈言：
「祈願救度我們的苦厄　用您大悲的心覆護一切的眾生
普放清淨吉祥大智慧的光明　滅除有情的愚痴暗冥
為我們免除殺虐毒害的痛苦　蠲除無明煩惱與一切眾病

祈願偉大的觀世音菩薩　一定要來到我們所在的家國
施與我們無比的廣大安樂　我們現在稽首頂禮大悲的聖尊
聽聞名號　即能普救苦厄的您　我們現在親自皈依
世間慈悲之父　深心祈願必定前來我們的所在
免除我們貪、瞋、痴三毒的痛苦
請布施與我們今生今世的喜樂
並救度解脫我們　成就究竟的廣大涅槃」

二

這是大明咒、是無上明咒、是無等等的明咒
這是般若波羅蜜多　能除去一切不善之法　能給與一切的殊勝善法
三世諸佛　依般若波羅蜜多究竟的明咒　證得無上菩提
菩薩用大智慧　悟入這不可思議的陀羅尼法門　廣度無量的眾生

這是諸佛大慈大悲的陀羅尼印
是究竟實相的印信　總持法界體性　真實決定的不變標幟
由大慈大悲的心生起　畢竟現空的大智　總持了一切法性真實
菩薩為了一切眾生　修行無量無邊的善法禪定
具足了慈、悲、喜、捨四種無量的心
深心修行一切的三昧禪法習久　終成為具足陀羅尼

這些禪法三昧與諸法的實相智慧
正如同眾生的善行習欲　自然相續　就成了善的心性習慣
當禪定三昧尚未具足實相智慧
正如同陶土的杯瓶未經燒製　不能裝水或渡河
但當禪定三昧得到實相智慧　就像杯瓶已燒製成為陶瓷
這就生起陀羅尼　隨時隨地　能常隨著菩薩不離不失
具足無量功德　直到成就無上菩提

因此陀羅尼不只是口誦　而是用大悲心與禪法三昧修行
與實相相應　所現起的境界
大悲是一切諸佛、菩薩的功德根本
是般若波羅蜜的母親　而般若波羅蜜更是諸佛之母
因此大悲心就是　諸佛的祖母

菩薩以大悲心故　得悟般若波羅蜜多
以證得般若波羅蜜多故　而圓滿成佛
那由諸佛大慈大悲心中所流出的陀羅尼啊！
是法界實相的印記　能導引我們　悟入一切法智、具足無盡的莊嚴
這陀羅尼啊！　是大良藥　能破除一切的生死重病
除滅無明無智的最極黑闇障礙　隨順明法　圓滿成就
究竟的陀羅尼　是在大悲中體證諸法的現空實相
顯現一切諸法、身心寂滅了無分別　在畢竟空中所現出的法門

那是無礙的大慈悲所顯現　具有平等心、無為心的相貌
是無染著心、空觀心的現前
更是至極柔順的具足恭敬心、卑下心、無雜亂心與無見取執著的心
究竟而言　諸佛的陀羅尼即是無上菩提心

三

嗡……
空間消失了　時間停止了　心超越了
阿！　一切本不生
無初畢竟空寂　本初廣大圓滿　太初至道現成
依止那法界體性的本然　諸佛如來的加持
我那隨順著大慈大悲的實相智慧　無止無盡的修習
於是那不生不滅的究極寂滅　赤裸現成

一切諸法　亦不滅、亦不可說、不可示、不可見、無法表示
一切平等啊！平等　與畢竟空、涅槃同等

具足那真實的陀羅尼啊！　一切諸法通達無礙　究竟等如
從本已來　無有自體自性本空　自然如虛無所障礙

那一切的諸法實相　有佛無佛　相薰相生無有斷絕
法爾道理、體性如是　若佛出世、若不出世諸法常住
這緣起的實相　如是的真實、真實、真實　廣大真實
諸法寂靜了　身心寂靜了　本來現成　豁然始覺了悟本覺

三世諸法是那麼平等　平等　平等不變不變　隨緣不變　不變隨緣
是畢竟空　是畢竟空　是畢竟空
始覺本覺的心就那麼寂然現成
是大悲的心呼喚著我　是觀世音菩薩呼喚著我

在體性寂滅的法身中　熾然現成
常寂的光明遍照著法界　是大悲的呼喚
我體證在無初、無中、無後的無時　諸佛如是的教導著我
那一切如來的三昧耶誓句之戒　那平等、平等
一切有情是佛的平等誓戒
大悲的觀世音菩薩　用最慈和的語音
在我的心際輕如驚雷的告訴我　一切是佛你也是佛

大悲的心水滴在我心　於是大悲成了究竟的傳承
諸佛是佛　眾生是佛　我等是佛
於是永不遺忘的成了總持陀羅尼　成了究極心性的法印
在永世的無時無空中　永無遺忘
在無上菩提中　永不退轉成為阿鞞跋致
在如中行來　在如中行去　在如中成了如來　如是自在

一切的聲音　法界中的一切音聲
都是佛的音聲　都是諸佛如來自身

四

這就是法界諸佛究竟現空的　音聲瑜伽之王
一一音聲　都是諸佛的法身流行
靜聽！淨聽！那大地、流水、火焰、風聲都是如來
那潺潺流水、那輕風拂柳　無非是諸佛的法身
喜悅！喜悅！甚深的喜樂從心中潺潺流淨
這耳根圓通正是觀世音菩薩的究竟法門

地、水、火、風、空、識乃至一切的法界萬象中
我們的見、聞、知、覺無非如來
佛以一切音聲入我　我以一切心聲入佛

佛入我　我入佛　平等平等　究竟無二
成就諸佛如來第一究竟　佛、眾生、法界完全平等一如的三昧耶誓句
這是畢竟空的音聲　法界體性的真言陀羅尼神咒

於是　在長阿……聲中　大悲現前一音　演出無量的法界
無量的音聲法界　盡攝了你我與諸佛　成了阿……字本不生
這是心本不生　是無上菩提不滅
是觀世音菩薩的本誓　那一切眾生全成了佛
長阿一聲畢竟空　如實的金剛喻定

吽……　一切真言現成　一切法界現成
一切曼荼羅現成　一切佛身現成
於是圓滿　一切圓滿　廣大圓滿　善哉！娑婆訶！
一切的妙音成了我們的身
是圓滿的自覺　佛身

嗡……那最密、最密、最最深密的阿……
最細微、最細微的阿字妙聲
那最密、最細的阿字　成了最密、最密的心音
心、光、音究竟的不二　無生無滅　不一不異　不常不斷
是無來也無去的如來
在最最的微密中頓然現空

阿　內空
阿　內內空
阿　內至寂空　阿　法爾佛現成
阿　內空　內內空
阿　內至寂淨空
阿　內空究竟　畢竟空

阿　現起了法界體性自佛身

阿　心念　心心念念

阿　細胞、基因、脈輪與五臟六腑

阿　心、氣、脈、身、境到法界

成了金剛光音　現起虹彩光音　全成了佛

阿　外空、外外空

阿　內外空、內內外外空

阿　空空、空空空空

阿　大空、第一義空、有為、無為、畢竟空

阿　諸法眾音自性一切空　真實的如來密境

頓然本阿　法爾畢竟空

五

超越了十方、三世
一切無初　本不生　在畢竟空中　無生無不生
法身佛現　常寂光聚
法然現成　長阿一聲　現空中超越了十方法界
過去　現在　未來　十世　如實現成

透脫了一切心識
六根、六塵、十八界、六大、十法界　三身、四曼
全體法界全然在無聲之聲中　現前畢竟空
現成了金剛海印三摩地　一切處
一切時　一切心　一切界
法界全阿　本不生　本初現成

一切廣大圓滿的佛現前如是　吽　吽　吽成了
最空的金剛音珠　現前了金剛光鍊音珠
從佛身到我身　從我身到佛身
從佛身到眾生身　從眾生身到佛身
原來就是一如的　只是從佛身到佛身　到佛身到佛身
現起了金剛光鍊音珠
現起了　一切不滅的圓滿究竟

大悲！大悲！
向您祈願大悲菩提心的諸佛祖母
一切大悲音現　法界圓滿成究竟
大悲海曼荼羅在
畢竟空中　現起了　法界體性音　阿
一切祈願　現起了　諸佛妙音　吽
善觀自心　現起了　自功德善音　嗡

一切在究竟體性　自佛自加持　自音自圓滿
成了現空中的自在心佛
我們看到了觀世音菩薩的自在眼眸　流出了大悲心滴
諸佛是法界音身
進入你我的心想之中

是
心音是佛
是心音作佛
你的心音成了三十二相八十種好
遍滿法界　成了法界自身
輕敲著　彩虹的聲音
成了阿彌陀佛　無量光明
畢竟空圓滿　音空自無礙

阿　一切現成

那大慈大悲的觀世音菩薩摩訶薩　敬白佛言：
「世尊！　如是的神咒在究竟的現空體性中
必定成就最殊勝廣大的吉祥
這是過去、現在、未來十方三世一切諸佛
大慈大悲的陀羅尼印　是法身實相的妙德
是三界諸佛的心印　是法界實相的密印
是如師子吼般決定現成的究竟般若波羅蜜多

聽聞這大神咒　大明咒、無上咒、無等等咒者
一切眾苦畢竟永盡　普令各得解脫
常能得受安樂　遠離不得遇佛聞法的八難之處
並得證念佛三昧　現前見佛」

六

在我們的實相中有太多的歡樂
用我們的心中唱出那吉祥的實相之言
他們是體性的真言密語
讓我們與真如永遠的歡喜對唱陀羅尼

啊！究竟的空性實相
讓我們可以像太陽與月亮般
玩著捉迷藏的遊戲
我們環繞著、環繞著奔逐
就像圓舞曲一般
我們用實相的力量跳出一重、一重的如幻

你好嗎？

向那真如自性問好
你好嗎？
我們在彼此的心中
我們在空性中玩著捉迷藏
無空間、無過去、無未來也非現在
好好玩噢！
我們玩著無始無終的遊戲
只在聞性中覺醒

如是善妙的真言咒音
在任何時間中相續
我們正在長滿花朵的草地上演奏
我藏在小草中　你藏在花裏
微風追逐著我們遊戲
我們跳到了須彌雪山

無間的在實相中遊玩　游進了恆河大海

我們就是可以有那麼多好玩的遊戲
我們躲入了彩虹
紅、橙、黃、綠、藍、靛、紫
你將躲入那一層色彩？
噢！這是雙層的彩虹
我們躲在相互鏡射的明像之中
我們是體性實相的兄弟

躲入東邊的雲
躲入西邊的雲
躲入南邊的雲
躲入北邊的雲
噢！這是真的嗎！

躲入我心中的雲裏
現在　躲入覺性的雲端中
我們玩起悟聯網
我們全是覺性的人

只聽見最美的音聲在耳際輕拂
我將在空性中尋到你的蹤跡
你滑入了宇宙的邊際
但　我們終將用最美的真言妙音相遇在心
我們躍入諸佛如來的心中
與實相合一
嗡……
謹願
一切眾生從耳聞自性的實相咒音中開悟
這是最完美的心的樂章

這是諸佛的遊戲王三昧

貳拾肆　寂淨光明品

一

一心憶念　善巧數息
用隨著性命的呼吸寶貝
鍛鍊寂靜的身心
隨學著觀世音菩薩
行、住、坐、臥善覺寂淨
如實的數息妙成觀世音自在
如是的明心究竟

二

頓然放下　良久　良久……

不思善　不思惡　更超越了一切瞋恨……
正在當下　那個是我的本來真面目
就是這個安心　自在的姿勢
用最輕鬆的身體　最快樂細柔的呼吸
安住在最勝寂靜的心情

一切　一切的瞋怨都已隨風飄逝了
剩下的　只是唯一的光明
瞋恨無所從來　也無所從去
慈悲、歡喜　我讓她來　我不要她離去
這就是給自己最後　最堅決的幸福決定
永愛自己　是宇宙中無上真美的誓約

當我們把自己交給了自己時
就交付了不可違越的盟誓

與自己相親　給自己慈悲喜樂
與自己共成唯一的如實觀自在
於是我們擁有了無盡慈悲的能力

瞋恨已逝　憤怒已遠　歡喜已近　光明到來
近了我們的身邊　到了我們的心底
於是我們就那麼成了如來
用如來的悲心慈意　給予一切的人吉祥歡喜
歡喜成了我們唯一的名字　慈悲成了永遠的心意
我們用清明的覺性　慈悲自己　慈悲摯愛的人
慈悲一切所愛……

三

無瞋、無恨、無怨、無惱　只有歡喜　真正的光明歡喜

大公無私的平等慈悲
就像投入宇宙大洋中的如意寶珠
無盡的相映互攝
從摯愛開始　一圈一圈的平等向外迴旋
從至親到平疏　一切苦難的生命
我們永遠的慈憫
最平靜的慈心力量是永恆

對於所有往昔的仇　也只有慈悲之名
對所有的生命　不管歡喜與冤親都一如的欣悅
慈心三昧　成為人生中最美麗的珍寶
從現在到無盡的未來
我們的慈心成了虛空法界的銘記
行動　慈心的二十一世紀

噩夢終將覺醒　妄想必然消失
只有不生不滅的本覺心鏡　明照著如幻的十方三世
厭惡終將銷融　那痛苦的瘟疫會是一場能醒的幻夢
遠離那忐忑難安與仇恨的聲音
讓貪、瞋、癡、慢、疑的汙塵在清風中吹離
成就了本淨的金剛心　鑄成不壞的喜悅自在

一切的厭惡　始終來自厭惡自己
一切的恐慌　總是緣起於驚恐的自心
在那漫漫幽幽的瘟疫中　暗夜總過得特別長
不是命長了　而是恐痛的時間像橡皮筋一樣被自己拉長
拉長又那麼的壓力自己　不小心還會反彈
不必如是　讓厭惡自身也忘了厭惡
讓覺悟在瘟疫蔓延時成長

原來那緊張恐痛的調鍊　讓心如黃金一樣煉得更純
像百鍊的金剛　成了能幸福的心
不是幸福　是能夠幸福
我們不是被幸福牽著的昏盲
而是自能幸福的覺知
悟在瘟疫蔓延時　自在幸福的能力增長

四

想像在慈母的懷裏
那一生中最歡喜的清淨溫泉　憶起生命中最喜的高峰
把身體安放在那覺的溫泉中　完全鬆開
吐出一切陳舊的氣息
使呼吸完全的輕新快活　讓心靈像青空浮雲般的自由飛翔
那心的最深處　自覺的彈奏出最喜悅的無聲之歌

寂靜微妙的吐盡一切劣濁的厭惡
寬坦坦、靈明明　專注一心　正是當下的寫照
從至極澄靜的心　生起最自然的寬宏、悲憫
於是用悲心拔除痛苦的心刺
那無瞋、無怨　沒有惱恨的心境如實現生
這就是我們原原淨淨的本然心境
從最澄靜當中發現最根本的心情

慈悲自己……
慈悲自己　讓自己愛護自己
自己慈悲自己　沒有自迷、自戀　只是清明的自覺
就像水晶般透的太陽　自己映照著自己
如實的明淨　一如的相攝相澄

慈悲原來是最活躍的養分
茁長、壯大、寬柔、感動……
永永遠遠的不讓厭惡再行糾纏
連厭惡那令人噁心的厭惡　也慈悲得沒有厭惡的心情
擁抱自己、擁抱摯愛
擁抱天下的痛苦憂難
眾生的苦　我們心中完全明瞭

五

用我們的心、用我們的身、我們的覺悟
用能千生萬世永遠的慈悲、智慧
拔除了所有的苦痛　用心、用明淨澄靈的智慧
擁抱天下的仁人志士、擁抱人間
擁抱至無盡宇宙的邊緣

豁然覺曉　依然還是我們的本心
有著精神相連、血肉一體的覺悟
宇宙萬物與我一體　那同體無盡的大悲心
如實現生
這是生命無盡光榮的保證
所有的積恨怨仇　都已止息
連仇恨而生的痛苦　我們也一起承擔拔除……
這就是無量大悲心的三昧

豁然從大悲禪定中覺起
所有的厭惡　早成了喜樂
所有的苦難　將成為遙遠的回憶
大悲的人　到人間、到一切的世界
用圓滿的智慧　刻畫出歡喜光明的印記

讓悟與慈悲在瘟疫中蔓延……

六

安坐在母親地球的懷裡
本然覺醒的心自然生起
明照默然的覺念　從光明裡轉身回首
飄然現起了　了無蹤跡
那麼的寂然澄明

於是
過去心已了然的不可得
未來的心是現前的不可得
現在的心是當下的不可得
所有的妄動心意　早已會入了自然明默

輕輕把心放下　那麼全然的無念澄明
輕輕的把念放下
讓母親大地與整個宇宙融入了光明的身
身融入了脈　脈融入了呼吸
呼吸融入了心　心融入了光明的淨默
於是心完全止息了
是靜靜的　澄澄的　明淨的……
一心……

在最自在的清心中　放下一切　一切放下
連能放下的也輕輕的　全體放下
放下……到沒有了一絲一毫的罣礙
於是靜觀著朝陽的昇起
光明成了自心的唯一光景

默默清明的心地
如旭日飛空般宛轉明照　海印著萬丈金毫
相印相攝著無量光的心　正是真實的自心
讓心靈本靜依然本來清淨
光明的心就是光明的心
心中自然生起陣陣的歡喜、時時的清涼
以眼觀眼、以耳聞耳、以鼻嗅鼻、以舌嚐舌、
以身觸身、以心照心
如實的觀照我們的身、語、意行

明明白白的照出真實　生命如此永恆的美聖
全身全心如同水晶般明透相映
現起晴空太陽般明麗　如彩虹般清靈
用最輕快的舞姿　供養母親地球　舞出幸福的人生

我們是自心的王者
在地球母親的懷中
演出光明心靈的劇本

貳拾伍　大悲啓請品

一

大慈大悲的觀世音菩薩
以那宛若迦陵頻伽命命鳥的微妙梵音
用具足了一切善巧方便的清淨言辭心語　開示出不生不滅
導引一切眾生到達涅槃彼岸的　不死甘露法門
為了要完全的摧伏　那廣大如山的業力
將不可思議具足實相的方便法門
殷懃付囑於我等　廣為流布
我等　唯願在大覺的法性中出生

南無　大慈大悲觀世音菩薩！
那大悲的願力不可思議啊！　受持者必當證得諸佛的無上菩提

沒有大智般若無法成佛　沒有廣大悲心無法圓滿大智般若
般若是諸佛之母　大悲是般若之母　諸佛祖母

沒有佛陀則眾生無以解脫　沒有大智無法成佛
沒有大悲更無由得佛　大悲是一切解脫的根本
大悲能救度眾生　更能出生諸佛的種智
稽首那諸佛究竟悲心所集　大悲觀世音菩薩

不可思議的大悲菩薩願力　讓菩薩現觀佛的圓滿與眾生的苦迫
上與十方諸佛如來同一大慈悲力　現起金剛三昧的無作妙力
下和十方三世六道眾生同一悲仰　普救一切苦難眾生
如實的現觀　如實的思惟　諸佛的大悲在我們的心中
現起那大悲的自在無畏者　我們就如是的思惟著
一切眾生　無量無邊的種種苦迫

用那大悲在心中如實的教導著自心
我應當發起大悲心　來成就諸佛的無上菩提一切種智
滅除一切眾生無量種共有的苦難

那大悲的菩薩啊！成了我們的願　成了我們的心
那大悲觀世音菩薩啊！已成了我們的自心
我們的心成為觀自在的無畏者
在無量無邊的法界大海中　我們的心成了無上菩提的願、大悲的心
見到一切眾生沉沒在無邊生死苦海
那麼多的嬰愚無知、大苦集聚
菩薩大悲的心化出了平等、安捨、殊勝的悲智雙運的心　如實救度
大悲的讚嘆！　大悲的願力！　大悲心的啟請！
滿足眾生所有願望吧！　如何使一切眾生得悟菩提之道？
於是菩薩心中自念：我是世間中福德最少的人

我能救度眾生嗎？　那大悲者告訴著自心
過去心、現在心、未來心畢竟不可得
那大悲啊！就是自心　當下勇敢的擔下這一切救世的大願

二

那大悲的自心　讓我們成為三界眾生的大親友
如是思惟：
「我是一切眾生的親友　度脫沒溺生死苦海的一切眾生」
那慈悲、智慧伴著我們的心　讓我們在菩提道上永不寂寞
祈請　大悲觀世音菩薩成為我心　讓我成為觀自在者
與你一同滅除眾生的苦惱　使一切眾生離苦得樂解脫成佛
生命中一切所作的吉祥　都是來自大悲心的教詔
悲心告訴菩薩說：

「為了報答諸佛與眾生的恩德
你應當在長遠無際的生死大海中　永度眾生成佛」
菩薩應當告訴自己的大悲心說：
「感謝您讓我的清淨菩提之命得到增長」
使一切眾生能盡得清淨智慧　增長無上佛道

悲心告訴菩薩說：
「苦惱眾生未度不能棄捨
你不能為了安住於涅槃之樂而捨棄眾生」
菩薩告訴悲心說：
「眾生被百千種眾苦所逼迫
我一定會讓眾生遠離眾苦得到安樂」

悲心告訴菩薩說：
「雖然涅槃是究竟第一之樂

但大智慧與大慈悲心　悲智和合不二
讓我在一切世界中度眾成佛」

菩薩告訴悲心說：
「眾生墮在無明苦痛　我毫不猶豫的捨棄涅槃之樂
我是勇猛自在的大丈夫　會永遠度眾解脫圓滿成佛」

佛陀得證大覺　具足遍淨之眼　現前觀照一切無礙
我現前合掌禮佛　讓佛陀為我授記必當成佛
大慈大悲的觀世音菩薩是我的自心
願以觀自在的無畏威力　守護我直到成佛

貳拾陸　菩薩禪證品

一

菩薩的禪法　甚深甚深　成就無上菩提　甚真甚真
那麼懸遠　幾無人能到的大覺成就　唯有一法能守護你圓滿
這禪波羅蜜　讓菩薩成就這吉祥的三昧正定
讓菩提的心　清淨不動的不來不去　成就如來
用大悲的心為根本　用善巧方便精勤修習
相應這禪法靜慮的無相正智　宛如虛空清淨無垢般　常住不變

菩薩的正定三昧猶如滿月一般　淨映在寂淨的心水之中
一切妄想　猶若浮雲飄零　而正定宛如清涼淨風
能除去虛空中的一切雲翳　朗然清淨光明遍照
一切有情樂生喜見　這滿月光明的莊嚴

能施與一切有情清涼樂安　那安禪靜慮的清涼妙風
能除去本寂性空的妄想雲翳

那正定滿月　現起世間的大悲明光
除去一切眾生的煩惱之熱　得證清淨安樂的大覺涅槃
大悲發心　生起成就決定菩提的勝利
禪法靜慮　讓大悲在三昧定中生起智慧
而甚深的定力三昧　又從覺智中如實的生起
菩薩的深禪　便在悲、智、禪定中相互緣生
那大悲、那願力、那深定、那大覺勝智、那不可思議的心

現空　現空　現空　現前空　現成空
空緣畢竟　畢竟空　畢竟空
大覺菩提的佛果
善依大悲淨乳哺育　以正定智慧為根本

諸佛如是的大悲、大智、大定　如斯現成
禪法靜慮　是我們永恆的親友　究竟不相離
伴隨著我們直到圓滿的開悟解脫
而世間的一切眾法　在我們生命消沒之時
皆相捨離　不會留下一絲痕跡
在無盡時空的未來中　世間中我們並沒有真正的善伴　永遠陪著我們
在遇到真正的生死苦難時　連父母、子女都無法救度
何況是其餘的眷屬朋友　只有那安禪的靜慮境界
能永遠守護著我們的心

讓殊勝的正智　徹見法界現空的不二實相
而無二實相又云何可得呢？
用大悲心守護我們　讓我們在無量的生死中
能擁有不壞的金剛寶甲　不沉溺於生死而讓生命迷失

用禪定靜慮守護著心
讓我們在生死大海漂流中　淨心性澄　善生智慧

讓我們用正智觀照實相　永不迷執
在不可得的現空法界　自在無著
這是心的觀自在智啊！　這是心的觀世音悲啊！
這是觀世音自在的禪法靜慮啊！

讓我們依循著諸佛、觀世音的大悲教誨
發心修行大悲菩薩的禪法　當身命捨離時
生命正如同土木相棄一般　一切親友也終捨離了
只有禪定能生生世世隨逐我們　讓我們遠離惡趣直至究竟解脫
念念之中　讓我們勤修禪定三昧吧！

二

在現前世界中　我們隨時都有著　忽然遭遇不可脫卻的苦難
只有念念在清明安住三昧之中　才能夠觀心自在　安禪隨緣
超越一切苦難的襲擊　開啟那究竟解脫的　甘露之門
無常永遠突擊著我們的生命　我們只有善修禪法靜慮
讓大悲成為我們無礙的鎧甲　定心讓我們能不動隨緣的超越苦難
用智慧的利劍　剖除生死無際的漫天羅網　到達安樂的涅槃彼岸

安住在大悲所建的莊嚴寶宅吧！　用智慧為鼓
用覺悟為槌　扣擊起超越生死而覺悟的法鼓
讓我們用禪定的力量　守護著身心慧命　增長大悲
依循著殊勝的菩薩善友　受持清淨莊嚴的法身
讓我們生活中　時時刻刻　修持禪法與定相應吧！

在行、住、坐、臥四種威儀　言、作、對境的各種因緣
念念的斷除妄想、善攝身心　一切的外境動亂　不擾自淨
將所有迴曲亂繞的妄想　安置在禪法靜慮的正見竹筒中　使其端直
讓我們能自在的　不住生死也不入涅槃

善巧成就大悲菩薩的正行　遠離一切的邪曲
善巧都攝眼、耳、鼻、舌、身、意六根吧！
讓六根且莫放逸去觸著外相成為六賊
自己劫奪自己生命中的所有功德　傷害自身
讓眼放空、放下　不向外執持　宛如明鏡一般
雖然見到外境眾色也不執取眾相
安住在甚深寂靜的解脫中　耳、鼻、舌、身、意也是如此
恆以正智來觀察思惟　讓六根得證　清淨圓通

我們身、語、意三業與六根所行

如果不是為了自覺、覺他的菩提事業
就一切放下吧！　且莫執著　何必做這些無益自身及眾生的事呢？
安穩的善住在寂靜無為之處　捨離一切的無明煩惱
不斷的精進不放逸　讓自身善起防護　一切煩惱賊子將自行退散

以大悲的行動　讓一切有情滿願
用方便的智慧為大將　用身、受、心、法的四念處做為守護
讓本覺的心王　安住在究竟第一義的禪定宮闕
安處不動猶若不壞金剛　以智慧劍斬卻煩惱眾賊
破除生死的魔軍　摧伏一切魔怨　荷負一切如來的家業
使所有眾生皆得解脫　究竟成佛

菩薩者不斷告訴自己的心：
「你已於往昔發起無上菩提誓願　現在應當自勉　令其圓滿」
過去的佛陀世尊　已為我等授記：

「你們將得證無上菩提　廣度一切的眾生」
我等對十方諸佛、三乘的賢聖　發起了究竟的大誓願
當救拔濟脫一切的眾生　使他們得以圓滿解脫　成就佛果

因此我們如果面對無依、無怙、無救、無歸的有情
不加以救度解脫　而捨離生死入於涅槃　將違背根本誓願
正念吧！　正念吧！　正念吧！　一心不動　安住菩提心不動
拔濟法界一切有情出生死的牢獄
安置所有眾生成就無上的大般涅槃

三

就這樣安住在甚深的大乘禪定大海中
這就是菩薩摩訶薩　所修習的禪法靜慮波羅蜜了
從大悲心所流出的禪　度一切眾生到　大覺涅槃的彼岸

諸佛的體性開示　觀世音菩薩的大悲實相教授
那麼現成的法界流行　一切聲聞、緣覺、人天所不能了知

現觀啊！生起現觀！
一者、當了達生死卻無生死可得是菩薩的禪法靜慮
這是安住在如來清淨禪的緣故
二者、對於一切的禪定境界　不生起任何執著是菩薩的禪法靜慮
這是因為　不止住於一切定與亂的分別現象緣故
三者、生起大悲心是菩薩的禪法靜慮
因這能除去一切有情　深重障礙的緣故

四者、相續增長正定三昧是菩薩的禪法
一切法界非實非虛　不執三界見於三界　如佛澈證真如法身
五者、菩薩禪法靜慮　成就體性智慧神通
能了悟一切有情心行　以無邊方便救度眾生

六者、善調伏心是菩薩的禪觀妙法
能在法界實相中　不執住於調伏與不調伏而自在教化

七者、依於無相智慧證得清淨解脫　超越各種禪定是菩薩靜慮
能於色、無色界中一切自在
八者、寂靜、極寂靜是菩薩禪法
能超出一切聲聞與獨覺的各種禪定
九者、清淨不動完全無能嬈亂是菩薩靜慮
能了達自心清淨　本來無動

十者、對治一切毀壞傷禁是菩薩的靜慮
能完全除去一切眾生的煩惱習氣
十一者、能趣入甚深智慧之門是菩薩禪法
能善巧了達世間宛如幻夢
十二者、了知法界一切眾生心是菩薩靜慮

完全了悟一切有情本性空故

十三者、能紹隆三寶佛種是菩薩禪法
能顯現如來究竟善出世間
十四者、得證諸法自在是菩薩的禪法
了達一切諸法皆是佛法
十五者、常住不壞是菩薩的靜慮
能普門示現、救度一切具足無邊妙用恆入寂滅
十六者、遍照一切是菩薩的靜慮
現觀法界平等　無不鑑照

菩薩摩訶薩的十六種禪法靜慮波羅蜜多　能成就殊勝的三摩地
生起智慧勝火　焚盡煩惱的薪柴
在一切時中安住禪定無暫捨離
常住究竟寂靜　安止甚深中道

在生死大海中拔濟有情　令得解脫

菩薩精進修習禪定波羅蜜多　在無上菩提中得不退轉
心心念念開啟法界伏藏　現得諸佛的究竟教示
菩薩的大慈大悲在深禪中法爾現成
生起無緣大慈普遍法界沒有邊際
一切有情如虛空般遍　十方法界　菩薩的大慈也如虛空般　無有邊際
真空無盡　菩薩大慈無盡　這是菩薩安住於真如法界的廣大慈心

貳拾柒　如焰慧智品

一

用至真的心　記錄著菩薩的真行
在任何風雨飄搖的年代
成為眾生的燈塔　帶領所有的生命遠離憂悲苦迫
大悲是唯一的性情　智慧是心的妙用
永不悔卻的究竟導引
於是就那麼寂定自在
在瘟疫蔓延時
那微光　那麼明

二

那麼的沉黑　在瘟疫裏寂寞
自我隔離的幽閉　也讓心關閉成了最孤獨的寂寞
不只自己與親人、朋友、他人
連自己與自己　都不知不覺的隔離了……

身體有著安全的距離　但心更要溫柔的相守、貼近
讓我們心更開、更融、更和、更合
相互的關懷　更細心的支持
讓悟與幸福在瘟疫蔓延中
成為我們相互的心意

寂寞無法抵擋喜樂
孤獨最受不了慈悲
開心一點吧！讓自己完全從煩惱中解脫
不要拒絕自己對自己的慈悲

如實照護著自己的身體、心靈
讓自心平安覺悟　呼吸光明喜悅　身體萬分的舒暢

開啟覺悟的人生
安住在最清淨的寂定
吐盡寂寞　吸入無盡的幸福
把清澄、亮麗、甜美調成自心的色彩
就像如意寶珠一般
自在的投映出一切宇宙人生的形影

且與永不遠離的真心相會
寂寞只是自己遺棄自己的藉口
無邊無盡的宇宙者　讓我們共同來圓成喜樂的生命
用澄靜的心　光明的手
送走所有的寂寞　連心中最厭惡的人

我們依然與他一同欣喜快活

永不再寂寞的我　從喜樂禪中覺起
豐美不必虛偽　歡樂不用討好
我們就用這良心美質的本心本色
化成誓願　火熱般的行動
與宇宙所有的心靈　聯結成無盡的覺圓
記錄我們的豐美、光明、悅樂

三

從歷史的原初直向現在、未來
人類與瘟疫從來未曾停止交會
在全球化下愈來愈多的人口　愈來愈多的開發
無窮止盡的人類聚集與行動　相互交會旅行

瘟疫將有愈來愈多的可能
只有地球文明的昇華與人類智慧、悲心的開展
才是未來瘟疫緩解的機會

從古埃及、希臘、羅馬、歐洲、美洲、非洲、全球……
從傷寒、鼠疫、天花、痲疹、流感、霍亂、伊波拉到肺炎
從古至今不同的時空　相續出現的各種瘟疫
不斷在人類歷史中出入推衍
記錄著地球歷史的痛傷與文明演進
一連串的人類　不管是留下名字或是無名
一連串的歷史上　不管是有記載與無記載
都銘記在地球的訊息上永不磨滅
充滿了深重的悲悽
相續不斷的偉大醫者　從過去到現在與未來
都將留下宏偉的身影

有些奉獻自己的生命　用救人的心願與職志
開創人類文明的新演化
而無數亡者、病者　也在人類史上留下永恆的印記

地球上不斷的刻印著無數醫者、病者的故事……
他們有些往生了、安息了
有些活下來成為說故事的人
他們共同記錄著人類的偉大、哀慟與感傷

而一連串病毒的身體
充滿了未明的宇宙符號
雖然沒有名字
也銘刻在時空的軌道
他們寂滅了、轉化了　卻留下了緣起生滅的記憶

四

在這廣大的時空劇場
人類與瘟疫、病毒那麼偶然的因緣相會
發出不可思議的驚人事蹟
宇宙史正客觀的記載著這段事實

且容我們一心的祈請
願往生的人與病毒或疫菌
都能安住在光明的樂土
永不再有病痛、苦難
只有幸福的光明永續

祈願　在這次偶然相遇中
意外的往生者

不管是人或病毒與疫菌
只有光明　不再憂傷
安住在清淨的國土
在淨土中成了佛陀
幫助所有的眾生也同證無上菩提

放開一切　坦坦盪盪的釋出所有的絕望
不再讓死亡的傷慟陰影　佔據我們的偉大心靈
我們珍貴的心靈
沒有多餘的空間留下負面的心念
我們已從生命傷害中覺醒
開悟吧！　遠離絕望
讓我們悟在瘟疫蔓延時……
不要藏私　妄想偷偷的珍藏這即將絕版的心靈

事實上本來就沒有任何絕望的意念
只是好奇頑皮的偷偷妄想
創造出從來不曾真正存有過的虛相
讓我們就這樣放下身心　坦然的安住
澄靜的心化成了大鵬、雄鷹　展翅翱翔在虛空上
絕望的深淵　成了超越遠離的風景

五

啊……在空中吐盡所有的委屈、困頓
用平和的澄明莊嚴　飛空無礙的威光
在黑夜以曼妙的舞姿降臨時
暢快地從心中昇起一輪無瑕的明月
那至慈、至柔的光明　正陪伴著萬籟寂靜的清心

本來的清淨　本來的心性　本來的心月明輪
將絕望轉成了希望　黑暗熱烈的成了明淨
所有灰沉無望的顏色　化成了彩虹再一次輕舞
如此時豐美正是生命璀燦富麗的機緣
盡情的讓寂靜的心　成了如意的寶玉

把心化成了明亮的月輪　從一隻手肘般的圓
開始生起逐漸廣大的禪觀　無畏的讓心自由的開展
一丈、二丈、百丈、千丈、萬丈……
太陽系、銀河系、宇宙系、心靈系……
從心一般的微微密密　到同心一樣的無涯、無際

心到心的距離
是無量的空間＋無盡的時間＋無礙的心靈
原來小就是大　大小相互不二

原來至微就是至大　讓至大收斂成了至微的密密
心靈系於是又成了宇宙系、銀河系、太陽系、地球……
萬丈、千丈、百丈、一丈、一尺、一寸、微、密……

於是心回到了心　依舊無比澄明的心月
所有絕望、痛苦的寒冰　融化成了歡喜微笑的善美無死甘露
所有的記憶　是反省、懷念、平和、感恩……
心月中流出了最深沉的感動
於是照出了永恆的亮　大地譜滿的是無量的光

明空的心月化入了明空
心月的明空完全回收到了自己心中
從至情至性的心月輪觀中覺起
我們的身心成了吉祥幸福的光明
沒有了絕望　也讓大地流失了絕望

幽暗是光明勇士出現的場景
我們的存在就是希望

貳拾捌　念佛三昧品

一

現觀十方三世一切諸佛
用最深的心　憶念十方的一切佛陀
隨著諸佛所示現的方向
我們如實現觀
如同我們觀察東方光明的清淨佛土
這光明相好　了了分明
繫念著佛陀　心中沒有任何憶念
心中絕不生起一絲一毫的雜思分別
在現觀中　如實的見佛
而心中生起最深最深的喜悅

從觀想東方的一尊佛　或是西方的一尊佛
或是南方的一尊佛　或是北方的一尊佛
這樣十方上下　觀想那麼多偉大的世尊　在我們面前

我們從觀想一尊佛開始
逐漸的　我們觀想了十尊的佛陀　在這徹底明見當中
我們更增加百佛、千佛　乃至沒有邊際　無量無邊的佛陀
這每一尊佛陀的光明相互映照　成為無邊無際的廣大光明
就像千百億的太陽　共同匯聚在一起　光明遍照

我們的心眼越來越明晰了
現觀明照得越來越清晰了
迴觀著四方、四隅與上下十方　都看得清清楚楚、明明白白的
我們現在端坐著　總觀著十方諸佛
那無量無邊的諸佛　我們的心證入了最深最深的寂靜

在最究竟的畢竟空當中　自我寂滅了　十方諸佛也寂滅了
在現空當中　在當下這一念
十方諸佛徹底的明現　在眼　在心

在這甚深的禪定當中
諸佛為我們說法
十方諸佛　三世諸佛都為我們說法
諸佛為我們打開了甚深自性的伏藏
那法界最究竟體性的伏藏　諸佛最深、最深、最深的密藏

我們在一念當中　徹見了十方三世一切諸佛
一念見到了所有的佛陀
就像看著大海　印著滿天的星斗
在海印三昧中　十方三世同時炳現

一切諸佛　那麼清晰的現觀在前

再來觀想報身佛
在實相明淨的法界　自明自空的法性光明之中
諸佛的功德　如實的現起了
那莊嚴不可思議的自受用報身　有無上的功德自受用著
這時　那不可思議的光明顯出
為了所有的菩薩而現前的他受用報身
在現觀莊嚴中　佛陀的報身宛然現前
那無盡無邊的身相　不可思議的廣大無量光明
圓滿具足八萬四千種微密的妙相
每一相中具足了八萬四千佛
遍照無邊無際的法界　不可思議

用最淨明的心　現觀著諸佛的無盡三昧大海

那無相的體性　現出廣大圓滿究竟的佛身
就如同西方極樂世界的莊嚴報土一樣
無量壽佛現起究竟的真身　加被了法界一切眾生
在這現前的觀照的時候
一切諸佛的報身啊！　加持著我們
讓我們與他們同樣具足最清淨、最圓滿的莊嚴妙身

現前憶念具足功德法身的佛陀
佛陀無量無邊的智慧　現起了不可思議的無盡功德
具足無量無際的不共勝法
一切諸佛的體性本自空寂　就像圓滿的清淨明鏡一樣
現起了一切莊嚴的眾相

我們如是了知一切諸法　在法界中沒有任何變異之相
不可思議的佛身　是真實法身所顯現的

如是觀佛功德的微妙法身
讓我們真實證得那究竟圓滿的念佛三昧

二

觀察如來究竟的十號　圓滿如來的十力
具足了四種無礙的智慧　四種最深的無畏
十八不共的勝法　一切的大慈大悲
我們在念念之中　憶念著諸佛不可思議的功德法身
憶念諸佛　戒、定、慧、解脫、解脫知見這五分法身
所有一切諸佛功德所成就的微妙法身
我們在心中　一心一意的憶念著
願念與佛功德相應
我們的心　就這樣子成了佛的功德

我們的意　就這樣子圓滿佛陀的功德
我們的念　就是佛陀一切不共的妙法
於是我們的心就是佛的心　我們的心就是佛陀功德所生
我們就如是的消融成就了佛陀不可思議的甚深功德
成就了佛陀的功德法身　具足了甚深的念佛三昧

最深的寂靜　一切畢竟空寂
不可思議的諸佛微妙之身
是由法身實相所究竟彰顯　無相、不可觀察
所以我們現觀所有的佛陀所有的身相　乃至功德緣起的一切眾相
如是的畢竟空寂了不可得　實相念佛

如實的極無自性　法爾本然　如是現成
遠離一切的二邊對立與有、無分別
安住在甚深的中道實相　法爾現起的諸佛法身啊！

無生亦無滅　不來亦不去　究竟體性
沒有縛著　也沒有解脫可得

如是在畢竟空中　心何所立念？
如是才是真正念佛　這甚深清淨的心啊！
無住　無別　我們的心、意、識如是寂滅了
一切言說窮盡了
不常、不斷　在如中行來　如中行去　不一與不異
一切內外絕無可得當中
現起了究竟空中的實相

空盡一切　絕無所有　清淨無為　煩惱、涅槃了不可得
諸佛、眾生究極平等
無初　無後　也無中間
這法界實相的現空啊！　一切無所罣礙

在究竟的體性當中　現空如實的同體大悲
廣度一切眾生　而實無可度者
如是　如是　如是
善行一切善法　而無善法可得
法界一切眾生現前全佛　一切無得
卻究竟的現成
這是究竟的圓頓念佛

一切諸佛的根本三昧
在實相法界體性當中　如是現成
原來我們每一個人　本然已覺入了甚深的念佛三昧
我們念念無有妄想　念念自成實相
這是現成的金剛喻定　諸佛不壞的究竟體性　常寂光的法身

在這無窮無盡的廣大妙德中
顯現那自受用的海印三昧
而由最究竟的無緣大慈　同體大悲中
現起首楞嚴三昧
法、報、化三身同時具足
念念當中與實相相應
念念當中就是實相的念佛

一切不二　不二　究竟　究竟啊！
在法爾圓滿中　一切是佛
在念佛三昧中　成就了廣大圓滿
實相如來　同於究竟的寂滅
我心　佛心　眾生心　三者在現空當中　等無差別
原來法界全是佛　佛全是法界

念佛三昧所生起的究竟念佛佛心
是佛心念我　我念佛
是佛加持我　成為佛
全佛成就　心心念佛
這佛佛平等的無盡法燈　永續傳承
究竟圓滿

在這究竟的體性當中　豁然之間超越了十方三世
我們自見已身成為佛了
一切諸佛摩頂說法　見到舉身成為圓滿的如來
這現空不可思議的究竟　超越了十方三世
每一個眾生都是佛　我們每一個人都會見了自己所成就的佛身
這才是全佛　這才是全佛

三

念佛　是佛常念我　是佛永不間斷的憶念著我
從生至生　從滅至滅　永遠同會的心念形影　絕不遠離
十方如來憫念著我們這一切如子的眾生
比母親憶著子女還深的憶念　永無間斷　不曾停歇
如同永遠相隨的水照映月　鏡照萬鏡　那麼深的慈　那麼深的悲
那麼寂的淨　無緣大慈　那麼現空的同體大悲

只有那畢竟空　無上大覺佛智
才能無間的超越時間與空間　念念著你
佛念念念念念念念著我　我們卻從來沒有深心的覺起憶念
忘的那麼深　那麼無知　那麼的迷
佛在身前　身迴轉　佛在眼前　眼閉起
從來不曾違遠　佛就在身前、眼前

噢！不！　佛就在心裏

啊！不是的！　佛就是你的心　就在這裏！　就在那裏！
就在一切處處！　就在就在裏！
諸佛是法界身啊！　入一切心想之中
就是你、我的心　是心是佛！　是心作佛！
是心具足了三十二相八十種好的佛身
念佛！　於是我念佛！　於是我一心一意的念佛
於是我看到佛在身前！　佛在目前！
佛原來在我心中！　佛就是我的心！

於是大慈大悲的觀世音菩薩笑了　像慈母般的笑了
於是我們大家都是佛　都成了佛
法界全佛！　法界全佛！
諸佛的大悲心現起了觀世音菩薩

觀世音菩薩　正在我們的心中　用大悲教導我們念佛
用大悲的心現觀一切法界　於是實相的佛圓滿的現前
南無佛　南無十方三世一切佛　南無大悲觀世音菩薩

靜聽！淨聽！來自大悲的真實教誨
一切無有如佛者　大光普照如同百千億太陽一般
用無邊的福智利益一切的眾生　因何成佛？
為了所有眾生　所以邁向無上的大覺之路
在生死苦海中　成為一個偉大的船師導師　救濟眾生
演說不生、不滅的甘露清淨法門　使大眾證悟無為的解脫之門
因圓果滿　成就無上菩提　在無去無來中　超越時空常住於法界

十方三世的一切佛啊！
他們所具足的體、相、用是完全一如無別的
如同無邊的慧日一般　相攝圓融平等互照而增明

智慧如空　無有邊際　如同水月一般應物現映
在無邊法界中常自寂然　如如不動同於虛空
如來那清淨微妙的法身　自然具足如同恆河沙般的妙德
周遍無邊的法界沒有窮盡　不生不滅　無去無來

四

諸佛的大智　在自性中汩流不盡
觀世音菩薩的大悲　在自心中如泉流湧注
在大空法界中　現觀一切的諸佛
念念念佛無盡　在畢竟空中如實的念佛
成就不可思議的念佛三昧　體悟法界一切的諸法
如同幻化一般現空無實　在當下就如同照淨水鏡一般
現觀了諸佛法身　無量諸佛無不悉見

這水月明鏡中　無有眾相
在實相念佛中　明淨的莊嚴見佛
諸法從本以來　常自清淨　菩薩善修淨心　隨意悉見諸佛
諸佛無所從來　我亦無所從去　法界所有　一心現成

以心見佛　以心作佛　心即是佛　心即佛身
無色顯現眾色　無性亦無生　諸佛無色相　無去亦無來
無住無罣礙　自性離眾相　所見一切佛　自性無生起
以無見為見　方知見佛　如同空中的鳥跡
不管見佛與未見　平等宛若虛空　一相無有差別

戒、定、慧、解脫、解脫知見　一切如來功德無有差別
如實安住在畢竟空中　於諸法無著無礙　無性無生
三世十方一切念佛人　同歸於法界諸佛的體性大海
念佛增長了佛果菩提　無有菩薩離於念佛法門

用持名、觀相、觀想、憶念諸佛功德、實相現觀念佛成就
一心感恩皈命　佛念念於我　我如是念念憶念於佛
念念念佛如佛念我　如心相續不斷　如是名為大悲菩提行者
法界一切的念佛人　大悲發心度一切眾生　圓滿無上的大菩提果
那金剛不壞的願心生起了　願如十方三世一切佛
利益一切有情同證佛果　那遍照光明的大悲、大智、大定
從體性實相中真實發心　念佛圓滿　法界全佛

念佛三昧圓滿　即是念佛成佛與諸佛無異
法性緣起　本自清淨　法爾無礙　自在解脫
大智念佛　佛無可住　大悲念佛　佛離生滅
大慈念佛　佛大空樂　體性念佛　不可思議
念念念佛佛念我　佛念念我我念佛
如水映月　海印相攝自圓成就　相即相入　本無可得

五

那麼深的慈悲　那麼深的大智慧　那麼清淨的開悟眾生
即心即佛　心心相照　月月相澄　日日相明
全心即佛　全佛即心　佛時全佛　無別眾生
緣起甚深　體性本淨　全佛即人　人即全佛
全佛全眾生而全佛　眾生不見諸佛之名
全佛而全眾生諸佛　不見眾生之相
諸佛不見眾生之相　何人得度？何人解脫？
如是滅度一切眾生　何有眾生得滅度者？

頓見全佛之眾生　在生死中幻化流繞
全眾生之佛　寂寂涅槃　心心寂照
那體悟了全佛　大悲的音聲從自心中法爾如實的流出
那是觀世音菩薩的微妙心聲

於是觀世音菩薩　憶念加被　攝持我們的身意六根清淨
滅了那貪、瞋、痴、慢、疑的隨業重罪
無量的廣大福德攝受相應生起
我們開始一心一意的念佛吧！　一心一意的持名念佛
念念念念稱誦　本師釋迦牟尼佛及阿彌陀佛等十方諸佛的淨名
相續不斷持誦著佛陀的名號
若一日、若二日、若三日、若四日、若五日、若六日、若七日

一心不亂的持名念佛　入於等持禪心不亂
在每天的二六時中定力相應　念佛三昧自然成就
在醒來的那一剎那念佛　檢點佛號有沒有在夢中忘失
心中完全了悟　佛陀永不斷念的慈悲憶念著我
佛念我　佛時時念我、相續念我　不間斷的慈悲憶念著我
我也要如此　報恩啊！　體悟諸佛畢竟空　從體性中念著佛

清晨醒悟開眼之後　在行、住、坐、臥、語、默、動、靜
在眼觀、耳聞、鼻嗅、舌味、身觸、意觀的生活中
隨時隨地的行時知行、住時知住、坐時知坐、臥時知臥
如身所行　如是了知　入禪出禪　一心念佛
喜樂自在　在念佛精進中增長而不染著喜樂
自心完全清淨深信諸佛而無可得
在究竟的一心念佛中　生起了大慈悲心　了達念佛即是以大悲為根本
念念為法界眾生　持名念佛　用大慈悲心與智慧利益一切眾生

定心持名念念念佛　具足悲智福德的力量
法界一相、繫緣法界　成就般若波羅蜜多
如同法界緣永不退壞　諸佛法緣無礙無相不可思議
於是隨佛方所端身安坐　繫心此佛專持佛名
在念此一佛一心念念相續中　淨念能澈見十方三世一切諸佛

那念佛的一行三昧成就了　念一佛具足了念一切佛的無邊功德
在法界體性中　無二如實不可思議
在平等無分別的佛法中　皆乘了一如的無上最究竟正覺
一念平等了達諸法　盡知宛如恆河沙法界諸佛平等的無差別眾相
頓悟自心本然清淨　原無煩惱也無漏盡　無無明亦無無明盡
智慧體性如是的本自圓滿具足　此心即佛自然無異
這是如來清淨禪　證悟全佛自體法界性

六

佛陀大慈悲教授弟子　具知念佛真實密義　令彼專精於相續念佛
觀佛形像未曾稍離　猶如阿難善觀佛陀　心念無已永無厭足
時彼阿難背上生癰　佛陀命醫王耆婆為阿難醫治
耆婆不敢以手近阿難之背　療癒此癰將極痛苦

佛陀告訴耆婆　專心治病心中莫起疑慮
佛陀自當為阿難說法　令阿難不覺疼痛

如來令阿難熟視佛陀相好　專心一意憶念佛相
阿難目視如來金剛之身　無量功德相好莊嚴
目視不倦、耳聞不厭　阿難念佛心念不散
耆婆於阿難背上　潰癰之處善巧療治
彼時佛問阿難：「汝覺背上疼痛否？」
阿難答曰：「不痛　由一心念佛之故」

行者初習觀察佛陀妙像　諦觀相好了了分明
先觀頂髻、眉間白毫　下至於足還觀頂髻
一心憶持還至禪處　心眼觀相淨心如明鏡不動
開眼閉眼繫念在相　心無他念一心念佛
至心念佛佛亦念之　如意得見如觀淨鏡

我亦不住像亦無來　心定相住如是而見
觀像禪定如是成就　心心相續　憶念念佛身相空
如實思惟令心了悟　佛身現成自得相應
超越時空　一心觀佛安住於聖菩提樹下　光明顯照世間無等

如實思惟心證了悟　我們現觀了佛陀的應身
三十五歲的佛陀安坐在菩提樹下成佛了　光明顯照無可比倫
我們如實現觀三十二相八十種好的佛身
無量賢聖圍繞供養　實相現前自得成就
豁然得定　心想得住即見佛陀

貳拾玖　十方諸佛救護衆生神咒品

一

觀世音菩薩持誦真言
無初　畢竟空本然
無始　眾相緣起寂性之先
時間的琴弦如何奏起　彈起無盡的法界、宇宙
在無時、無界中　用大空的心　演出了時空之舞

用無心聽聞　用淨心靜聽　聽到無事與無音
用觀世音的耳根圓通　聽盡法界真實
豁然超彼聲色外　何處不是觀世音
無初性音　本初淨音　畢竟空音
現空寂音　宇宙和音　星系共音

越三世音　量子幻音　細胞心音　身空如音
四禪定音　四空靜音　滅受想音　三昧妙音　法界覺音
在究竟的體性中　一切一切的宇宙眾音　自現成了大圓滿佛音

那畢竟空的本覺妙音　法爾清淨的自心妙音
是觀世音的自在心音　至柔圓順　從大悲脈中所演出的至空寂音
是遠通無盡法界的無礙金剛音聲　法界全現的遍覺音聲
是金剛光鍊所聚成的明空光音　將心斂至畢竟空
一切音聲本然寂靜　何處非佛的金剛音

法爾無生無滅、非去非來
法、報、化三身佛陀就在體性音聲　法然流行
一音成為一切音　一切音入於一音
一音成為一切法界眾相　一切法界眾相入於一音
無初的法界體性自在的現起了　行、住、坐、臥都是如來的流行

如中行來　如中行去　智慧、大悲、身相、運作的四種曼荼羅
就這樣在心中寂滅的現起　在法界中如實的佛行

那麼就用觀自在的眼聽聞妙音吧！　如實的觀自在
現前那麼的如如實相現觀
何處非佛？　何者非佛陀？
無上菩提　從畢竟空中圓滿的現起
在究竟的大悲體性中
觀世音菩薩現起了最深淨的妙音

為了幫助眾生成佛　為了讓眾生在無上菩提的大道中安行
為了安樂所有的眾生　除去一切無明煩惱及眾病
為了使眾生長壽自在　歡喜具足福德的學佛
高高興興的成就無上佛果
為了滅除眾生一切眾業重罪　遠離一切障難

一切富足成就圓滿功德　為了成就一切善根
滿足眾生所有的善願　遠離所有的恐怖畏懼
這時清淨的音聲　從大悲三摩地中無生的現起

二

地、水、火、風、空、識　六大、六境、十二入、十八界的聲音
是如實本寂的空淨　是始覺善聞本覺的體性
是法爾自性的圓滿解脫
觀世音菩薩心中　流出大悲的究竟方便
一音宣說一切勝法　普令眾生安住於　究竟涅槃

那十方諸佛救護眾生的神咒
是三世諸佛大慈大悲的陀羅尼心印
得念佛三昧　現前見佛　一切是佛　一切是佛音聲

從觀世音菩薩畢竟現空的中脈　所發出的大悲音聲
是如實的法身實相　是師子吼決定宣說的無上般若
是眾苦永盡的甚深吉祥　普令眾生圓淨解脫

這體性中道的神咒　三世佛印　遠離二邊的實相法印
法性淨照一切的苦難平復如本
這是觀世音菩薩的廣大誓願　一切聞者終將滿心至願證得　無上菩提
觀世音菩薩現起了大慈悲心　現起了平等心
現觀十方三世法界眾生成佛　法爾法界全佛

三

用一切無為、無罣礙、無染著、究竟現空體性的無上菩提心
宣說了「十方諸佛救護眾生神咒」：

觀自在菩薩救護眾生陀羅尼

曩謨　喇怛曩　怛囉夜野　曩莫　阿哩野　嚩路枳帝　濕嚩囉野　冐地

namo ratna trayāya, namaḥ āryā valokite śvarāya bodhi-

薩怛嚩野　摩賀　薩怛嚩野　摩賀　迦嚕抳迦野　怛你也他　塢賀顊　謨賀顊

satvāya, mahā satvāya, mahā kāruṇikāya. tadyathā: ūhani mohani

染婆顊　娑擔婆顊　頞拏嚟　半拏嚟　濕吠帝　半拏囉　嚩悉顊　薩嚩

jambhani stambhani, aṇḍare paṇḍare śvete, pāṇḍara vāsinī, sarva

訥瑟吒顊　染婆夜弭　娑擔婆夜弭　塢賀夜弭　謨賀夜弭　夜韈　屹㘓

duṣṭani jambhayami stambhayami ūhayami mohayami, yavad gran-

體弭曩　捫左弭　曩莫　阿哩野　嚩路枳帝　濕嚩囉野　怛你也他　呬哩

弭理

thimina muñcami. namaḥ āryā valokite śvarāya tadyathā: hili mili

底理　戍理　麼理　劫播黎　竭吒冈儗　賛拏理　麼蹬儗　嚩囉呬　咯乞叉

tili śóli mali, khapale khaṭvāṅgi caṇḍalī mātaṅgi varāhi rakṣa

咯乞叉　覩　鈴　薩嚩　薩怛嚩南　薩嚩　婆喻　鉢捺囉吠　毗藥　娑嚩賀

rakṣa tu māṃ sarva satvānāṃ sarva bhayo padrave bhyaḥ svāhā.

如是淨言：

皈命清淨的三寶

禮敬聖者觀自在菩薩摩訶薩

那具足無上的大悲心者

如實宣說至心的真言密咒
在實相中破碎省察一切的迷惑
超越暗夜、黑闇　具足白淨
那身具淨白妙衣的聖者
阻卻一切眾惡的造作
正思、正智碎裂妄心迷執
從煩惱結縛中圓滿解脫
敬禮那大悲的聖觀自在

在實相中發出真淨的明咒
伊梨寐梨　提梨首梨
那頂戴花蔓、手持金剛寶杖的髑髮尊
那旃陀羅種性的摩登伽女
成為密護　守護於我
使我及眾生的一切怖畏苦惱遠離

吉祥圓滿娑婆訶

四

大悲的觀世音菩薩　從自性中如實的誦持了諸佛救護神咒
這時他恭敬的向佛陀謹白道：
「偉大的世尊！　這個神咒　乃是十方三世無量諸佛所宣說的真言
誦持此咒的人　必然能常為諸佛、諸大菩薩的護持
免除所有的怖畏　不為刀杖與眾毒所傷害　也能療癒一切疾病
使他免於一切的過患　趨於平安」

十方三世諸佛加持　遍照了毘舍離城
觀世音菩薩的大悲光明　注照了每一個人的心
那偉大的療癒力量　清淨了無明煩惱的糾結
讓大眾生起善心　顯現了宿世的福德

惡業開始銷融　那從無明所生的貪、瞋、痴毒害
浸染了眼、耳、鼻、舌、身、意等六根
執持色、聲、香、味、觸法六境
所產生的眾病　在法性中自在遠逸不再染著
於是眾病消除遠離病患了　毘舍離人遠離了大惡疫病而平復如本

五

從自心　在體性中覺醒
所有的鳥兒早已群聚在此
歡唱春天的歌
所有自然的交響樂團
正用彩虹調音
完美的音聲與宇宙萬物
已準備好演奏他們的心

一切無聲　超越靜寂
甚至時、空已靜止在空性中

一切的心念是如此的明晰
剎那間覺醒了春天
多麼歡喜啊！　全宇宙
多麼快樂啊！　一切的生命
發最明麗的微聲輕語
美麗的花朵隨著明光跳著吉祥舞曲
波頭摩花、火燄花與茉莉花為歡樂的春天合唱
吉祥草用綠色種成了大地

現在　所有的鳥兒用真心和音
所有的動物隨著法界體性的指揮
演奏著他們身心的樂器

菩提樹王引領著眾樹
在春風中輕搖
黑鷹翔空　唱著自由的心曲
喜瑪拉雅山演奏著勝利之弦
秀出強力的音符
聖母峰敲出覺悟的梵音
覺醒所有的心

群星在恆河中洗浴
閃耀出明亮的樂章
雲與星雲演奏著覺性雲端
一切眾生與宇宙萬物
成為偉大的交響樂團
合奏出宏偉的宇宙之春交響詩篇
我們一起從心中演奏出法界的樂章

如是歡喜
大家受著覺性指揮
現觀了佛陀與自心的對話
正是一如的畢竟空中
充滿了智慧與慈悲

六

在一切的苦難過後
觀世音菩薩教我
無死的心情
總是不必遺忘
但是為了塵勞的世間
依然要忘懷

那不會死亡
卻裝死的劇本
從劫初演到劫末
在豁然間
十方三世成了一念
一念又成了三世、十方

忘記　不會死亡
在自以為是的眾生之間　談生論死
忍不住笑了
或是哭了
這些人竟不知
自己從不死去
卻又拼命
求生弄死的紛紛迷惘

有時累了
真的累了
悄悄的涅了槃

但經不起
佛陀　無聲默雷的催促
又要勉強起來
裝生覓死的陪他一段
啊！　大悲的心

參拾 毘舍離重光品

一

忽然間亮了　就像雨過天清雲破之處
那麼無雲晴空　那麼淨藍宛若水晶一般的淨界
明空不二的遍照光明　輕灑著毘舍離城的人民
眼根放下　放鬆　放空　不再那麼執著的盯著萬物
雙眼那麼的鬆、那麼的清　亮得那麼晶明
忽然間悅耳了　就像天樂鳴空　如在聖母峰上　山谷中的傳響
那麼遠、那麼近、那麼的無遠、無近　那麼細、那麼清、那麼的悅音
耳根鬆通的好空好自在　一切喜樂自然成為妙音
忽然間味清了　百華、百樹妙香在毘舍離城馨馥
那麼清遠淡覺的味　是佛陀與大悲觀世音菩薩的微妙香沉

天人也傳來亮雅的天華馨香　與大自然會融成毘舍離的嗅覺
鼻根暢了　身中自然滿滿的淨息　一片歡欣
舌根甜了　金津玉液從舌上香甜的滲出
如同佛陀舌中自有上上味般　那能化除火躁的津液
讓身體無比輕利　舌根又鬆又柔的自在宛轉

身體宛如沐浴在清雲與八功德水中　喜涼自在
每個毛孔都開了　吐盡濁息吸入清氣
身體放鬆、放下、自在的空　是觸而不受的覺明喜樂
心識淨明了　那惱人醉人的昏、濁、沉、盪豁然無蹤
心清清楚楚的喜　意自自在在的樂　念細細密密的明
如明鏡般鑑照著萬物無痕　如水月般的映應明清
那麼清晰的覺了　觀世音菩薩的大悲淨水沁心
於是六根、六識平復如初　六境清淨本然　自在現成

二

這時　偉大的世尊憐愍著一切眾生
用無上的智慧覆護所有的有情　再要求　大悲觀世音菩薩
為一切眾生守護　再次宣說〈消伏毒害陀羅尼咒〉
爾時　那諸佛悲心所示現的觀世音菩薩
大慈大悲心生　見到一切眾生利益即為己利　救度一切世間心不疲倦
觀世音菩薩安住於究竟實相　而入於一切眾生之心
如實巧妙的善度眾生　生起如來的大覺智心
那無邊的無上菩提勝願　現觀法界　現前眾生與諸佛如來無二無別

那大悲熏心的觀世音菩薩　承佛神力加持
為了安樂利益一切眾生　用柔軟雷音宣說
破除一切眾生惡業無明的〈破惡業障消伏毒害陀羅尼咒〉
「南無佛陀！南無達摩！南無僧伽！

南無觀世音菩提薩埵摩訶薩！ 大慈大悲
唯願愍我 救護苦惱 亦救一切怖畏眾生令得大護」

觀自在菩薩破惡業障消伏毒害陀羅尼

曩謨 喇怛曩 怛囉夜野 曩莫 阿哩野 嚩路枳帝 濕嚩囉野 冐地
namo ratna trayāya, namaḥ āryā valokite śvarāya bodhi-

薩怛嚩野 摩賀 薩怛嚩野 摩賀 迦嚕抳迦野 怛娑每
曩莫塞訖里怛嚩 伊給
satvāya, mahā satvāya, mahā kāruṇikāya. tasmai namaskṛtva, imāṃ

阿哩野 嚩路枳帝 濕嚩囉 婆史擔 遏荅麼 喀乞叉 喀乞叉 跛囉喀乞叉
āryā valokite śvara bhāṣitaṃ ātma rakṣa rakṣa pararakṣa

鉢囉賀囉　僧迦囉　麼抳　尒尾怛　怛囉夜抳　薩嚩　滿馱　鉢囉謨乞叉抳

prahara saṃkara maṇi jivita trāyaṇi, sarva bandha pramokṣani,

薩嚩　薩怛嚩　鉢囉娑馱額　薩嚩　薩怛嚩　嚩路迦額　怛你也他　塢賀額

sarva satva prasādhani, sarva satvā valokini. tadyathā: ūhani

謨賀額　染婆額　娑擔婆額　阿嚩呬　謨賀額　頞拏𡂁　半拏𡂁　戍馱額

mohani jambhani stambhani, avahi mohani, aṇḍare paṇḍare śodhani,

濕吠帝　半拏囉　嚩悉額　護嚕　嚄嚕　半拏𡂁　覩嚕　覩嚕　半拏𡂁　粗嚕

śvete pāṇḍara vāsini, huru huru paṇḍare, turu turu paṇḍare curu

粗嚕 半拏㘑 尾左黎 半拏㘑 度嚕 度嚕 半拏㘑 半拏囉 嚩悉額

curu paṇḍare, vicale paṇḍare, turu turu paṇḍare pāṇḍara vāsini,

呬額 呬額 捏呬額 薩嚩 訥瑟吒 鉢囉訥瑟吒 薩嚩 鉢囉底野

遏嘌體迦

hini hini nihini, sarva duṣṭa, praduṣṭa, sarva pratya arthika,

薩嚩 鉢囉底野 蜜怛囉 薩吠鈔 訥瑟吒南 滿馱夜弭 娑擔婆野弭

sarva pratya mitra, sarve ṣaṃ duṣṭanāṃ bandhayami stambhayami,

塢賀夜弭 謨賀夜弭 婆囉夜弭 曩謨 阿哩野 嚩路枳帝 濕嚩囉寫

沒囉憾麼

ūhayami mohayami bharayami, namo āryā valokite śvarāsya brahma

左哩曳拏 薩底野 嚩計曳曩 娑嚩悉底婆嚩覩 麼麼 薩嚩 薩怛嚩寫

caryena, satya vākyena, svastirbhavatu mama sarva satvāsya,

夜轍 屹囕體擔 沒囉憾麼 努謨你覩 娑嚩賀

yavad granthitaṃ brahma numoditu, svāhā.

如是淨言：

南無佛陀！ 南無達摩！ 南無僧伽！

南無聖者觀自在菩薩摩訶薩

大慈大悲唯願哀愍我

如是 如是 殊勝的禮敬圓滿

如是 聖者觀自在菩薩

宣說守護、守護自身

究竟守護
以勝利具力的妙寶
守護一切眾生
遠離所有纏縛　自證解脫
如是成就一切有情　觀照一切有情
如是宣說究竟的明咒
如是正觀思惟　粉碎一切的迷執
超越阻卻自心的迷惑導引
讓暗夜晶白光明
那穿著究竟淨白妙衣的聖者
如實的救護　救護
如是的清圓淨白聖妙
如實的光明　光明
如實的內外一如　無染圓淨
穿透一切　現空一切

淨白　究竟的現空
淨白　如實的光明
身穿究竟無染的淨白妙衣
勝利吧！　勝利吧！　究竟的勝利
一切眾惡　一切極惡
一切怨敵　一切的仇怨傷害
一切無等等的惡境
如是　如是　已受到完全的禁縛
一切造惡已完全斷卻
在正觀中　心中生起究竟的勝利
所有的迷執煩惱　完全的止息
南無　聖觀自在菩薩
一切梵行清淨的自在者
吉祥的實相真言如是現起
如是圓滿加持　我及一切眾生已超越一切煩惱結縛

如是啊！　如是！
具足了清淨勝悅吉祥
如是　圓滿娑婆訶

三

那消伏毒害陀羅尼　從觀世音菩薩的大悲心中圓滿流出
一切的怖畏安伏了　一切的毒害消融了
所有的惡鬼與虎、豹、狼、獅等猛獸　都生起淨念　不生為害
那違犯殺、盜、邪淫、妄語、兩舌、惡口、綺語
與貪、瞋、邪見等十惡業行者
聽聞了神咒妙音　如實懺悔　蕩除了惡業、糞穢
又還得清淨之身
假如有業障深重的人　生命濁惡不善

就一心一意的稱念　大悲觀世音菩薩並誦持此咒吧！
即時能破除一切的業障　現前得見諸佛如來
南無觀世音菩薩　南無觀世音菩薩
南無大慈大悲廣大圓滿觀世音菩薩摩訶薩
一心稱念觀世音菩薩的名號　一心自在的稱念觀世音菩薩
那一心一意的稱名憶念　觀世音菩薩即時現觀憶念者的音聲
聞聲相應　使我們得到究竟的解脫

稱念那大悲的名號　誦念那消伏毒害的陀羅尼神咒吧！
一心一意的持名誦咒　自身能常安穩無患
心中也遠離一切的無明、眾病
自身常住吉祥喜樂　當眾生遇到各種苦厄災障時
觀世音的微妙智慧能安穩的濟助我們越度
那觀音菩薩的偉大勝行
能善巧妙應所有世間　為一切眾生的依怙

弘誓廣深如大海　大清淨願盡覆法界有情

四

大火來焚　四面燒身時　龍王相應此咒　能降甘霖解除火厄
被火焚身　節節疼痛苦迫不堪時　一心誦持觀世音菩薩名號
並三次誦持這勝妙的陀羅尼　即能療癒此身
勇猛自在的大丈夫　法界無比的大悲者
從法爾實相中所現起的廣大威力　圓通自在救護一切眾生

當一切穀物騰貴　人民在飢饉困厄時
當王難現起　牢獄繫閉　杻械枷鎖及身　被五繫捆綁所縛
甚至刀劍加身　臨當刑戮　乃至被惡獸追　利牙逼命臨身
或盜賊劫奪　加害傷命　在高山險道中迷於路徑
在大海中被黑風迴波追逼　生死一線的水難

乃至夜叉、羅剎、惡鬼、毒藥等一切恐怖及身
這是過去所造的業緣及現在所造眾惡形成的業障
因為如是的因緣　而深受一切苦難　生起極大的怖畏

如是　至心、至心　應當一心的稱誦念持觀世音菩薩的名號
並依於大悲的體性　持誦〈消伏毒害陀羅尼〉一至七遍
用最深的智慧、慈悲　消伏這毒害、惡業、惡行
所有不善積聚的惡業　正如同以火焚燒薪材一般
讓一切的黑業、罪障永盡無餘

因為如是善妙的因緣　這觀世音菩薩所宣說的大悲神咒
名為施一切眾生甘露妙藥　這是具足不生不滅的解脫甘露
讓一切的眾生超越無病畏、不橫死畏、不被繫縛畏
及清除貪欲、瞋恚、愚痴三毒及一切生命中最深沉的恐怖畏懼
所以在這娑婆世界之中

觀世音菩薩這位得到大無畏者、大慈悲者、憐愍一切眾生者
被稱為偉大的施無畏者　他無畏的光明普照一切

這大悲無礙的光明　拔除眾生的所有苦難　無有惱害
讓一切眾生無量恐怖消滅　遠離顛倒夢想　心得清涼
這無緣大慈的光明　讓眾生親近供養尊重讚嘆
一切眾怨自然心息　瞋恚之心消融
大慈甘露塗其心上　蠲除貪、瞋、痴等熱惱
安穩無夢　大慈心光讓所有藥叉、羅剎、惡鬼捨離害心
一切惡獸等順心守護　壽命長遠無有病苦
得大富饒　財恆自在　無災無障　具足福德直至成佛

一心憶念大悲觀世音菩薩　應當深悟　大悲施無畏者常憶念於我
常守護我心　悲覆我身　大慈大悲慈怙　直到我等成佛
觀音常念我　我常念觀音　觀音即我心　我心生大悲

南無大慈大悲究竟怙主觀世音菩薩摩訶薩

這<破惡業障消伏毒害陀羅尼>
破除了貪、瞋、痴、慢、疑的所有業障
使一切行者身心清淨　讓我們的報得生身受用圓淨
一切法如幻如化如夢　畢竟不可得
體悟實相惡業障礙同銷　如真金般鍛鍊無瑕
一切的毒害的外緣內因　在真如法性中得到清淨
這陀羅尼是無上的灌頂章句　讓我等趨入了如來的記莂
這是無上的清淨梵行　畢竟吉祥的大功德海
一切眾生若能聽聞　將獲得廣大的安樂善利

一心、一心、一心　一意、一意、一意　從心至口　從口至心
持念闇誦這大悲體性的陀羅尼灌頂章句
持齋戒、不飲酒、不食五辛、澡浴清淨

一切男女讓身心在清涼、淨無瑕穢中安穩　一心持誦
常憶念著十方諸佛與過去七佛世尊
那過去莊嚴劫中的毘婆尸佛、尸棄佛與毘舍淨佛
與現在賢劫初的拘留孫佛、俱那含牟尼佛、迦葉佛與釋迦牟尼佛
一心稱念觀世音菩薩摩訶薩的名號　並誦持此神咒
於是那大悲自在的蓮華手　大吉祥的觀世音菩薩
具足種種莊嚴微妙的色身　首髻上天冠妙飾眾寶莊嚴
頂戴著導師極樂世界阿彌陀佛　猶如清淨琉璃如意摩尼寶的妙相
右手執持著毘琉璃寶莖的金色蓮華　如滿月般的明現在前
讓我們現身得見觀世音菩薩　一切善願皆得成就
大悲施無畏者摩頂加持　後生於佛前　永與一切苦難相別

參拾壹　助緣共善品

一

毘舍離城為了迎請佛陀的駕臨
及觀世音菩薩前來救度瘟疫　開始總動員
除了迎來佛陀駕臨毘舍離救疫的月蓋長者
還有維摩詰菩薩及其妻無垢與子女善思童子、月上女
此外寶積童子菩薩及菴摩羅女也一起加入這個行列
其實維摩詰、寶積與菴摩羅女的家園皆相去不遠　可算是鄰居
他們一起思惟動員　如何備具所有救助疾疫的器材及楊枝淨水等
並思惟疫情之後的種種準備工作

他們與神醫耆婆童子十分的善熟
甚至大家可能都知道這一個祕密

即耆婆童子是頻毘娑羅王與菴摩羅女的親子
因此　雖然耆婆醫師當年第一次失手
無法治療這個疫情　但是所有的相關預備與疫後該做的準備
還是努力的運作著

維摩詰菩薩的家宅　是最適合的共論之處
寶積菩薩、菴摩羅女也住居在附近
而月蓋長者居的住所亦離此未遠
於是共志一心　為籌措救眾資糧及疫後安穩眾生
以佛陀及觀世音的救護行動為根本
並助開無上的菩提大道　度眾成佛

二

如是因緣

當佛陀一時　在毘舍離國大樹林中的草茅精舍為大眾說法
維摩詰菩薩　具足福德圓滿悲智雙行　鉅萬資財無量
而他端正可熹美貌莊嚴的妻子無垢
懷妊九月　生下一女　姿容端秀
此女出生時便有著大光明遍照　其家中種種妙樂自鳴
伏藏自開　微密寶藏悉皆出現
由於其身　發出微妙光明勝於日照　猶如金光晃耀家中
因此維摩詰居士及其妻無垢　便為她命名為月上

美麗的月上女神妙的長大後
成為毘舍離城中　所有的剎帝利王公子弟
及一切青年心儀的對象　並引起了大家爭先搶奪的危機
月上女知曉後　告訴她的父母說：
「慈心決定無瞋無恨　慈心畢竟不畏懼他人
我如今生起這慈心的意念　守護世間猶如守護己身

現在也不給他人苦難　因此誰能夠來傷害我呢？
我既然沒有貪、瞋、痴的過患　是故沒有能傷害我的人……」

爾時　月上女為了解除父母的煩憂
於是請求父母允許
決定在七日之後　月上女當親自出外自擇夫婿
這個宣布　等同宣告毘舍離城的暴動
所有的青年　皆各自嚴飾　希望成為維摩詰的未來快婿
到了第七日　無量大眾集會來見月上
無數的人看到月上行於街上　皆各自唱言：
「這是我的妻子！　這是我的妻子！」
這時　有人大叫的衝向月上女　引起瘋狂的暴動
月上女見到大眾太過激動迅疾衝來
忽然飛騰於空中一多羅樹的高處

拿著佛陀化身所贈予的蓮華安住空中
而向大眾以偈頌開示
大眾見此奇境開示豁然心中平靜　捨離煩惱
一心禮敬月上女
將手持的香華、末香、塗香、華鬘等　散擲供養於月上
於是月上還從空中而下　去地四指　足步虛空
走出毘舍離城　朝禮佛陀而去
而大眾也隨從月上而行

這時　舍利弗帶著五百比丘　正好與月上女相遇論法
此時　摩訶迦葉告訴舍利弗說：
「尊者舍利弗！　現在月上女朝佛而去
今日必然有大法論議
我們現在不須進城乞食　應當迴轉而去
我們今日寧可不食為善　千萬不要讓身在外

而不能聞受如是的法義」

於是舍利弗等聲聞大眾　也隨著月上迴向佛所

如是　月上女行至大林之內的草茅精舍

頂禮佛足　右遶三匝

用所持的香華、末香、塗香等奉於佛陀

於是與諸大菩薩與舍利弗有著甚深法義的論究

她如是的顯現無緣的大慈　她告訴不損他心菩薩說：

「眾生之事　非是過去、亦非未來、亦非現在！

而彼慈心亦復如是　非是過去、非是未來、非是現在所攝

同時　亦復不可以言語宣說　這是慈心的實相」

於是世尊讚嘆月上女說：

「善哉！　善哉！

月上！　妳現在乃能如是的無礙辯說」

爾時　世尊一一毛孔皆出一蓮華
諸蓮華內復出一佛　結跏趺坐　光明無盡遍照法界
月上女見佛陀不可思議的妙勝神通　歡喜踴躍
將右手上的蓮華　供養於佛
當她供養之時　發了心願
「世尊！　願我藉此善根因緣的力量
　在未來世中　如果有眾生住於我相者
　我能為他說法　令他除去我相的執著」

因為佛陀的神通威力　忽然有第二朵蓮華出現在她右手
於是她再以此華供養佛陀　再發第二願
如此連供十次的蓮華　發出了十次的勝願
在第十願中她說：
「世尊！
　願我藉此善根因緣　於當來世中具足如來十力

如同今日佛陀放大光明　普照十方佛剎等無有異」

這時世尊　便微笑放光遍照十方佛土晃耀顯赫　還入佛頂
於是　阿難尊者從座而起　禮敬世尊祈問微笑因緣
因此　佛陀世尊說明了月上女的因緣：
「月上女於過去　曾值遇了三百位佛陀
於生生世世所見的佛陀　恆生恭仰尊敬的心
心中恆常發願如何證得　無上菩提
在一切生處絕不忘失菩提心
命終已後能了知宿命因緣

她往昔值見迦葉如來　如是見已心得清淨
發起了無上的菩提心　在如實供養迦葉佛後
現得柔順忍及無生法忍
她如是供養諸佛　在未來世將往生兜率淨土

並隨著彌勒佛下生演法　而後往生極樂世界安樂國土
往見阿彌陀佛禮拜供養　在未來八萬俱胝劫後
將成就佛果　號為月上如來」

原來　月上在長遠的未來也將前往極樂世界
依止阿彌陀佛　並在觀世音菩薩的教化中修行
而現在正與她的父母與兄弟善思童子
共同襄助大悲者觀世音菩薩救度毘舍離人

三

善思童子是維摩詰菩薩與其妻無垢的兒子
當他見到佛陀時　只是一個童子
在自家重閣之上還被乳母抱著
當時他手上正持著一莖蓮華遊玩嬉戲

當他遙見佛陀漸漸走近家門　喜不自勝
竟想掙脫乳母　欲下樓閣親自奉迎　供養蓮華

由佛神力加持　善思童子住於虛空　即說偈誦曰：
「世尊安住於大智慧中　是最殊勝者　當下如是現在此處
　為了利益一切眾生的緣故　願您接受我蓮華的供養」
爾時　世尊看著年幼的童子　有如此的智慧與發心
十分欣喜的說：
「我所安住的真如實際本相　並非眾生的分別境界
　這是一切無所有的本際　這實際就是真如實相」

善思童子又問道：
「世尊您如何安住　在這真實本際的境界
　此本際既然是無所有　無所有要如何安住呢？」
佛陀又回答說：

「真如本際這實相的狀態　如是實相即為如來
如同這實際的安住　我安住於彼也是如此
如是實相的諸佛　其體性一如無有殊異
如彼真實之際　我作如是的安住」
如是在於實相中反復問答後　善思童子恭敬的說：
「希望有真實之處　住處為最上安住
願眾生也安住於此　如同諸佛所住」
此時　這智慧而可愛的童子一心合掌　供養了佛陀蓮華
而佛陀也憐愍善思童子而受這蓮華供養

這時　善思童子歡喜踴躍而發願說：
「藉此善根因緣　願我來世當證阿耨多羅三藐三菩提
如同現在的世尊　為一切眾生說法
然而這真實法中　所有的凡夫法、阿羅漢及一切賢聖法皆不可得」
於是　長老舍利弗、富樓那等與童子皆在實相中論議

善思童子安住於諸法實相而無所著　行於甚深般若而無所怖畏

此時　善思白佛言：

「世尊利益我等　如是出現於世間
說此諸法實相　我心中無有疑惑
今者具足圓滿　佛出不思議法門
我已永斷生死　已住菩提道場之內
如來說此甚深法相　斷除我心中疑結
無畏益於世間　善去我心染垢」

世尊告訴善思童子：

「善思啊！
我現在宣說　如果菩薩摩訶薩善著大悲鎧甲
能聽聞微密的甚深實相法要　而能不驚、不怖、不悔、不沉沒
這樣的菩薩即得安住菩提道場　得入諸佛境界

即證無礙　即住無為解脫法門　善巧住於無得妙行
即能觀察一切十方世界　證得大慈大悲與諸佛十八不共法
即能得到諸佛無上最大的灌頂」
在如來為善思童子宣說甚深實相法要後
童子即證得柔順忍及無生法忍　得以遠離一切世間憂喜纏縛
得證現前廣大法樂　而踊身空中　離地有七多羅樹高

於是　佛陀為善思童子授記說：
「此善思童子！
從今以後供養恭敬億那由他阿僧劫佛陀後
捨最後身而成佛
名為淨月如來、佛、世尊」
於是　維摩詰菩薩的一雙子女
皆證悟甚深般若無生法忍　受佛授記未來成佛

四

佛陀在毘舍離菴摩羅園中　開啟了維摩詰經的因緣
這美麗的園林　正是由菴摩羅女供養佛陀
圓滿了無數無上正覺的法林
寶積菩薩與菴摩羅女　也正是維摩詰菩薩的鄰居
當佛陀在菴摩羅林園　揭開了這不可思議的大法會

菩薩、聖者、天人、四眾俱來集會
其中更有著大悲觀世音菩薩、彌勒菩薩與文殊師利法王子
其中寶積童子菩薩更引領五百位長者子　俱持著七寶天蓋
前往菴摩羅園　頂禮佛陀　供養寶蓋
佛陀將五百百寶蓋合而成為一大寶蓋　遍覆三千大千世界
並將三千大千的實相投映在寶蓋之中　並顯示了十方諸佛的說法

於是　寶積菩薩一心　讚嘆　佛陀　讚誦世尊：

「偉大的佛陀世尊
本始於菩提佛樹以大力降魔
得證甘露寂滅大覺之道的成就
超越一切　已無心意、受行的擾亂
完全摧伏一切的外道　三轉法輪於大千世界
這法輪如是本來常住清淨　三寶於是出現於世間
偉大的佛陀以一音演說勝法
所有的眾生隨其群類而各得其解
他們都自謂世尊是同其言語　這是佛陀神力的不共法門
稽首這一切偉大的導師　善了諸法現得解脫
不著世間宛如蓮華般清淨
恆常善巧入於究竟的空寂之行
通達一切法相無有罣礙
稽首禮敬如空無所依恃的如來」

寶積菩薩此時　敬白佛陀言：

「世尊

我們這五百位長者子　皆已發了阿耨多羅三藐三菩提心

祈願聽聞如來教示　諸佛國土的清淨與菩薩的淨土之行」

於是　世尊歡喜開示了菩薩的清淨佛土：

「寶積！眾生是菩薩的佛土

菩薩隨著所教化、所調伏眾生的種種智慧相應因緣而取佛土

因為　菩薩所取的清淨國土　都是為了饒益、成就眾生

而發願善取佛國……

因此　菩薩隨著他的直心而發起勝行　由發行而得深心

由深心而意念調伏　如說而行　如是而迴向　具足方便

成就眾生　而使佛土清淨　因此能說法清淨、智慧清淨

隨著智慧清淨則其心淨　隨其心淨則一切功德清淨

因此寶積！　如果菩薩欲得淨土　當淨其心

隨其心淨　則佛土清淨」

當舍利弗意想　現前娑婆地球佛土不淨若此

佛陀即以足指按地　現出了佛土嚴淨的娑婆地球本相

這時　由於維摩詰菩薩的示疾

於是佛敕諸菩薩及弟子前往問疾

彼等畏懼維摩詰菩薩法辯無礙　皆不敢前往

最後文殊菩薩奉佛敕命前往問疾

開出究竟的不二法門

參拾貳　帝釋窟因緣品

一

維摩詰居士、月蓋長者、無垢女、菴摩羅女、
寶積童子、月上女及善思童子　在維摩詰菩薩宅
專注一心　共同商議　襄助佛陀及觀世音菩薩
如是救度惡疫眾生　如意助眾安心
如緣聚足眾善資糧　如實勸發大眾發心
如法統領大眾共行修證　如智思惟疫後善成眾事

這時　耆婆醫師也加入共同討論
耆婆醫師的醫術通神　雖然在這次的瘟疫中不能有所救治
必須仰賴佛陀及觀世音菩薩的無上道力
但他的醫術不只當代第一　而且是超越時代　為佛陀的私人醫師

他知曉如何輔助觀世音菩薩　讓更多人免除疫難
在醫療中具足助緣更快速的康復
並在瘟疫之後如何讓大眾健康及防復疾病莫使再來

二

當時
佛陀正在摩竭陀國菴婆羅村北方的毘陀山帝釋窟中安住
毘陀山巖谷險危杳冥　人絕罕至　花林蓊鬱
嶺有兩峰　岌然特起
西峰南巖有大石室　高十七呎寬僅十呎
近有鷲群翔飛　故亦稱鷲門　窟中有蝙蝠群集
是時　帝釋天王釋提桓因　發起微妙善心　欲求見佛
忉利天眾聽聞釋提桓因的發心　也樂侍隨從禮佛
釋提恆因就告訴樂神乾闥婆王之子　執樂神般遮翼也一起同行

當時　佛陀正入於火焰三昧　整座毘陀山都成為同一火色
於是　釋提恆因指派般遮翼　先行演奏妙樂供佛　並告訴他說：
「如來出現於世　十分可貴甚難得見
　你可在佛前演奏琉璃琴供養世尊　我與諸天隨後前往」
般遮翼受命之後手持著琉璃琴　在佛陀不遠處演奏　歌頌佛陀：
「祈願佛陀慈悲從三昧中起定　哀愍一切的諸天神眾
為眾生開啟佛法寶藏　惠施與眾生遠離生死的甘露妙法
使我們從憂患畏懼中解脫　一切的危險災厄能平安度過
遠離迷惑澈見正道　超越一切的邪疑妄見　現觀實相真言
一切的祈請都來自於自心的願樂　祈願能聽受實相妙法心永無厭
一心禮請佛陀開啟無死的法門　垂化教導我等於無窮的時劫」
這時　世尊從三昧中起定　告訴般遮翼說：
「善哉！　善哉！　般遮翼！

你能用清淨的聲音和琉璃琴來讚嘆如來
琴聲淨音清妙和合　感動人心　也善合於法義」
般遮翼此時承帝釋天王之教　頭面禮足　於一面坐敬白世尊言：
「釋提桓因及忉利諸天　遣我前來問訊世尊：
『是否起居輕利　安康強健？』」
世尊回答說：
「我會讓你及帝釋天王、忉利天眾
壽命延長　快樂無窮」

三

因為佛陀了然這些諸天大眾　貪著壽命、安樂及平安無患
於是　釋提桓因及諸天　前往洞窟佛所　頭面禮佛
但洞窟狹小不知如何安坐　就白佛言：
「佛陀！　我不知道要離開世尊多遠而坐？」

佛陀告訴帝釋說：

「你們天眾十分眾多　但近我而坐即可」

忽然間　帝釋窟中自然變得十分廣博　沒有任何障礙

於是帝釋與諸天及般遮翼皆禮佛足　坐於一面

帝釋天王此時敬白佛言：

「佛陀　您有一次在舍衛國的婆羅門舍中

世尊也是入於火焰三昧　當時我因為有事　乘著千輻寶車

要前往南方毘樓勒天王之所　從空中經過

見到一位天女恭敬叉手　在世尊之前安立

我就告訴天女說：如果世尊從三昧起定

就請妳用我的名義　問訊世尊：

『是否起居安利　安康強健？』

世尊您記得這件事嗎？」

佛陀說：

「我記得啊！　這位天女就用你的聲音致問於我

我從三昧定起時　還聽到你的千輻寶車的聲音呢！」

其實這時的釋提桓因自知命將欲終

命盡之後　將下生世間　在製陶人家中受生為驢

這時他已有了天人五衰之相：

一者身上光明逐漸消散　二者頭上的花冠漸次凋萎

三者身體開始臭穢塵土著身　四者腋下開始流汗

五者定力漸失不樂本坐

當時天帝釋心中十分慌亂

在靜處時若見到沙門及婆羅門　就誤以為是佛到其住所

而這些沙門或婆羅門見到帝釋天王前來　就十分慶幸歡喜的說：

「天王！　我現在皈命於您」

天帝釋聽聞之後　就知道他們不是佛陀　自思：

「他們若不是佛　就不能療治我的天人五衰之相」

因此，當帝釋天王親見了佛陀就問道：

「世尊！什麼是天人之中的煩惱繫縛呢？」

佛陀回答道：

「慳吝、貪欲、嫉妒是天人的繫縛」

「慳吝、貪欲、嫉妒因何而生？」

「因無明生」

「無明復因何而生？」

「因放逸而生」

「放逸又因何而生？」

「因顛倒夢想而生」

「顛倒夢想因何而生？」

「因疑心而生」

這句話正深深的打動了天帝釋的心，因此他十分感慨的說：

「世尊！ 顛倒之法因疑心而生起 確實如同聖教
何以故呢？ 我有疑心 因為疑心的緣故生起了顛倒夢想
對於不是佛陀世尊而生起了佛陀的妄想」

這時 天帝釋稽首作禮五體投地
至心的自皈命於佛、法、僧眾三寶

當他未起身之際 忽然命終神識脫身而出
投生到製陶工人家的母驢腹中為子
這時 忽然母驢自解脫韁而走 在瓦杯間破壞陶器
主人就鞭打母驢 是時傷了胎身
神識立即還入故身之中
即時五德還備不生五衰復為天帝

佛陀這時讚嘆道：
「善哉天帝！ 能在殞命之際皈命三寶

罪業已銷　不再受罪勤苦」

於是世尊告以偈頌曰：

「一切所行非常　是生滅興衰之法

夫有生輒有死　唯此寂滅究竟為樂

譬如製陶之家　用黏土調塑作諸器皿

一切終要毀壞　而一切的生命亦復如是」

天帝釋聽聞偈頌之後　了知無常的法要

也通達一切罪福的遷變因緣　了解萬事興衰生滅的根本

於是　天帝祈白佛陀道：

「世尊佛陀！　我現在見佛之後　疑網已除

疑網除去後顛倒夢想也窮盡了

顛倒窮盡後也沒有了慳吝、貪欲、嫉妒的心」

佛陀回答說：

「你說你已沒有慳吝、貪欲、嫉妒的心

你現在已悟道成就了初果須陀洹嗎？
證果的人是沒有貪心的
若沒有貪心　云何為了生命而至我所呢？」
天帝釋回答道：
「世尊！　有顛倒妄想的人則有求命的事
沒有顛倒的人則不會求命　而我現在已實不求命
所欲求者唯有佛陀的法身及智慧而已」

佛陀很高興的說：
「釋提桓因啊！　求取佛陀的法身及智慧者　你將來之世必當得到」
此時　天帝釋遠離恐怖　善遵寂滅的聖行　增壽千年
得證須陀洹果
因此　這洞窟被稱為帝釋窟

參拾參　耆婆溫室緣品

一

耆婆醫師在一日晚上心起一念：
「明日我且至佛所　當問我疑」
隔日清晨　耆婆帶著全家大小眷屬　前往帝釋窟精舍
這時　佛陀正為大眾說法
於是耆婆醫師、眷屬下車入精舍中　禮敬佛陀　坐於一面
佛陀說：
「善來！　醫王！　你有任何問題
　不要有所疑難　儘管問吧！」
耆婆醫師於是長跪白佛說：
「佛陀世尊！　我雖然得以生於世間　但是為人疏野
　隨著俗世眾流　卻未曾植福

現在迎請佛陀及諸僧眾、菩薩大士　到溫室中沐浴
願能令眾生　在生死長夜中能得清淨　消除穢垢
不再受各種疾患　祈請佛陀賜我滿願」

佛陀告訴耆婆說：
「善哉！　這個主意太好了！
你能夠治療眾人的病　大家都十分信賴歡喜
現在又請佛及僧眾　入溫室洗浴
並發願十方眾生　能得眾藥療病
並洗浴除垢　這福報無量廣大
現在你一心諦聽　我為你宣說澡浴眾僧的福報」

二

佛陀告訴耆婆：

「澡浴的方法　要用七種物品　除去七種疾患　獲得七種福報
七種準備物品是一者燃火　二者淨水　三者澡豆　四者酥膏
五者涼灰　六者楊枝　七者潔淨的內衣
首先燃火以得適宜的水溫或用溫泉
必須用潔淨的水　用澡豆洗去塵垢
漂豆是用豆類所磨成的粉所製　除垢並清淨肌膚
再用酥膏塗身滋潤　再以山桑木燒成涼灰敷身　使身體活化
續用楊枝齒木　清淨牙齒、刮舌以去除口臭　兼利消化
然後換上清淨內衣」

這樣洗浴方便　能除去七病
一者、令身體的地、水、火、風四大得以健康安穩
二者、除去身體的風病　三者、除去身體濕痺之病
四者、除去身體冰寒之病　五者、除去身中的熱氣
六者、除去身體的垢穢　七者、使身體輕便健康、眼目精明
而如此的供養則能獲得七種福報

一者、四大無病　所生之處恆常平安　勇猛身健　眾所敬仰
二者、所生之處清淨　面目端正　塵染不著　為人所敬
三者、身體常香　衣服潔淨　見者歡喜　莫不恭敬
四者、肌膚潤澤　威光德大　獨步無雙　大眾莫不敬嘆
五者、饒富侍從　為其拂拭塵垢　自然受福　能常識宿命
六者、口齒香好　方白齊平　所說的一切教令　大眾莫不肅從受用
七者、所生之處　自然衣裳具足　具足光飾珍寶　見者驚嘆
當佛陀宣說溫室洗浴眾僧的功德
耆婆及其眷屬聽聞佛陀的教誨　法喜充滿
因此證得了須陀洹果
如是因緣　當於毘舍離廣設溫浴　輔以如實浴法
使毘舍離人民了悟　個人及公共衛生之正確方便　以防疫病再生
並普及於舍衛國　王舍城等諸地
佛陀深許耆婆之建議　於是諸精舍中廣設溫浴室池

三

毘舍離的菩薩、聖者、居士　聽聞了耆婆的因緣與建議
清淨身心的善願　如實的在心中生起：
若入於水時　當願一切的眾生
入於一切智慧之中　了知三世平等
洗浴身體時　當願一切的眾生
身心無有垢染　內外光明潔淨
盛暑炎毒之時　當願一切的眾生
捨離各種的煩惱　一切無明皆能窮盡
暑退涼初之時　當願一切的眾生
圓悟無上的大法　究竟得證清涼

原來這一切清淨身體的衛生法門
不只能輔助療癒身體的健康

且能安心成為修行的法門　助成菩提行法
更能成為菩薩的淨行法門
念念淨心　念念發願　念念修持菩薩道
終至成佛大覺圓滿
瘟疫成了最佳的悟道時節

手執楊枝之時　當願一切的眾生
皆得勝妙之法　究竟獲得清淨
口嚼楊枝清淨舌牙之時　當願一切的眾生
其心調柔清淨　吞噬所有的煩惱
大小便溺之時　當願一切的眾生
捨棄所有的貪、瞋、癡煩惱　蠲除一切的罪法
事訖就水之時　當願一切的眾生
在出世法中　速疾能成就往詣
洗滌形穢之時　當願一切的眾生

具足清淨調柔　畢竟無有垢染
以水盥掌之時　當願一切的眾生
能得清淨之手　受持所有的佛法
以水洗面之時　當願一切的眾生
能得清淨法門　永無眾垢雜染

生命中總是不斷的面對一切因緣
尤其是在瘟疫時節
更看到了種種的因緣無常
我們是否在念念之間不離
菩提心　不離菩薩的願行
這是無上菩提的菩薩道
最重要的核心
念念淨心　念念發願　念念淨行
念念不離佛　念念不離全佛

於是：
若見到苦惱人時　當願一切的眾生
獲得根本智慧　滅除各種苦厄
見到歡樂人時　當願一切的眾生
常得廣大安樂　一心供養佛陀
若見到無病的人時　當願一切的眾生
悟入真實智慧　永無各種病惱
見到生病的人時　當願一切的眾生
了知身心空寂　遠離所有違逆乖諍之法

四

清淨的水是一切生存與健康的根本
也是療癒眾病的根源

因此我們應先發心善護一切水淨
並於一切處所　念念發心
用清淨的願心
禪定三昧與陀羅尼的淨化能力
清淨水源及地、水、火、風、空等五大及心識能源

若見到流水之時　當願一切的眾生
恆得歡喜與勝善的意欲　洗除疑惑垢染　具足菩提
若見大河之時　當願一切的眾生
悟得正法之流　入佛大智慧海
若見陂澤之時　當願一切的眾生
能夠疾悟諸佛　一味的無上妙法
若見到浴池時　當願一切的眾生
入佛的無盡智海　善巧演說妙法
若見到汲井之時　當願一切的眾生

具足廣大辯才　演說一切法門
若見到湧泉之時　當願一切的眾生
方便增長無上境界　善根無有窮盡
若見到山澗水時　當願一切的眾生
洗濯所有的塵垢　心意解脫清淨

沐浴非只浴身亦復浴心　身心清淨　方能成就無死甘露妙法
如是淨浴　謂淨浴一切惡、不善之法
一切的諸漏煩惱穢汙是未來生死存有的輪迴根本
是煩熱苦報　生、老、病、死的苦因
如是淨浴一切的無明煩惱　才是真正的佛浴
當佛陀初生時　身住寶蓮華中　落地行走七步
舉手而言：
「天上天下　唯我為尊　三界皆苦　吾當安之」
這時九龍雨下淨水　左雨溫水右雨涼泉　洗浴身心清淨

是故浴佛當如是行：

「我現在灌沐一切諸佛如來　世尊乃淨智功德莊嚴所聚
祈願一切五濁惡世的眾生　能遠離所有的垢染
速證如來的清淨法身」

如是淨行供養最勝心香：

「戒、定、慧、解脫及解脫知見等五分法身妙身
遍滿十方佛剎　常現芬馥莊嚴
願我現在所供奉的眾香亦復如是
迴向給自身及他人　廣作佛事成就五種法身」

那甚深的心香成為大願迴向圓滿法界

「祈願所有的三惡道眾苦輪迴　能夠止息
悉令所有受苦眾生　除去熱惱獲得清涼
皆悉發起無上的菩提心
永出貪愛的世間之河　登於究竟的涅槃彼岸」

當佛陀成就無上正覺　正坐一心觀察聖菩提樹報恩
七日之間目未曾稍瞬　禪悅為食解慧為漿　寂滅永安
七日過後　諸天人眾持來萬甕妙香淨水　供佛浴身
色界欲界天人及八部眾等
各用香水浴如來身　淨水溢流　妙香遍灑
諸天眾等蒙香之恩　發起無上菩提之心
如是妙香熏天人體　入自天宮不聞餘香
是故供佛淨浴　能廣度人天大眾

五

這時　豁然在如幻三摩地境界的現觀中
現起了不可思議的寶池
這些寶池以金沙布地　七寶作為界道

琉璃、水精周匝校飾　池中充滿了八功德水
最清淨的水無過於此八功德水：
一者、澄淨　二者、清冷　三者、甘美
四者、輕軟　五者、潤澤　六者、安和
七者、飲時除去飢渴等無量過患
八者、飲後能長養諸根四大　增益種種善根

寶池中更現起各色寶蓮　清妙和樂　自在悅適
原來　觀世音菩薩也參與了眾會　以如幻三摩地的威力
將極樂世界的寶池　搬到同樣不可思議的維摩丈室
這時又現出了極樂世界中　無量壽佛的清淨浴池
這浴池長寬各有四萬八千里
這浴池是由七寶自然共相轉成
池水底沙佈著七寶明月珠及摩尼寶珠
池水清潔　自然現生出各種異彩的千葉寶蓮

花香芬馥勝於天華　十方上下眾華香精　自然蘊出
池中水流　轉相灌注　自然演出妙音
觀世音菩薩示現了　極樂世界無量壽佛的微妙寶池及七寶眾池
法爾現空寂滅　在如幻三摩地中自然現前
「八功德水　是由無上菩提大願及廣大功德所成
由清淨的菩提心所流現」
這時　毘舍離的菩薩居士大眾　及耆婆醫師
更堅實了清淨水源及溫浴淨池的決心

六

在毘舍離消伏毒害會中的薄拘羅
是大眾共欽最為長壽健康的人類及賢聖

大眾心想：

「薄拘羅尊者於過去常行慈心　慈愍一切生命
對於所有眾生絕不起傷害的意念　並曾供藥除病
這護生慈命的福報　讓他終生無病
壽命百六十歲　世稱長壽第一」

因此為了讓大眾無病長壽
宜敦請薄拘羅尊者示現其因緣　大眾共心供養醫藥
善發慈心互助共濟眾命　以護有疾眾生　並使瘟疫消失不再生起
是時　耆婆童子　心思普遍建立醫方之所救貧濟醫
能療治染疾大眾　亦為後續降低疾疫因緣及醫療眾生
為廣大功德　助眾無病長壽
如是於精舍、僧院及各處要地廣設病堂
並設天下醫方之院　廣集天下所有醫方及訓練醫士

參拾肆　販賣貧病品

一

如是　賢護菩薩也因極樂世界因緣的相應
而參與了這瘟疫的後援勝會
賢護菩薩為在家居士
佛陀為他開啟了一切佛現立在前的般舟三昧法門
當他成就般舟三昧時　隨著諸佛方所念佛　而能現見諸佛
宛如鏡中影像明了相見　菩薩依般舟三昧
如淨明鏡中自見面像　如清澄水中見其身相

初時隨著本來所念佛陀而見其色相
見一佛相貌後　若欲見他方諸佛　則隨所念的方位
得見十方諸佛無所障礙

因此　是人雖然沒有證得天眼、天耳等神通而能值見十方諸佛

如同偈中所說：

「雖然未有神通　能夠飛行到於彼國

而能面見諸佛　聞法無有障礙」

佛陀當時教導賢護菩薩

獨處空閑寂靜　如實禪修思惟

若面向西方極樂世界　則一心憶念無量壽佛

這時　一心觀想念佛　了悟法界空寂

了知無量壽佛於西方極樂世界　如來現在彼處

為菩薩大眾周匝圍繞　處於大眾中說法教化

於是依著佛陀的教導　念念思惟　心明不斷

了悟　是心是佛　是心作佛

佛常念我　豁然現前的無量壽佛　如鏡中明像自現

具足三十二相、八十種好　為賢護菩薩說法

現在　賢護菩薩也正現觀著極樂世界　無量壽佛與觀世音菩薩
當賢護菩薩現覺　觀世音菩薩所顯現的　極樂世界淨水勝境
就敘述了他從水悟道的因緣：

「我過去世時　於威音王佛前聞法出家
在浴僧之時隨著往例入於溫室
在現觀浴水時　忽然了悟水的因緣
水性自空　既沒有洗去塵垢　也沒有澆洗身體
在塵垢與身體中間　無執而安然
如是現觀水、身與塵皆空　得以了悟一切無所有
過去宿昔所學無忘　直到今天從佛修行
當時的威音王佛為我命名為賢護　因為從妙觸於水而宣發智慧心明
成就佛子住　因此與十六位同學開士由觸水因而悟道」

二

賢護菩薩的因緣　又引發了另一位由水悟道的菩薩加入助緣
這就是月光童子菩薩
在王舍城中　月光童子受持佛陀教授月燈三昧王
證得一切諸法體性無戲論三昧　總持如來三昧教法於未來世
如實發心襄輔　佛陀與觀世音菩薩救度眾生因緣
此時亦以自身水悟因緣相應

在往昔恆河沙劫時　當時有水天佛出現於世
教導一切菩薩修習水觀入於三摩地中
如是月光童子一心修學
如是善觀身體中的水性　相不侵奪
剛開始觀察身中的一切津液、精血、水份
這一切的液體在身中漩復交流　都是同一水性自成為水身

如此見到自己的水身與身外世界
現如華嚴經中　重重無盡的宇宙世界大香水海等無差別
當時月光童子　初始成就這個禪觀

是時但見如斯水境　卻未能得證現空無身的境界
因此　當時月光童子在房中安禪修觀　有一位童稚弟子在窗外偷窺
當時只見到室中滿是清水　其餘了無所見
是弟子童稚無知　不識禪境　取一瓦礫投於水中
瓦礫激起清水發出聲響　於是顧盼自得的離去

這時　月光童子出定後頓覺心痛
正如同當初舍利弗　遭逢大力伽羅鬼槌擊打頭一般
雖然大力鬼王有大威力　一擊宛如用須彌全山打頭
但舍利弗在金剛三昧中絲毫無損　但覺如葉落頂些微頭疼
此時　月光童子心想：

「我已證道　久遠病緣　為何今日忽然覺得心痛？
　是否境界有所退失？」
是時　童子得意前來報告他投瓦入水之事
於是月光童子就告訴他：
「童子！你頃刻之後　若再遇水
　可立即開門進房　去除水中的瓦礫」
童子奉教
等月光童子入定之時　又見到水中的瓦礫　宛然現成
於是開門取出　月光童子出定之後　身體又還復如初
月光童子說：
「是後　我供養無量諸佛　直到山海自在通王如來時
　才能真正現證大空而亡去自身之相
與十方世界的香水海相應　性合真空無二無別
現在　在佛陀世尊之前　得證童真之名參與了菩薩之會」

所以水性的一味流通　以證得無生法忍
是最究竟的圓通法門
如今安立浴室　清淨大眾以獲得健康身心
而且隨時觀察一切水　成為清淨的八功德水
內身、外身及內外身　同一水性　成為如來的大智海水

三

迦旃延尊者能分別深義　廣衍教法
為佛陀聲聞弟子論議第一
當維摩詰菩薩示病時　佛陀要他前行問疾
但迦旃延白佛言：
「世尊！　我沒有能力到維摩詰菩薩處問疾
　因為當初佛陀為諸比丘略說法要　粗現見法有了入室之跡

我於其後為他們宣說經中的要旨：
無常、苦、空、無我、寂滅之義
這時維摩詰菩薩跟我說：
『迦旃延！　你不能以生滅的心行　宣說實相之法
迦旃延！　諸法畢竟不生、不滅　才是真正的無常義
身心五蘊通達空無所生起　才是苦義
諸法究竟無所有　方是空義
於我、無我二者而不二　才是無我義
法本然無生　今則無滅　是寂滅義』
當他如此說法時　諸比丘的心得解脫
所以我沒有能力前去問疾」

但是這場疫病　常住於毘舍離那梨聚落的迦旃延　亦貢獻己力因緣
他雖然在聖弟子中論議第一　但不能及於法身大士維摩詰的迅利
但對眾生還是有著強大的問疾能力

當時　曾有一位婆蹉種的修行人　來到那梨聚落拜訪他並問道：

「尊者！　請問你生死的問題

為何有人這樣的詢問佛陀：

『如來逝後為有？　逝後為無？　逝後為亦有亦無？

逝後為非有非無？』

而佛陀從來不回答這類問題呢？」

迦旃延就問他說：

「我現在問你　如果因、緣及種種施設行為

不管是有色、無色　有想、非想或非非想等各種生命的存有

假若如是的因、緣及眾行都已究竟寂滅

這時如來會記說：

『這些是死後存有　這些死後是無

這些死後是亦有亦無　非有非無嗎？』」

婆蹉神修行人說：

「假如因、緣乃至種種的施設行為已寂滅永盡
　佛陀因何要記說死後的有、無眾相？」

迦旃延就說道：
「如是！　如是！
　如來以是因、以是緣故
　有人問如來　逝後的有、無、亦有亦無、非有非無
　佛陀從不回應　因理不應如是問」
一般眾生執取因緣的有無　在生滅中輪迴不止
是故此有故彼有　此生故彼生　此無故彼無　此滅故彼滅
生死的軌跡是那麼清楚明現　所以佛陀會加以記說
但如來　無所從來　無所從去
生滅已滅　有無已不可得　云何再予以回應？

四

迦旃延尊者　曾教導一位老母如何「賣貧」
是時佛陀在阿梨提國
此國中有一長者多財富饒卻慳貪暴惡　沒有慈心
當時有一老婢　工作辛勞
小有違失　便受鞭捶　衣不蔽形　食不充體
年老困悴連思死亦不可得
是時　適持瓶詣河取水　思惟一生苦難舉聲大哭
迦旃延尊者剛好經過河邊　就問道：
「老母　因何如此的懊惱悲泣」
老母就敬白道：
「尊者！　我既已年老　一向恆持苦役　又復貧窮
　衣食不充　連思死都不得　所以痛哭」

尊者說：
「你如果貧窮　何不賣貧？」
「貧那裏可以賣？　誰會買貧窮呢？」
老母心想：我如此可憐　還來消遣我　更是悲傷
「貧窮真的可以販賣的！」迦旃延如此的再三向他保證
「大德！　如果貧可以賣　我要如何賣貧呢？」
「現在假如你真的要賣貧　照著我的話做　你只要說好即可」
於是尊者就告訴她：「妳先到無人處洗淨身體」
洗完後　尊者就告訴她：「妳應當布施」
這老母啼笑皆非的說：
「尊者！　我那麼的貧困　身上沒有分文
手中雖有此瓶　卻是主人的　我拿什麼布施呢？」
尊者就將自己的鉢拿給他說：
「你拿著此鉢　去取一些淨水」

於是老母如教去取水來　奉施與迦旃延尊者
迦旃延尊者如是受其供養　並為她祈願　教她受持八關齋戒
最後又教授她念佛的種種功德　接著問她：
「妳有住的地方嗎？」
「沒有　若磨東西時　就在石磨下睡
　春炊工作時　就睡在春炊處
　如果沒做事時　就睡在宿糞堆上」
迦旃延說：
「妳好好的持心　努力的工作　不要生起嫌恨的心
　在伺候大家睡覺之後　偷偷的打開窗戶
　在房中角落敷上淨草之座
　在座上如實思惟觀佛　不要生起惡念」
這時　老母就奉教而歸　照尊者話施行
即於後夜之時　吉祥命終　生於忉利天上

當大家早上起時　見到老婢命終　十分生氣的說：

「此婢女平常不讓她入房　昨晚何故　在此死去？」

其家主就派人　用草索繫腳　拽置寒林墳場中

當時　忉利天上　有一位天神

有五百位天人眷屬　宮殿莊嚴美麗

這位天神　福盡命終　這位老母即取代他成為天神

在生天之法中　利根者　能自知往來生滅因緣

鈍根者只知道受樂

當時老婢生天　只知受樂　不知生天因緣

當時　舍利弗尊者正好來到忉利天中　知道此天子的生天因緣

就問他說：

「天子！　你因為何等福報生此天中？」

「尊者！　我不知道」

如是　舍利弗借其道眼　觀見故身的生天因緣
因此　這位天神帶領著五百天神
來到寒林　散花燒香　供養死屍
接著迴詣迦旃延尊者所　感恩尊者
迦旃延尊者　為天神及諸天人廣說佛法
這時天神及諸天子　遠離塵垢　得法眼淨　證得初果

這個賣貧因緣　讓大家想到　應當讓所有眾生「賣掉疾病」
就如同薄拘羅尊者一樣在世間長壽無病
這賣病的妙法：
一者、大眾發願建立醫方之所及溫浴淨室
二者、以各種醫藥、飲食幫助眾生
三者、最重要因緣乃是當發心修慈　對眾生永無瞋恚
四者、以慈心三昧及念佛法門為依歸　永世一心善修皈命

如是必當能夠善賣眾病　具足健康、長壽

如是如同彌勒菩薩所說：

「若人有大慈心　此人即能攝受一切妙法

如果人有瞋恚心　即難以攝受妙法

成就無生無滅的大覺菩提」

彌勒菩薩從初發起無上菩提心時　即修行慈心三昧

當他最初證得慈心三昧後　一直號為慈氏

慈氏菩薩從本誓願　助成一切眾生喜樂成就無上菩提

他將在娑婆地球　踵繼釋迦世尊後補處成佛

當彌勒世尊成佛時　大眾能得大身

是故大迦葉尊者於雞足山中待彌勒世尊下生

彼時身小宛如人頭之蟲　是時眾生　健康無病壽八萬歲

大悲觀世音菩薩更教導大眾　賣掉永世的疾患

往生極樂世界　無病清淨
具足無量壽命　以成就無上菩提

而佛陀授記迦旃延尊者　在未來世供養奉事八千億佛
在善修菩薩道後　成就佛果
稱為閻浮那提金光如來
於是在毘舍離法會中的諸尊者與菩薩大眾
及國中王、臣、長者居士大眾　共同參與救治疫病及重建諸事

參拾伍　觀世音應化品

一

諸佛大悲的體性現身　遊歷無盡無窮的宇宙法界
與娑婆地球深深的有緣　永遠不退的　救度一切有情眾生
現觀眾生是佛　全佛的法界熾然現前了
在偉大的觀世音菩薩悲眼注照中　何人不是佛陀？

那有眾生能夠不是如來？　那有世界不是淨土
那是全佛的眼睛　大慈大悲的眼眸　正注照著你我
我那能不是佛陀　那究竟現觀法界體性　真實如來自心
成就普眼蓮華的觀自在者　倒駕慈航　翻將覺海作紅塵

翻將紅塵成了覺海法界　那大悲啊！讓眾生全成了佛

永遠的憶恩！憶恩！　已久成佛者　還成菩薩
於是深憶現前師恩的頂現無量壽佛　這是如來的普門方便智慧
於是南無本師阿彌陀佛
在無上的金剛三昧中　現觀了全佛

在大慈大悲心中　普現色身三昧現起了如意寶珠王身
順入一切如來境界　發起廣大心自在力
十方法界　宛如明鏡交映相攝
諸佛如來　乃至一切眾生如實影現
普現體性妙身如淨琉璃　十方諸佛悉於身中現前
那從本覺自性所流出的妙德　清淨光明　遍照十方三世法界
普周一切無量不可計數的諸佛世界　一切眾生普現一像
悉為真金妙色一切平等示現　相好莊嚴法爾如佛
全佛法界　普現在前　一切悉皆平等無別

現身自然　如佛無異
原來如此　原來如此　在觀世音菩薩的現觀之中我們都是佛
在普門蓮華眼中我們都成了佛　在始悟本覺中　與佛世尊無差無別
於是法界諸佛的大悲心性　與一切如來同一慈力
普遍十方一切世界　為法界一切眾生　普現色身
現起一切眾生所喜見身　應入一切國土　度一切眾有情
這是如斯現成　如摩尼寶珠般的相應瑜伽之王

二

當諸菩薩入於甚深三摩地中　進修無上的金剛佛智
這時觀世音菩薩　立即示現佛身　而為說法令證無上大覺
如鏡相映　如水月照　一心獨行自求解脫者
自悟寂靜妙明十二因緣將至圓滿
即現辟支佛身　而為說法　讓其成就獨覺　自圓解脫

如是聞佛四諦　了悟空寂證道入滅
這時即現聲聞乃至阿羅漢身為其說法　令其解脫自在

若有眾生入禪離欲明悟　遠離欲塵
自是時即現梵天王身而為說法　使他身成色界而入悟解脫
若有眾生具足世福　欲成為天王統領諸天
此時即現帝釋天王之身而為說法　令其解脫入無上道
一切眾生如斯因緣如斯響應　如水月明照　空寂本淨
如是當以何身得度　即現其喜樂身而為說法

應以自在天身得度者　即現自在天身而為說法
如果應以大自在天身得度者
即現起他所依皈喜樂的大自在天身為他說法
觀世音菩薩順應著眾生喜樂皈敬的心
宛如琉璃明鏡一般普現相應的善妙色身而為說法

當眾生喜愛統領鬼神救護國土　旋即為他示現天人將軍身為他說法
令其成就福德圓滿解脫直至成佛
如果眾生心喜守護佛法統領世界密護眾生　具足威德眾寶資財
即示現毘沙門天王身為其說法令其解脫成就

如是應以小王身、長者身、居士身說法
觀世音菩薩即示現小王長者與居士之身來導引教授使其解脫
不管是比丘、比丘尼、優婆塞、優婆夷乃至宰官、婆羅門
應以何身得度者
觀世音菩薩　即以彼身因緣教化使他們具足眾緣解脫
直至成佛
無量無邊的法界　無量無邊的種種眾生
觀世音菩薩的大悲心宛如法界大圓鏡般　如實的映照
隨緣示現微妙色身　廣度一切有情成就無上菩提

三

佛陀告訴阿難：

「在王舍大城中有一位女人　被惡鬼所挾持
惡鬼在夜間幻化為丈夫的形像　來嬈亂這名為旃陀利的女子
這位女子鬼精著身　生下了五百位鬼子
你是否回憶起此事呢？　我在當時教導了這位女子
稱念觀世音菩薩　在善心相續中證入了善妙境界

阿難啊！　你應當了知觀世音菩薩的威神之力
讓這惡鬼消伏　得見我身　無比清淨的色像
我於當時一一毛孔之中　顯現出大寶蓮華
一切化佛宛如明亮的金剛砂鑽一般　普現虛空之中
如百千日相互映照　這無數的化佛同聲稱讚觀世音菩薩
這位偉大的大悲施無畏者　令旃陀利女受持讀誦通利

此咒的功德　能消滅煩惱障、業障及果報障等三障　滅除永盡
免除欲界、色界、無色界等輪迴牢獄之火
不受一切的眾苦　由地、水、火、風四大不調
而生起的地大黃病、水大痰病、火大熱病、
風大風病等四百零四種病
都能即時療癒　眾病不起

若有眾生在戰爭鬪障當中　面臨被殺害的危險
誦念此咒並稱念大悲觀世音菩薩名號
這時將如同鷹隼飛空一般　即時能解脫這苦難殺厄
如果有眾生受到極大的苦惱　繫閉在囹圄之中
杻械枷鎖臨身　一日乃至五日　一月乃至五月　將受到各種的刑罰
這時應當淨心繫念一處　稱念觀世音菩薩
皈依三寶　三稱南無本師釋迦牟尼佛
誦持〈大吉祥六字章句救苦神咒〉」

曩謨 喇怛曩 怛囉夜野 曩莫 阿哩野 嚩路枳帝 濕嚩囉野 冐地

namo ratna trayāya, namaḥ āryā valokite śvarāya bodhi-

薩怛嚩野 摩賀 薩怛嚩野 摩賀 迦嚕抳迦野 怛你也他 頞拏嚟 半拏嚟

satvāya, mahā satvāya, mahā kāruṇikāya. tadyathā: aṇḍare paṇḍare

計瘓嚟 難拏嚟 賛拏嚟 帝惹 嚩底 拽捨 嚩底 鉢羅訖㗚多 尾戍馱𩕳

keyūre naṇḍare caṇḍare, teja vati, yeśa vati, prakṛta viśodhani,

難多嚟 嚩迦𩕳 阿嚧𩕳 嚩矩黎 母矩黎 覩尾黎 娑嚩賀

nantare vakani aluni, vakule mukule tuvile svāhā.

四

安住在法界體性的金剛三昧中
嗡……皈命十方三世一切諸佛
皈命本師無量壽佛　皈命本師釋迦牟尼佛
上與一切諸佛如來同一慈力　我成了佛的大悲心
在金剛喻定畢竟空中　現起無分別造作的微妙威德勝力
讓十方三世的一切眾生全成了佛　讓大悲成為眾生的心
讓一切有情依止我大悲的身心　獲得究竟無畏的功德

於是我成了法界大悲的施無畏者　勇猛自在的大丈夫
我不自觀音以觀觀者　在究竟無我現空中
使十方苦惱的眾生啊　觀其音聲就得證解脫
那智慧、解脫知見導引一切眾生　使他們從所有苦難中旋復而出
大火不能燒　水漂不能溺　斷滅一切妄想分別

大慈大悲的威光使一切鬼神不能加害　六根銷空身相圓融
一切的刀兵傷害　恰如吹光割水一般　體性不動無所傷害
光明遍照法界　藥叉、羅剎等雖在身旁目不能視
法界身心明淨猶如琉璃朗徹無礙　讓眾生永離痴暗

不動道場身遍十方法界　滿足眾生無邊的願望
不可思議的大悲無畏威德　遍照法界眾生施予無畏的救濟
大悲施無畏的觀世音菩薩大聖　將給予一切眾生無比勇氣
毫無猶豫的走上菩提大道
圓滿一切眾生成佛　一切世界成為淨土

這時世尊宣說了神咒之後　告訴阿難說：
「如果善男子、善女人以及比丘、比丘尼、優婆塞、
　優婆夷等四眾弟子

能夠得聞觀世音菩薩的名號　並受持讚誦〈六字章句〉真言
當他們行於曠野而迷失了路徑　因為誦持此咒的緣故
觀世音菩薩因大悲熏心　化現為人　來導引他出於險途
安穩的到達目的地　如果是十分的飢渴時
就化出了泉水、井水、果蓏、飲食　使他們充飢飽滿

假如有人遭遇了大禍　亡失了國土、妻子、財產
並與仇怨者相遇　生起了極深的苦痛
這時稱念〈六字章句〉　並以數息法繫念修心
讓心安意定沒有分散的意念　經過了七七四十九日後
這時大悲者就化為天神或是大力神王　將他們接還於本土
使他們平安返家

如果有人進入大海中採集珍寶
遇到毒龍、怪魚、海難　或是在空山曠野中

值逢猛虎、獅子、野狼、大蛇、蝮蝎、毒蟲
乃至於夜叉、羅剎、拘槃、荼慶魅鬼及各種惡鬼來噉食精氣
這時三次稱念觀世音菩薩的名號　並持誦此咒
就能解脫這些災難

當遇到大惡賊盜其財物
三稱觀世音菩薩名號並誦持此咒　惡賊即生起慈心
不再劫奪於你復道而去
阿難！　你當了知
觀世音菩薩及此神咒　是畢竟吉祥
常能消伏一切的毒害　是真實不虛的」

「阿難啊！
你應當了知　如果有人能夠受持　觀世音菩薩名號
持誦這微妙的〈六字章句〉神咒　當知此人能獲得廣大喜樂

消伏一切毒害　在今世、後世中所有不吉祥之事　永盡無餘
並將持戒精進修行　具足念定總持一切圓滿」

佛陀端注著阿難再教示道：

「阿難啊！
你應當了知
如果有人聽聞此〈六字章句〉救苦醫王的無上神咒
並稱念　觀世音菩薩的大悲名字
他的罪垢不只將完全消除　並在現身中常得親見八十億的諸佛
這八十億的如來世尊為他授予
並宣說大悲施無畏者的功德神力及〈六字章句〉
因為見佛之故　即能證得總持無忘的旋陀羅尼」

五

無始
空性之先
時間之弦從何彈奏
觀世音菩薩在無時、無界中
用空的心
為眾生彈奏出清淨寂靜的樂章
讓一切有情悟了
萬物經由心眼聽聞了無聲

悟由自心
照見了五蘊皆空
用樂音度越一切的苦厄
淨聽自心
這是無上的樂章
當聽聞了樂音的節律

你將了悟
一切音聲不異空
空不異一切音聲
音聲即是空
空即是音聲
音聲的聞、受、想、行、識
也完全如是即空

淨聽、淨聽、淨聽
一切的音聲即空
如是啊！ 有緣的朋友
你可以從至空的心中
聽聞那最美妙的音聲
開啟自心、息意
超越至大與至小

一切現空
我們在無始無終中
都將聽聞那奇妙的心經交響樂章

如是超越了不淨與清淨
亦無法增、減
即此、即彼　即是自身
以無耳聽聞無聲
無音聲界乃至無音聲界盡
超越了所有的苦、集、滅、道
當演奏出心的交響樂章
我們只聽聞了最優美的殊勝寂靜
無物可得

啊！觀世音菩薩自在的妙用圓滿的智慧

我們將超越自心的一切罣礙
心無罣礙
遠離了一切存有與恐懼
遠離所有的顛倒夢想
究竟覺悟
啊!從無始中聽聞那心的究竟妙音
如是空淨　如是真、善、美、聖
我們將融入你法界的寂滅史詩

讓我們去吧!一起去吧!一起超越吧!
一切音聲與萬物將到達彼岸
去吧!超越一切達到究竟的彼岸
覺悟勝智
一切圓滿啊!
南無觀世音自在菩薩

六

如實的勝緣在毘舍離交會
舍利弗心中生起在靈鷲山上的現觀
觀世音菩薩　為他宣說般若波羅蜜多　最殊勝究竟心要的因緣
深觀當時　觀世音菩薩自在摩訶薩　從吉祥三昧中起坐
在佛前合掌禮敬　瞻仰著世尊而白佛言：
「世尊！　我要在這殊勝的靈山大會中
宣說一切菩薩普具遍照的智慧心性密藏
智慧到達彼岸的究竟之心
祈願佛陀能允許我宣說　為所有的菩薩　開啟這究竟的祕意法要」
當時佛陀　現入究竟甚深廣大平等普照三昧
以微妙的梵音告訴　觀世音菩薩說：
「善哉！　善哉！
具大悲者！　我許你為大眾說法

給一切眾生作廣大光明的依怙」

於是大悲自在者　觀世音菩薩　蒙佛聽許

在佛所護念中　證入了慧光三昧正受禪境

入此定後　以甚深三昧的廣大威力　現行了甚深般若波羅蜜多

當下照見了色、受、想、行、識等五蘊自性皆空

在現觀五蘊皆空中　從慧光三昧中安祥而起

告訴我慧命舍利弗說：

「善男子！舍利弗啊！

菩薩大士有般若波羅蜜多的究竟心要

名為　普遍智慧寶藏　盡攝一切的諸法祕藏

你現在諦聽　善巧思惟憶念這甚深法要

我現在為你仔細的分別解說」

七

當時　觀世音菩薩的大悲教誨　舍利弗歷歷在目、在耳
於是　慧命舍利弗回答　大悲施無畏者觀世音菩薩說：
「是的！　大清淨者！
祈願您為我及大眾宣說　當下正是如緣相應之時啊！」
於是大清淨者觀世音菩薩告訴舍利弗：
「所有的菩薩摩訶薩　應如是體悟修學
如是啊！　慧命的舍利弗
所有的菩薩摩訶薩對於甚深的般若波羅蜜多行
應當如是善巧實踐而行」

在大悲觀世音菩薩如實宣說之後
佛陀世尊即從廣大甚深的三摩地中安祥的出定
讚嘆觀世音菩薩說：

「善哉！　善哉！　大悲的善男子！
如是！　如是啊！　誠如你所說
甚深的般若波羅蜜多行　應當如是的修習實行
當你如是行持時　一切的諸佛如來皆會歡欣的隨喜」

佛陀如此宣說之後
具壽的舍利弗歡喜充滿
大悲觀世音菩薩摩訶薩亦生起了廣大的喜悅
而所有的比丘及菩薩眾
及一切世間的天、人、阿修羅、乾闥婆等大眾
聞佛所說　也皆大歡喜　信受奉行
法界中的因緣　總是如斯的不生、不滅、無始、無終的現前流行

參拾陸　殊勝妙悅品

一

南無大悲觀世音菩薩
南無大慈大悲觀世音菩薩摩訶薩
一心、一心、至心　無二的稱念
是大悲心呼喚著大悲
是自性聯繫著自性
是畢竟空現成
不曾遺忘過大悲者您的勝名
不曾忘失您永在心中
祈請您光明注照我等
圓滿一切眾生　全成了佛
全佛究竟

二

在生命中的暗夜中行路
遭遇了偶然的意外
在瘟疫的風暴中
捲入了病痛
黑暗必然要過去
一心的祈願疾疫中的病人及所有的病人
都能迅疾痊癒
祈請大家的身心安康
一切吉祥安樂……

祈願所有的疾疫病人及所有的病人
迅速的痊癒
不只身心安康

並且具足了慈悲智慧
讓身體不再病痛
心靈不再憂惱
一切智慧圓具
慈悲心明普照

讓瘟疫的風暴
吹響生命進化的號角
讓人間成為淨土
願所有的人類、一切生命與病毒、疫菌
都進化成最圓滿的佛陀
這是全佛的宇宙、全佛的法界
願我們與病毒、疫菌都成了佛

三

不要再煩悶愁憂　不要再受困於病惱
成為自己生命的勇士
超克一切的病苦　讓身心自在的健康、喜悅
讓身體、呼吸、心靈　都在覺照中現空
現空成了沒有障礙的鬆柔

於是從最澄靜的心中開始
智慧的觀照　使生命不再有煩亂、負擔
一心的觀察呼吸　遍身而入、遍身而出
如此的無常不居　正宛如空中的風
沒有不變的自性……
我乃了悟　呼吸本是如空

一心觀察著身體　呼吸依著身體而有
離開了身體也就沒有氣息
地、水、火、風　圍著虛空　於是聚成了身體
一切都是因緣條件的和合現前
也沒有不變的自性⋯⋯
我乃了悟　身體本是如空

一心觀照著心念　心念無常的變化萬千
沒有固定不變的心意　這才是真實的心
所有的心念和合而起
沒有不變的自性
我乃了悟　心念本是如空

明日當能更加的美好喜樂
諦觀全體如空的心靈、呼吸、身體

三者皆如如現空而成了一如的實相
身、息、心三者本不相離
於是一相成了眾相　原來一切從來不離真如實相
豁然身體、呼吸、心境如是的健康安寧

在如實的禪觀中　決定了心、呼吸及身體的絕然統一
於是心就那麼完全自由了
觀自在者的人生　讓所有的煩亂匿跡
所有的病痛、孤苦不再來
而煩悶的心境也不再來
於是在清明的覺照中遠離一切身心的障礙
身心是那麼的健康、平安、喜樂

讓光明長照　身心在遍照的光明中甦息長養
這智慧的威光　宛若千億個太陽　相互明攝

我心具足了光明、自信、自覺的智慧
自然無畏的開創人生的新福

當下自在的從如此康健的禪中起定
智慧、慈悲成了心的標幟
讓所有的煩悶、黑暗遠離人間
幸福的未來世界
正等著我們的來臨

四

讓自己的身心健康喜樂吧！
在病床上的人如實的觀想
當你更清楚的觀照時
疾病將更加的遠離

不只疫病　一切的疾病
都同樣的將康復

讓我們的身心平安自在
於是我們清楚的觀想自己是健康的人
或是觀想自己在最健康從未染病的狀態
於是現在我是健康的人
身心安康　自在

諸位　請清楚的覺知自己完全的健康
完全沒有染病　身心離開所有的病氣、壓力
這時我們將如何面對病者、疾疫及病毒、疫菌？
是否能不恐懼、驚慌
不給自己身心壓力、苦痛
而是以智慧觀照

並且謹慎細心的防護自己　讓自己身心安康
並幫助他們平安的度過病毒及疾疫的風暴
讓所有的人重拾健康歡喜

如果我是健康的人
我將銘記健康平安的可貴
也祈願世間的一切病者
安康體健　不再受到疾患的糾纏
我將永遠守護一切的健康安適
讓所有的人與病者
不再有病苦的折磨

如果我是健康的人
祈願讓自己及所有人的身體再進化
讓人類及所有的生命

永遠的健康強健
不再有疾病的苦惱
具足無量的壽命

如果我是健康的人
祈願自己及所有人的心靈圓滿
讓人類及所有的生命
永遠平安喜樂
不再有恐懼、不安
心靈永遠溫和、勇健、吉祥

如果我是健康的人
祈願自己及所有人的智慧無上
讓人類及所有的生命
永遠能觀照實相

不再沉淪於癡迷昏亂、顛倒妄想
自心永遠具足著無盡光明

如果我是健康的人
祈願自己及所有人的慈悲廣大
讓人類及所有的生命
永遠能平等體貼的相互接納同為一體
不再有種族的歧視　貴、賤、貧、富的階級分野
不再有惡意的排斥、傷害、霸凌
大家平等的溫暖互助
讓自心永遠無分別的幸福溫暖

如果我是健康的人
一定要讓人類永遠康健
所有的人、一切的生命、病毒、疫菌

都將成為光明的圓滿生命
也讓世界成為永遠幸福的樂土

五

心中充滿了感恩
我們竟然那麼幸運的在疫情中　身心健康安穩
這是多麼深的福份　我們一心的珍惜感謝
那麼多人的相互扶助、醫者的努力守護
讓我們身心安康

一心的感恩　一心的祈願
一切人也像我們一樣安住吉祥
用我們的智慧、慈悲化成光明寶網守護大家
讓大家身心安康、喜樂

用最深的智慧與慈悲來觀想病者的苦
用同體大悲的心觀照
讓大家身心吉祥圓滿

現在一心的觀照假想自己
如果我是受病毒或疫菌感染的病人
將如何面對健康的人及病毒、疫菌
是否我能不恐懼、驚慌而是以智慧觀照
用慈和寬容的心來面對病毒、疫菌及一切健康者
而且謹慎小心的保護大家
不受疾病的侵擾
並讓自己儘速康復
使大眾安心
也祈願大家平安的度過疫疾的風暴

六

假想如果我是受感染的病人
將如何面對病毒、疫菌及健康的人？
我將銘記健康平安的可貴
也祈願世間的一切病者
安康體健　不再受到疾患的糾纏
我將永護健康安適
讓所有的人與病者
不再有疾苦的折磨

假想如果我是受感染的病人
祈願讓自己及所有人的身體再進化
讓人類及所有的生命
永遠的健康強健

不再有疾病的苦惱
具足無量的壽命

假想如果我是受感染的病人
祈願自己及所有人的心靈圓滿
讓人類及所有的生命
永遠的平安喜樂
不再有恐懼、不安
心靈永遠溫和、勇健、吉祥

假想如果我是受感染的病人
祈願自己及所有人的智慧無上
讓人類及所有的生命
永遠能觀照實相
不再癡迷昏亂、顛倒妄想

自心永遠光明無盡

假想如果我是受感染的病人
祈願自己及所有人的慈悲廣大
讓人類及所有的生命
永遠能平等的體貼接納同為一體
不再有惡意的排斥、傷害
自心永遠無分別的幸福溫暖

假想如果我是病毒或疫菌
我將不再傷害人類　將與人類及一切生命和平共生
一定要讓人類永遠康健
所有的人、一切的生命及病毒疫菌
都將成為光明的圓滿生命
也讓世界成為永遠幸福的樂土

參拾柒　本覺心脈、中脈品

一

心　那法界最善巧吉祥的畫師　給出了一切如幻的世界
法性　那實相的究竟　不變隨緣的示現一切眾色
畢竟空　地、水、火、風、空、識六大　自在現成的瑜伽
一切現空的如實
於是五蘊、六根、六境、十八界　無法而不造　於焉現成

法界現前、現成　心、佛、眾生本皆一如的體性無盡
現觀了知一切心行如是　普造著一切世間
於是就親見了佛　了達佛的真實體性
心不住於身　身亦不住於心　而能自在的成就一切佛事
若人欲了知　三世一切佛　應觀法界性　一切唯心造

於是觀心心脈　觀佛佛成
深入在現前定中　普見了十方三世一切的諸佛

用無垢的清淨心眼　現成分別諸佛大海
細細的觀照著如來的淨妙之身　深入諸佛無盡的相好
用那一念的無量之力　心、佛與眾生無二無別的法爾體性的一念
普知法界性　現前圓淨　那畢竟空的畢竟淨
於是與那不可思議的佛身　現成同一虛空之身
諸佛普現三世十方的剎土　一時教化眾生全佛

大小盡攝　一毛孔無盡法界　無盡法界一毛孔
原來是心　一念悉已明知　一心悉已明瞭
在那琉璃般透的如意寶珠之身　盡現了一切佛陀
善哉！善哉！　觀心、心脈　心悉本覺、脈本現前的實相
一切眾生身入於己身　具足無礙的妙用

己身入一切眾生身　亦復如是

原來　一切佛身入一佛身無礙　一佛身入一切佛身無礙

一切佛國剎土入己身無礙　以一身充遍三世一切法　示現眾生無礙

於一身中示現無邊身入三昧無礙

於一身示現眾生數等身成正覺無礙

於一切眾生身現一眾生身　於一眾生身現一切眾生身無礙

那麼就這樣　於一切眾生身示現法身

於法身示現一切眾生的無礙大用　就這麼現成　現成

那佛陀世尊用佛眼觀察一切眾生　超越十方三世與一切界性

在無始無終、無方究竟中　啊！那個不是佛

是全佛的法界　法界的全佛　佛與非佛又何在呢？

用那佛眼親切慈照著我們　在貪、瞋、痴、慢、疑的各種煩惱中

原來是心是佛　是身即有如來智、如來眼與如來身　當下現成

那無始無終、本覺如是的佛　現成　現成　在心中莊嚴的結跏趺坐
法界一切眾生！一切的佛子啊！　雖然身處在具有各種煩惱的身中
卻是從不污染的如來藏　現前佛身　德相備足與佛無異
世尊如實而親切的在我們的耳邊教語：
「我以佛眼來觀見眾生　一切有情安住於佛位
是故我常宣說無上的妙法　令得如來的法、報、化三身具足佛智」

二

在煩惱淤泥中　長夜沒流　了知這些煩惱穢流　不過是虛妄的客塵
如來的實相體性從來不壞　自性清淨一切本來
善觀自心證悟清淨的如來勝智　體悟由心脈所流出的法界眾相
在究竟空中一切本然清淨　自心本覺法爾現成
始覺心脈畢竟空寂　心脈即是現成空脈

如實現成法界清淨　十方世界、法然眾相　心脈現空自在圓成

一切眾生譬如窮家乞兒　不知具足眾寶伏藏
無量珍寶財富在自性家中　有寶無知而受貧窮苦惱
佛眼觀察所有眾生　流浪六道身貧窮匱、常受眾苦
不知身中自有大寶伏藏　住諸佛體從無動搖
如實觀察為眾生宣說　本然善具無上法財
若能勝解精勤修行　速疾證得最勝大覺
如來無漏勝眼觀察　一切眾生具如來藏
如來體性自具心中　大悲胎藏如實現成

善觀自心本自寂淨　是心是佛　現觀心脈一切圓滿　自心作佛
何期自性本無生滅　清淨如是　何期自性無動無搖　能生萬法
心脈現前　畢竟空脈　空脈現成　如實中脈

如實觀照　從心脈生起四大之脈　從四大脈中各生起十脈
在如是的四十脈中　現起實相的現空中脈
中脈如百川歸海　盡攝一切眾脈　在法界體性畢竟空寂中
將如實現起如來之心的大悲胎藏　如是的八萬四千淨脈

中脈在空性中現起　在緣起中現於自身正中
從心至海底輪　從海底現於臍、心、咽頸、眉心及頂上
優陀那智慧風息順於中脈而下　攝地、水、火、風四大息安穩而住
於是讓智慧的優陀那息安穩　入於四大各十脈中安祥自在
從大脈中出於舌下　舌下具十脈　淨光流出於舌端

其色微妙不青、不白、不黃、不黑　宛如琉璃寶器達於鼻端
此時淨身還入於心根　令心明淨
於是波那命息、優陀那上息、娑摩那平息、婆那遍息、阿波那出息
五息安祥出入覺了　在中脈中如是的從一至十成就息念

佛陀告訴諸比丘說：

「這大精進勇猛的寶幢〈六字章句〉能守護眾生消伏一切的毒害

這是具足大悲功德的觀世音菩薩 為眾生開啟的善妙勝法

如果能依此數息的定力修證 一心證入殊勝〈六字章句陀羅尼〉

這就如同在順流中駕駛舟船一般

疾疾得見觀世音菩薩以及十方諸佛」

佛陀再殷殷的教誨著一切比丘大眾：

「比丘們啊！ 你們應當一心專志的善聽這法音！

你們想服食解脫甘露的無上法味 應當如實的善修

若你們比丘大眾已得出家 一心啊！應當一心的善自攝身

不壞行、住、坐、臥、動轉、行動的一切威儀

端坐修行 入於正受禪定

一心！一心！善觀自心 無有一絲一毫的外向念意

觀察一切世間是那麼苦空無常　如是敗壞　不久自當幻失磨滅
你們應當善修不淨、慈心、因緣、界分別及數息等五停心觀
善巧停止虛妄心識　用五門禪開悟自心
應當善自觀身啊！　從頭到足一一支節間
如是的繫念安住　心無動散　諦觀自身一切的支節宛如芭蕉樹般
內外俱空　一切色相現空本寂
而受、想、行、識亦復如是畢竟空寂」

三

舍利弗尊者在寒林中　安坐在樹下觀禪
超越了死生生死　生生死死　生死死生　死死生生
就如同佛陀的教示　菩薩行者如果具足了十種法
就能住止寒林塚間修證成就：
一者、如是善能觀照　厭離於世間的種種貪、瞋、痴幻境

二者、善觀修行死相現前而心能自在
三者、觀想人初死時身未爛壞的狀態
四者、觀想人死後青瘀相現起
五者、觀想人死身體開始膨脹
六者、觀想人死身體開始敗壞膿流
七者、觀察禽獸開始噉食屍體
八者、身體被火焚燒、燃起
九者、觀想屍體支節分離
十者、白骨盡淨骨瑣現前

當菩薩行者安住在塚間寒林時　不淨觀現成
遠離貪、瞋、痴三毒　但是卻必須對眾生　恆住於慈心及利益心
安住在無上菩提的大悲願心恆無動轉　堅持淨戒、攝護威儀
舍利弗安住在寂靜的寒林中　體解了佛意
端身入於深禪三昧正受　身上現出無比光耀的真金之色

令無數人見者歡喜　發起甚深的菩提心

這時　優波斯那即從座起　來到尊者舍利弗前
頭面著地接足作禮　向尊者請問道：
「我聽聞佛陀如來　讚嘆數息禪法的殊勝　由此因緣而獲得廣大善利
我想再次善觀這數息妙法　唯願尊者為我深入解說數息觀法
當深修如是禪法時　當眼、眼識與色相應時
要如何攝住眼的相應境界呢？
當耳、耳識與聲相應時　如何攝住耳的相應境界呢？
當鼻、鼻識與香相應時　如何攝住鼻的相應境界呢？
當舌、舌識與味相應時　如何攝住舌的相應境界呢？
當意、意識與攀緣的法相應時　如何攝住意的相應境界呢？
所有的顛倒的念想與顛倒相應時　應當如何攝住顛倒境界？
色、聲、香、味、觸與細滑相應時　應當如何攝住這些境界？
而此障覆真實心性的意識之賊　如同猿猴般　時刻不停的奔跳遊走

在眼、耳、鼻、舌、身、意六根中肆意的遊戲　遍緣一切諸法
應當如何攝住這意識呢？」

縱跳躍奔行無障礙
於山谷巖窟種種樹枝花果叢林
善觀猿猴躁擾不停
如是觀心　心如猿猴
心之猿猴　亦復如是
三界如彼山谷　六道差別恰如種種樹林
地獄、畜生、餓鬼諸道　猶如大樹
眾生無量　如種種樹枝　愛著猶如花葉
色、聲、香、味、觸、法眾境　猶如眾果
心猿行於三界輪迴的大山　身形穿梭無有障礙
這心猿常行於地獄、畜生、餓鬼等生死之地
所以當用禪觀照心的猿猴　如同戲演一般
在無始無終的生死大戲中　演出如幻的劇本

如是善觀修禪專意不亂　若心離禪境即自覺知
善能一心專注莫離　還攝其心　安住禪中而無所著
恰如用繩安繫猿猴於柱　莫使心猿離柱騰躍輕躁遠去
以念繩安繫心猿於禪柱上　精進持定常修
莫使心猿妄縱於六根　執著在色、聲、香、味、觸、法六塵境中
意念也同於野馬　奔馳無極　讓眼、耳、鼻、舌、身、意六根
飛騰於外境中　流轉生死而不自知
因此當以最上禪定　善巧堅住各種禪法　調伏意馬安穩自在
心亦如同蠻牛一般　歡喜入於他人田中　吃他人禾稼
如是善巧牧牛　讓心牛住禪　心牛相應成就
修行者善巧觀息牧牛　如牧牛者遙視觀察牛食眾草
守意安禪自在守護　牛自在茁長生起菩提善根
如是六根、六識、六塵相應　應如實現觀

眼、眼識與色悉皆不動　執見滅、分別知滅
非我、非我所　不異我亦不相在
若眼緣觸而生起苦受、樂受、不苦不樂受等三受
現起寂滅心與無生心　究竟無垢、究竟清淨、究竟現空、究竟梵行
耳、耳識與聲　鼻、鼻識與香　舌、舌識與味
意、意識與法　一切悉皆不動
執見滅分別亦滅　非我、非我所亦不異我、不相在
不生三受　現起寂滅心與無生心
究竟無垢、究竟清淨、究竟現空、究竟梵行
於一切處無住　行無相行
精進禪定　智慧波羅蜜現前安住寂滅心
動轉如如、安攝而住當如是完全了知

四

舍利弗告訴優波斯那說：
「你現在應當觀察地、水、火、風四大的體性
地大現空　地無堅性　水大現空　水性不住
火大現空　火性不實　假因緣如幻而生
風大現空　風性無礙　從顛倒妄想而有
而人的身心五蘊色、受、想、行、識　其一一性
皆同於地、水、火、風等
一切究竟空寂　入於如實之際」

諦觀！諦觀！諦觀身體的地、水、火、風四大
要學習最上至寂的界分別觀　如實的仔細觀察四大實相
現觀分別　我們的身體
我們的身體有內地界　如是因而受生

我們身體的內地大有頭髮、毛爪、牙齒、粗細的皮膚、
肉、骨、筋、心、肝、脾、肺、腎、大腸、小腸、糞便等
這一切都在身中
地大為堅性　一切粗質器官內所持身為堅實　堅性住於身內
於是我們由內地大而生起所受　這就是內地界
如是內地界與外地界總說為一切地界　而內地界與外地界本來無別
但以我見生起故強為我有　這一切本來非我　非我所有
如實的慧觀如真　心不染著於地界　這是不放逸慧的禪觀修行

諦觀我們的身體　我們的身體有內水界　我們因此而受生
我們的身體的內水大中有眼淚、汗液、涕唾、膿血、
脂肪、髓、涎、痰、尿液等　這一切都在身中
水大為濕性　這一切身內的流質液體所攝為潤澤　濕性住於身內
於是我們由內水大而生起所受　這就是內水界
如是內水界與外水界總合為一切水界　而內水界與外水界本來無別

但以我見生起故強為我有　這一切本來非我　非我所有
如實的慧觀如真　心不染著於水界　這是不放逸慧的禪觀修行

諦觀我們的身體　我們的身體有內火界　我們因此而受生
我們身體的內火大有熱身、暖身、煩悶身、溫壯身能消化飲食
這一切火能都在我們身中
火大為熱性　這身中一切內所攝的火性　火性熱於身內
於是我們由內火大而生起所受　這就是內火界
如是內火界與外火界　總攝為一切的火界
而內火界與外火界　本來無別　但以我見生起強說為我有
這一切本來非我　非我所有
如實的慧觀如真　心不染著於火界　這是不放逸慧的禪觀修行

諦觀我們的身體　我們的身體有內風界　我們因此而受生
我們身體的內風大有上風、下風、脅風、掣縮風、蹴風、

非道風、節節風、息出風、息入風等　一切都在身中
於是我們由內風大生起所受　這就是內風界
如是內風界與外風界總攝為一切風界　而內風界與外風界　本來無別
但以我見生起故強為我有　這一切本來非我　非我所有
如實的慧觀如真　心不染著於風界　這是不放逸慧的禪觀修行

善觀四大成就無上功德　以擇智現觀自相的內四大
如實安修使心住而不亂　隨觀四大眾相　通達現空　除一切分別我想
具足無邊善妙功德　成就廣大智慧
菩薩善觀四大成就　應當具足四事：
一、憐愍群黎眾生　宛如自己之骨髓
二、善殖一切眾德功本而不望報
三、觀察自身四大猶如夢幻
四、覺知色、受、想、行、識五蘊　猶如幻化的野馬虛相

五

正如佛陀所教示：

「想要獲得甚深禪定者　應當如實哀愍一切的眾生
視一切眾生猶如己身的骨髓　為他們安立各種功德而不望回報
觀察自身的四大空寂　恍惚如夢幻一般
細計五蘊根本無我　譬如野馬幻城一般
若有深解智慧者　則能心中不計著吾我的妄念
如實觀察一切實相　能速證深禪三昧」

而眾生如是觀想清淨自心意定
療癒心內的一切煩惱　調和善治自身的地、水、火、風四大增損
及四大引發的四百四病及妄境　乃至一切無明煩惱種子
除去一切業障及三毒眾惡
若欲拔除身心五蘊的無明煩惱　應當善觀四大乃至法性實相

如實體悟法性根本無所依持　觀照現空亦復如是

若能如實現觀四大實相　不為無明煩惱結使所殺

深行禪定宛若服藥　無明煩惱永盡不起

諦觀此身！諦觀此身！　地大從空緣起　空見亦空

諦觀身內地大　現空無實　法界地大亦復如是

身內水大　宛若琉璃現空無實　法界水大亦復如是

身內火大　宛若玻璃明鏡現空無實　法界火大亦復如是

身內風大　微妙至細現空無實　法界風大亦復如是

內外四大根本無住　亦無過去、現在、未來

地、水、火、風　無生、無住、無滅　無相、無無相

如幻、如夢亦如乾闥婆城了無可得　從無始已來

四大不可得　眾生亦不可得　四大性無　不隨不壞

四大相空　菩薩見四大相乃至一切法實無根本

發起阿耨多羅三藐三菩提心　證無相三昧

現空四大　於一切法不取於相　亦不入於涅槃滅盡定中
菩薩實相深智不可思議　不取一切法相
如鳥飛於虛空　無所依而能高飛
菩薩深行於諸法中不住　而能行於大悲菩薩道
當優波斯那聽聞了舍利弗的教誨
這時身中的地、水、火、風四大　自在相融得證了四大三昧深定
通達體悟色、受、想、行、識等身心五蘊　空無所有
除滅了一切無明煩惱結使眾賊　豁然心開意解　成就大阿羅漢

這時優波斯那尊者　在露地上布了坐具　便舉身昇空
在虛空中行、住、坐、臥經行自在　化一身為多身　化多身為一身
穿透高山石壁一切無礙　譬如流水出沒於地無所罣礙
現起大身結跏趺坐滿虛空中　如同大火炎　亦如飛鳥自在

大復變小　小復變大　身上出水　身下出火
身上出火　身下出水　左脅出水　右脅出火
右脅出水　左脅出火　前出水　後出火　後出水　前出火
舉身出水　舉身出火　東踊西沒　西踊東沒
南踊北沒　北踊南沒　邊踊中沒　中踊邊沒
自在示現十八種神變

是時　尊者優波斯那收攝神足
即時還至本座結跏趺坐　正身、正意繫念在前　以四大定入於初禪
從初禪起入於第二禪　從二禪起入第三禪　從三禪起入於第四禪
從四禪起入於空無邊處定　從空處定起入於識無邊處定
從識處定起入於無所有處定　從無所處定起入於非想非非想處定
從非想非非想處定起　入於滅盡定
圓滿了九次第定

又從滅盡定起入於非想非非想處定
從非想非非想處定起入於火光三昧
從火光三昧起入於水光三昧　於地、水、火、風四大三昧中一切自在
復從水光三昧起入於滅盡定中　從滅盡定起入於水光三昧
從水光三昧起入火光三昧　從火光三昧起入於非想非非想處定
從非想非非想處定起入無所有處定　復從無所有處定入識無邊處定
從識無邊處定入空無邊處定　從空無邊處定入第四禪
從四禪入於三禪、二禪、初禪　又從初禪起入於第二禪
從二禪起入三禪　從三禪起入第四禪
最後從四禪起便捨身壽
身中出火善自碎身　入般涅槃
這時　舍利弗尊者收起優波斯那的舍利
在其入滅之處安置舍利塔

六

於是舍利弗前往佛所五體投地　禮敬佛足而白佛說：

「世尊！　佛陀宣說禪定第一的解脫甘露無上法味

如果有人服食了這無生、無滅的甘露法味後　自然成就琉璃三昧

能身如琉璃般明淨　毛孔見佛

善觀無明緣行　行緣識　識緣名色　名色緣六入

六入緣觸　觸緣受　受緣愛　愛緣取　取緣有

有緣生　生緣老死等十二緣起　一一性相悉都如幻不實

如空谷響聲　如芭蕉般空無堅實　如同熱時的火焰

如浮雲的雲氣野馬幻行　如虛幻的乾闥婆城　如水上泡沫

如幻如化　如露如電　仔細一一諦觀十二因緣

成就緣覺之道　或證入寂定的琉璃三昧　現見無數佛陀

發起無上菩提心　修持菩薩的童真勝行　安住於不退轉」

這時　佛陀告訴舍利弗說：

「如同優波斯那　聽聞我宣說這大悲的〈六字章句〉並修習數息定法
破除無數億劫來洞然的生死惡業　成就了阿羅漢
具足了戒、定、慧、解脫及解脫知見等五分法身
身中現起十八種神變　入於四大定中　身中發出水火
證入涅槃碎身滅度　使無數人發起廣大喜樂之心　隨善修行

舍利弗啊！　你應當了知善男子、善女人應一心、一心如實聽聞
觀世菩菩薩大悲名號及消伏毒害的〈六字章句陀羅尼〉
並數息繫念修習淨行的禪法　能除去無數劫所造的惡業
破除一切惡業罪障　現身能得見法界中無量無邊的諸佛如來
聽聞諸佛所宣說的無上妙法　隨意自在無礙
發起聲聞、緣覺、菩薩三種清淨的菩提心
如果有宿世罪業因緣及現生所造的極重惡行
在夢中將得見觀世音菩薩　就宛如強大的猛風吹向厚重的烏雲

一切烏雲皆悉四散無存　得以遠離重罪惡業
現前清淨　生於諸佛之前」

佛說是語之後　告訴舍利弗
我現在為這些受持大悲觀世音菩薩名號及〈消伏毒害無上章句〉的人
說偈讚嘆：
「我如是敕命東方持國天王提頭賴吒等　慈心擁護受持此經者
令這些聽聞觀世音大悲名號的人　譬如天子一般受到法臣守護
我如是敕命西方廣自天王的部眾大海龍王伊羅缽
慈心擁護受持此經者
如同守護自己的眼目與愛護自己子女般　晝夜六時守護而不遠離
現在我敕命北方多聞天王的部眾闍婆羅剎子　與無數的毒龍及龍女
慈心擁護受持此經者　如同愛護頭頂上的大腦般細密善護
現在我敕命南方增長天王毗留勒迦王　慈心擁護受持此經者
如同母親愛護子女般心中毫無厭倦　晝夜擁護讓一切行住圓滿具足

現在我敕命難陀、跋難陀兄弟龍王　娑伽羅龍王與優波陀龍王
慈心擁護受持此經者　恭敬供養用五體投地接足之禮致敬
就譬如諸天神等事奉帝釋天王般　也如同孝子事敬父母
猶如貧窮的人守護財寶　如同盲人須要眼睛及正確的導引

現在我勒命一切的鬼神　小龍毒蛇及具毒害的眾獸
及一切惡人及惡口者　若違逆此咒而行傷害
將受回遮而生起不善境界
自身惡心及惡業現身　生起白癩流出膿血
未來自生的惡果　將使墮地獄受長夜苦惱
所以應當以慈心守護　受持讀誦這〈六字灌頂章句〉
若能如實受持　地獄將清淨宛如蓮華
破碎餓鬼道等　不生無佛的八難之地
爾後善生於佛前證入禪法三昧　畢定能得證不退轉的境地
普行布施一切廣大安樂　教導一切眾生善修菩薩十地的妙法

我從過去無數諸佛　聽聞如是〈消伏毒害神咒〉
滅除無明惑障、業障與報障等三障　無有一切惡業
肉眼、天眼、慧眼、法眼及佛眼等五眼具足　成就無上菩提
如是成佛　永與三界眾生作為父母
施與彼等安樂　得以止息一切輪迴災障
如能聽聞我之名號　亦善聽大悲觀世音菩薩者
並誦持此〈六字章句神句〉　將永離各種惡難
不墮於地獄及畜生道中
蓮華化生以為父母　心淨柔軟　無有任何塵垢
必能聽聞無上的大智慧明咒　心定如地不可動搖

一切諸佛出現於世　光明照耀宛如日月
其身妙出大智光明　宛如焰燒紫金之山
如佛三十二現相之中　流出八十種隨形妙好

譬如須彌山王　明耀顯現于大海中
眾生如聞佛陀名號　永能離於三惡道中
如是得住無為之處　當來樂住廣大涅槃

一切諸佛出興於世　安樂無量眾生之故
各現不同莊嚴妙身　端坐不壞金剛寶座
口中現出五色妙光　蓮華葉形廣長之舌
讚嘆具足大悲者　如調御師子善妙法門
如實護世觀世音菩薩　畢定消伏一切毒害
清淨眾生三毒之根　究竟圓成佛道無疑」

這時　世尊宣說了這如是偈頌之後
為了讓受持觀世音菩薩名號者擁護此經的緣故
宣說了〈灌頂吉祥陀羅尼〉　而說咒曰：
曩謨　喇怛曩　怛囉夜野　曩莫　阿哩野　嚩路枳帝　濕嚩囉野　冐地

namo ratna trayāya, namaḥ āryā valokite śvarāya bodhi-

薩怛嚩野 摩賀 薩怛嚩野 摩賀 迦嚕抳迦野

satvāya, mahā satvāya, mahā kāruṇikāya.

多姪他 烏耽毘詈 兜毘詈 耽埤 波羅耽埤

tadyathā utaṃbhili dubhili taṃbhi para taṃbhi

捺吒 修捺吒 枳跋吒 牟那耶 三摩耶

nata sunata tipata manyasamaya

檀提 膩羅枳尸 婆羅鳩卑 烏詈穰瞿詈 娑訶

thandhinilatisi prakupi urinankuri svāhā

佛陀告訴舍利弗說：

「這〈灌頂陀羅尼章句〉是畢定吉祥的真言

如果有見聞受此神咒而讀誦者　能破除惡業重障

終不會遭遇各種橫死的惡境」

舍利弗敬白佛言：

「世尊！如是的神咒大吉祥真言密句　能夠普施一切眾生

令他們無所怖畏

世尊！　往昔是從那一位佛陀之所而得聞此真言密句？

唯願世尊為我分別解說　使未來世眾生普能得以聞知

獲致廣大安樂　免除橫死的厄難

讓刀杖、毒藥、水火乃至盜賊所不能傷害」

佛陀告訴舍利弗說：

「我從過去的無量諸佛得聞這真言密句
當安住實相　一心受持讀誦此神咒時
即能得以超越八千萬劫生死的罪業
如是憶念過去八十萬劫時　有佛世尊出世名為〈一切世間勝如來〉
具足如來、應供、正遍知、明行足、善逝、世間解
無上士、調御丈夫、天人師、佛世尊等十種稱號
當時〈一切世間勝佛世尊〉為我演說如是的陀羅尼章句
我在當下即以數息禪法攝心　使自心具足定意而不散亂
豁然體悟音聲實相而開解　消伏一切的無明結使煩惱
證得無生法忍　安住於〈首楞嚴三昧〉
因此如果善男子、善女人能得聞此經　受持、讀誦、書寫乃至解說
即能得以超越無量無數阿僧祇劫的生死之罪
消伏一切毒害　不會遭遇一切災禍」

佛說此語之時　五百位長者子悟得了無生法忍

無數的人天發起了阿耨多羅三藐三菩提心
舍利弗、阿難等向佛陀啟白道：
「世尊啊！　吉祥！　吉祥！
這觀佛三昧之海　〈請觀世音菩薩消伏毒害陀羅尼咒〉所到之處
一切充滿了吉祥　如同梵天王在世間中為大眾所敬愛」

佛陀告訴阿難：
「如是！如是！　正如同你所說
只要善男子、善女人得聞這經典的經題名字
就能常以得見諸佛及諸菩薩　具足善根　生於淨土佛國之中」

那麼吉祥的經典　由佛陀在實相中說出
大悲觀世音菩薩的名號永誌於心　〈消伏毒害陀羅尼神咒〉永護眾生
畢定吉祥　畢竟吉祥
南無本師釋迦牟尼佛

南無大慈大悲觀世音菩薩摩訶薩
南無〈消伏毒害陀羅尼神咒〉
一切喜悅　從法爾自在生起
一切光明　在法界遍照而生
諸佛歡喜了！菩薩受用了！舍利弗、阿難等聖弟子體悟了！
毘舍離的王臣人民吉祥安穩了！
八十億的天子、天女及諸龍鬼神大眾　皆悉歡喜發起了菩提心
於是　這殊勝的妙音　永誌於一切眾生的心
吉祥　吉祥　畢定吉祥

參拾捌　圓鏡妙智品

一

吉祥成了我們的心
覺悟成了我們的體性
在法界中深行　圓滿了一切眾生
大悲充溢了滿心的菩提
明鏡的相照愈來愈是觀世音
用觀自在觀世音
在觀世音觀自在
原來在鏡中相照時
竟成了觀世音自在
那大悲的心啊！
永不遺忘您的教誨

我將成為永遠的觀世音

二

當我們觀照著病毒、疫菌　就如同兩面明鏡相照一般
病毒、疫菌也正迴觀著我們
量子的相映交纏　當下正是宇宙的實相
本來靜置百萬年的病毒、疫菌　在我們強力的侵入後
驚慌求存　於是遵循著無明自執的混沌緣起軌跡
對初始因緣的深刻依賴　不斷的自我複製
呈現著無明我執的複雜存有眾相

就像快溺水的人　本能的抓住任何東西盲目的求生
甚至對救他的人　也可能在無明的盲目求生意志中
反而被他拖下水　共同溺斃

盲目的本能為了求生　反而同亡
病毒、疫菌為了存有　過度的反應而讓能共生的宿主逝去
反而共亡

我們的免疫求生本能
也常因無明的盲目求生　反而攻擊自身
造成自己的損傷
因此　身心、病毒、疫菌的和生共存　與我們身體相應
讓病毒、疫菌轉化成益菌能量
成為我們相互共生演化的夥伴

於是　我們用慈憫的心
發出至空、最細微、最強大的慈悲訊息
在空性中溢散出無盡的正面能量
在當下量子交映互攝下　讓驚慌的病毒安心

放下張牙舞爪的自衛與攻擊模式
成為溫柔共生的相應狀態

我們向一個病毒發出了正向的訊號
當下如鏡鏡相照一般　讓一切的病毒同受慈心光明
開啟宇宙中無量和平的機會之窗
眾生同受喜樂

三

於是我們用最自然的姿勢
顯示最慈悲的心靈
讓心靈的慈鏡光光相照
在無比坦然的心中　自然的忘失了所有疑嫉
如是明白　和諧共生是最自然不過的事了

現在就輕鬆的安住在最最自然的寂定
從我們的心輪中　開始全部放鬆
從全然無執的心中　現起光明的寶珠
如同水晶般的明透　像太陽般的光亮
像彩虹一般的無實輕靈
觀照我們的心就是無限的如意寶珠
向四面八方放光
穿透了心胸、照明了所有的細胞

每一個細胞都成了如意寶珠
百千億的寶珠　在心中、在身中交映光芒
光明遍照著
向一切人類、一切生命　乃至一切的病毒、疫菌
發出無止盡的心願能量

讓一切都同成光明的如意寶珠　無盡的光明

寶珠是如意的光明
光明中蓮苞待放
清淨無疑的本心淨水澆注著蓮花
蓮花在寶珠中如意的開放
這是我們心中的寶蓮
也是如實的法界人生

勇敢的讓全身細胞如同寶蓮般綻放
疑嫉早已消失在清淨的光明之中
讓所有的人類、生命及病毒、疫菌
都共同參與這光明的聚會
相互和解共生　讓生命再次演化增明
我們的人生就這麼如意的盛開綻放

夢幻泡影的心疑　只是一段錯誤的妄想
把人生的主權要回　驅離這無用的懷疑
我們是自心的如意主人
用理想與幸福　和所有的人惺惺相惜
讓宇宙中的一切生命乃至病毒、疫菌相互扶持
行走在更光明的演化之路

現在決定從光明寶珠的禪觀起定
用永遠的觀自在　來自由造夢
疑嫉的病已痊癒
充滿了感恩歡喜
用光明將所有的生命聯結
用自信與勇氣
揮灑出幸福的光芒

四

現觀澄淨　一心
光明的境　會入了圓滿澄清
豁然寂淨……
大空的身　化入了圓明無相
現前寂淨……
至柔的脈　注入了宛轉流明
如實寂淨……
最鬆的呼吸氣息　現空成明如幻
現成寂淨……
如如的心　本然是明空無念
圓滿寂淨……
就如同純金的融化一般　宛轉流明

圓滿的境　融入了大空的身
大空的身　流入了至柔的脈
至柔的脈　化成了最鬆的氣息
最鬆的氣息　現前圓成如如的心
於是一切現前的光明遍照
是我們覺悟的心

覺性的地球　光明的母親
於是宇宙現空
從燦然不可得中
化成了無比清淨光明的霓虹
這是虹光的世界
用彩虹搭成階梯
百千億個太陽來為光明增色
用水晶般穿透映攝

照出無實的虹光　相互澄耀
這無比自在的遍照光明
成了我們真實的自心
地球母親也發出遍照光明
讓全宇宙、全法界都成了遍照的光明

一切吉祥圓滿　相互明照
無彼無此　同體相耀
所有人類及眾生都覺悟的圓滿合唱
成了在宇宙中最歡喜的時節

五

觀照本心的明悟
讓我們心中光明、平和、覺醒

體悟微妙真實的心性
用無比勇猛的自信、無畏
讓所有無知、愚癡　離開我們的心靈
把痛苦、壓力、煩惱、嫉妒
化成了喜樂、鬆柔、智慧、慈愛

來吧　覺悟者！
讓自己、摯愛、一切親友、地球人
讓無盡的生命
在自心的光明中成為永遠的喜樂覺心

在完全的覺悟中
所有光明的心念也寂滅了
過去的心、現在的心、未來的心也寂滅了
絕然的無念清淨　絕然的覺悟寂靜

只有法界與自身的光明自生自顯
圓具了永恆

無念、無執、無住的自由自在
讓我們只有歡喜的一心
光明的勇士　伸出我們的雙手
讓真、善、美、聖
成為覺性地球的名稱

參拾玖　旋陀羅尼品

一

在畢竟空中　發出了實相的妙音
演出了大吉祥的〈六字章句救苦神咒〉
觀世音菩薩的大慈大悲妙音　畢定吉祥　一切寂淨
嗡、吽、阿……
那從體性中現出的自在妙音　宛轉流出法樂鳴空
於是　南無觀世音　大慈柔軟音　師子無畏音
大光普照音　天人丈夫音　大梵清淨音
一音一法身　遍照淨十方　能施與所有眾生喜樂
濟度生死之岸直到解脫圓滿

那清妙的吉祥　和著無盡的心韻　唱出〈六字章句陀羅尼〉

總持著無上淨性威德　破除一切煩惱深障
地大不堅　水性不住　火大不實　風性無礙　空大不有　識大不真
六大實相本無自性　即空如心　一一皆入如實之際
清淨那貪、瞋、痴三毒煩惱　身、口、意三業也現空如淨
眼、耳、鼻、舌、身、意六根　色、聲、香、味、觸、法六境
在六識中相會　現寂即空　內空、外空、內外皆空　空亦復空

六字流出觀世音自在的心音　現前成為六尊觀世音菩薩
破除六道眾生的煩惱障、業障與報得障礙等三障煩惱
使眾生決定成佛無疑
那大悲觀世音以無垢三昧　破除了地獄道眾生的三障苦痛
地獄道眾生苦重深迫無間　用大悲拔除眾生的苦難
大慈觀世音以心樂三昧　能破除餓鬼道眾生的三障苦惱
餓鬼道眾生深困在飢渴貪網中無由得出
大慈與樂的柔軟妙音　能給予清涼甘露令其解脫

師子無畏觀世音　以無退三昧能破除畜牲道的三障苦痛
以那師子無畏的獸王威力　猛碎深重的業力障礙
大光普照觀世音　以歡喜三昧能破除阿修羅道的三障煩惱
阿修羅道的瞋忌、猜疑、嫉恨　用大光普照其心　令其安心解脫
天人丈夫觀世音以日光三昧、月光三昧、熱炎三昧及如幻三昧
破除人道三障煩惱
在人道中糾纏人事憍慢自得以為天人　能悟深理以見佛性稱為丈夫
以天人丈夫的光明　照破人道的無明煩惱開悟成佛
大梵深遠觀世音
以一切法不動三昧等十七種禪境破除天道有情的三障煩惱
大梵天王統領諸天　以大梵深遠妙光令諸天人離障解脫

觀世音菩薩的〈六字章句陀羅尼〉　示現了六道觀世音菩薩
顯現了二十五廣大自在的三昧
破除眾生在六道中　輪迴生死的二十五種存有幻境

於是在實相中　見了觀世音菩薩　見了佛
證得了總持一切諸法無忘　現證大空體性的　旋陀羅尼
現觀一切諸法　現觀心心無量、法法無量的究竟行持
成就體證一切眾法的　百千萬億旋陀羅尼
體證一切諸法實相　以中觀觀心　心即實相
總持一切究竟義證的　法音方便陀羅尼

這是觀世音菩薩大悲堅固　普攝眾生的無邊旋陀羅尼
普現一切佛剎無量無盡　深入無礙法界
具足一切菩薩妙行　現無量旋陀羅尼而得自在
清淨現身　顯現十方三世佛剎及一切如來

二

這時　佛陀世尊讚嘆觀世音菩薩而說出如下的偈頌：

「具足大悲與偉大的名稱　讓一切眾生吉祥安樂的人
永遠宣說著　能帶來吉祥喜樂的金剛語句　救濟所有極苦的生命
倘若眾生聽聞了這殊勝的名號　即能遠離苦痛得到解脫
而這慈悲的人也自在的遊戲於地獄之中
以究竟大悲心來代替眾生受苦
甚至身處在畜生之中　幻化為畜生的身形化育一切的動物
用師子無畏般的大智慧　教導這些畜生界的眾生
令他們發起無上的菩提心
或身處在瞋怒凶暴的阿修羅界　以慈悲柔軟的言辭
調伏他們的心性
用大光普照的威德　令他們除去憍慢習氣
迅速到達無為的涅槃彼岸
乃至一心現身化為餓鬼　手中流出具足眾香妙色的心乳
讓這一切飢渴逼進羸弱的餓鬼　受到大慈心的布施
而得到飽足圓滿

觀世音菩薩以大慈大悲的心
遊戲於天、人、阿修羅、畜生、餓鬼、地獄等六道之中
恆以殊勝至善集聚的智慧　普遍教化一切的眾生
用無上的殊勝方便　使眾生遠離生死輪迴的苦惱
能常得至安樂之處　到達究竟解脫的大涅槃彼岸」

這時世尊宣說如是的偈頌後　鄭重的告訴阿難說：
「這〈六字章句〉是畢定吉祥的安樂法門　如實畢竟不虛
如果能聽聞這真言陀羅尼者
就能獲致廣大善利　得到無量功德」

天空的光明更如實的遍照　眾生的身心得到清淨安穩的依怙
天上雨下宛若晶玉般透明的香華　天樂鳴空　廣大吉祥
法界眾生的偉大怙主觀世音菩薩　將長駐在娑婆地球教化

讓地球上所有的生命趨於安樂　讓所有的眾生　開悟解脫
全部是佛　是全佛的法界
那從法界諸佛與我們自心所現起的大悲體性
將引導我們　直至成佛

三

用心聽聞
我能聽到無事
啊！這是覺性宇宙的迴音
我經由大悲觀世音菩薩自心的樂音
在法界的深空如實的聽
那麼幸運
我們於是聽聞了大悲觀世音與自性的觀自在菩薩的相遇

觀世音菩薩那麼歡喜
體悟了耳根通聞這偉大的樂章
當觀世音菩薩的心弦觸覺了我們的心
這是最勝歡欣的時刻
超越當下
沒有過去、現在與未來
那麼的感恩
觀世音菩薩導引我們
遍歷了宇宙之弦
超越一切　那麼的寶相華麗
聽聞了法界最深心中的妙音

啊！觀世音菩薩
請教導我
如何從淨土中聽聞你的勝利樂音

用自心通視所有世間的歌唱
在當下宛然中能淨聽大悲的樂章
用耳根圓通
如是聽聞能導引我們的聞思究竟
證入最深的禪定

如是　如是　一心專注
淨聽大悲心的樂音
聽聞任何的音與無音
在現聞之中
將融注入音的界性
超越一切的聽聞
正如同悠遊在法界音流之中
只聞那觀世音菩薩的大悲心曲
當所聞的音聲與沁入的音流都寂靜了

所有的動靜二相
皆已了然不生

當下　將聽聞
至小與至大世界所唱出的一切消息
當聽聞這至美的大悲的樂音
切莫執取
連那覺悟與所覺的
一切皆空
放下那最美的覺悟
並讓空也寂滅吧
當超越了一切生與滅
寂滅如實的現前

剎那間

從觀世音菩薩的心中聽到完美的大悲樂音
啊！當下！如是了悟
十方諸佛與我們的心如實的同住
我將永遠聽聞法界的實相妙音

四

螺髻梵志優波斯那　曾安住在王舍城的阿修羅山中
帶領著二百五十位弟子修學仙道　當他的三位迦葉舅舅
帶領著千位弟子皈命佛陀出家修行　他心中驚嚇不知所已
當他明悟了如來的法勝　於是帶領著弟子往詣佛所而白佛言：
「大德世尊！　我現在願帶領所有弟子　在佛法中出家如實修行」
這時　佛陀世尊告訴螺髻梵志說：
「你們如果真心出家修行佛法
　現在將你們所穿的鹿皮衣及祭祀火神的器具擲棄一邊

不再空祀火神」
於是　他們擲棄祭火器皿之後　還至佛所　頂禮佛足說道：
「善哉！　世尊啊！　請為我們授與出家及具足戒」
佛陀告訴他們說：
「汝等比丘！　來入於我自說的法門中　修行梵行窮盡眾苦」
於是他們就應聲出家　成就具足之戒

這時佛陀為他們說法　讓他們一心修行
優波斯那比丘　精進勇猛　勤行難行的苦行
如同搶救頭上的火燃一般
他與二百五十位比丘在尸陀寒林中一心修證
他自說著往昔所作的諸般惡行　殺生無量
在佛陀教誨之下　聽聞了觀世音菩薩的〈六字章句陀羅尼法門〉
於是他正念思惟禪修　觀察自心的心脈　繫念一處

這時他現見了觀世音菩薩而得證了解脫
成為具足天眼、天耳、他心、宿命、神足、漏盡六通
及宿命智證明、生死智證明、漏盡智證明　三明六通的阿羅漢

如何能夠得見觀世音菩薩　及證得念佛三昧
見到十方諸佛呢？

如果要現觀得見觀世音菩薩及十方佛
首先要端身正心　調身、調息、調心　善修數息禪法
禪者行、住、進、止　對境動靜運為
一切鬆和為上　輕柔如幻自在　宛如身在溫浴　亦如楊柳隨風
身如嬰兒氣滿　善如調琴安適　不急不怠自然
如若禪修不審　一切所作粗獷　心息相隨粗亂
氣粗心難調和　如是入定為難

恰如佛陀教化梵志　自云是調身人　佛陀如是宣說：

「弓匠善於調整彎角　水工善於調整舟船
巧匠能調眾木　智者善於調身
譬如厚重鉅石　大風不能移動
智者的智慧意重　一切毀譽無法傾動
譬如深淵之中　淨泉澄靜清明
智者聽聞妙法　歡喜無有窮盡
安忍心如大地　不動宛如虛空
聞法喻如金剛　證悟免於輪迴」

如是當行者坐時易生煩亂　心中難定　調身自如安澄
修禪易於用心　善巧安置坐處　令能安穩久坐無妨
正身結跏趺坐　雙足相盤　宛若金剛寶座
身相吉祥不動　現如須彌大山　宛然身心俱定
一切內外決無放逸　身心如實相應　疾成圓滿道果

左手置右手上　雙手相疊　大指輕觸　善結定印安心
正身骨節現空　宛若氣珠充滿　緩然柔軟輕動支節
若自按摩鬆身　端直脊若氣珠　自然安坐水中
身正直　頭正懸於頸上　不偏不倚　不低不昂
頭、頸、脊柱端正入地　兩肩平正　肩胛放下
舌抵上顎隨息調氣勻和
眼開三分　不向外視　端身正坐如佛毘盧遮那

一切內外　無放逸相　寂然跏趺　若佛安坐
如柱安定　難以傾倒　身心相應　疾成道果
見者歡喜　發起菩提勝義　如來身業儼然不動
自調身根　如實寂靜　調息自然不粗不細
遠離風、喘、氣相　出入無聲、不粗、亦無結滯
綿綿密密若有若無　神清安穩內心悅樂

調息安心自在如是　安祥一心自在徐數
從一至十無分散意　不澀不滑　如嬰兒飲乳吸氣數之
成就數息繫念在前　背離煩惱、生死
如是正觀涅槃在前　成就正覺菩提
如來善調身、語、意法　一切皆隨智慧妙行
自身覺悟調伏一切群生　佛陀勝尊不共妙法
於是優波斯那調和氣息得中　心心念念無所分別的數息

五

「連阿羅漢都還有剩餘的習氣竄動
因為還有著殘餘的過患現起
唯有佛陀能超越這些習氣
成為眾生究竟的皈依之處」
就如同舍利弗從佛經行

是時飛鷹在空中追逐著鴿子　鴿子飛到佛邊安住尋護
佛陀經行影覆鴿上　鴿身安穩
怖畏即除　不再有恐懼的叫聲
當舍利弗的身影隨罩鴿上　鴿子驚恐出聲　又開始戰慄
佛陀如是告訴舍利弗：
「那是你的貪、瞋、痴三毒的習氣未盡
　於是　當你影覆鴿身時　鴿子的恐怖依舊難除」

這就像猛獸所居的窟穴　雖然猛獸不在
但所有的小動物因為畏懼那氣味　不敢入內
那種三毒的業氣習染　自然沒有形像　卻透出那氛圍能場
這是前生所有的串習力量　雖然今世惑盡
尚有餘氣的作用影響

就像箱子中有著腐朽之物　將朽物去盡　餘味猶存

聲聞、緣覺的一切智慧　是依佛而證或未達究竟
不能除滅最細的智慧障礙及業的習氣
不能究竟覺悟諸法無我
因此常為三昧所迷醉　不能圓滿透覺
就像用草木薪火燃燒　火力薄弱　炭灰不盡煙氣乃出
佛陀的三毒永盡　譬如用無比的劫火　遍燒法界宇宙
一切都盡　無煙無炭　完全清淨

殘有餘習　由那身、口、意所殘餘的　有二十四種業氣尚生
由那除去斷見與常見的分別煩惱　所殘留的習業　稱為見處的業氣
雖然已斷分別心　但積習所存的蘊力猶存
著衣持缽的業習稱為染氣　對於現象眾色的習意稱為色染氣
對無色界的習業稱為有染氣
不清淨智、有障礙智、不遍知智是無明氣
身、口、意等種種的覺受　稱為行氣

憶起一切眾色有苦受、樂受、不苦不樂的識想分別　稱為識處氣
對於堅、濕、熱、輕、動等一切存有的殘習
稱為精神與物質的名色業氣
眼色、耳聲、鼻香、舌味、身觸、意法等　稱為六入氣
冷熱、堅濕、飢渴、暖滑等觸　稱為觸氣
苦、樂與不苦不樂受　稱為受氣
姓名、國土、欲界、色界、無色界、苦惱、飢渴等
對於這些境界感到不滿足　稱為愛氣
欲的執取、見的執取與禁戒的執取　稱為執取氣
欲有、色有、無色有等三界存有餘習　稱為存有氣
在未來後苦的境地必當生起　稱為生的業氣
身心的諸根終將衰壞　稱為老氣　各種的疾患　稱為病氣
生起涅槃想與死想　稱為死氣　身體枯燥心憂　稱為憂氣
悲傷、號叫、涕泣　稱為悲氣　身心痛苦煩熱　稱為苦氣
越過諸苦生惱　稱為惱氣　身心困乏疲弊　稱為疲極氣

有所怖畏、無所依歸　稱為依氣
聲聞、緣覺雖然已斷除諸漏煩惱　但由往昔所殘存的習氣
使他們在面對一切境界時　會散發出各種宿世的業習
在一切眾相中生起二十四種業氣

菩薩行者雖然尚有餘習未盡　但大願勝行與大悲相應
生起一切智相應的心　這就像是最芬芳的芬陀利華香
或牛頭旃檀與無比的沉香　發出最殊勝的妙香
熏染一切　蓋覆一切　讓大悲智心無有間斷
不受其餘雜存的業氣所染　無間的六度萬行
相續無間、無斷　乃至證得無上正覺

於是菩薩也具有著十種習氣
所謂菩提心的習氣　善根的習氣　教化眾生的習氣
見佛的習氣　於清淨佛土受生的習氣　菩薩行的習氣

大願的習氣　六波羅蜜的習氣　出生平等法的習氣
能覺照分別一切境界的習氣　菩薩安住這十種習氣
則能滅除一切眾生的煩惱氣　證得佛無上大智的氣息

因此　菩薩遇到惡疫時　心中無有罣礙、恐懼、怖畏
菩薩如實的審諦觀察：
無有法名為病　也沒有所謂的病者
一切皆空　也沒有所謂的怖畏
我一心無懼無畏
如果因緣上　我遇到了惡疫假名流轉
這也正是精進修行　轉換因緣修證成佛的契機
不管眾緣如何　我永遠如是的勤修正行
以修證成就一切菩薩勝行
當我證得無上正等正覺時　我發願在我佛土中所有的眾生
不再有一切災厄、橫死、疾疫等惡業

我一心精進修行殊勝的善法　永不懈怠的走向成佛的究竟

肆拾　六妙門品

一

那麼靜心的修禪　那麼安穩的入定
那麼漸次的修行　如實的修行九住心
九種住心　讓內心安住在正奢摩他中
安止正靜引生寂定　於是引發毗婆舍那觀照
如實善修這殊勝的正法禪觀
於是我們於諸法如實覺了　悟入了實相　善修九住心相
一者、安住心
習禪時收攝息　繫緣於內心一境
讓此心念念相續安住而不散亂　於是有了安住的心
二者、攝住心
安禪如實的攝心寧靜　那最初所繫縛的心

如果心性粗動不能令其等心攝住　覺察一念妄動
就以攝持的心要令其相續澄淨
使其心念微細普能攝持安住　名為攝住心
三者、解住心
安禪習定一心善修
解知覺觀之心失念攀緣於外而生散亂
立即復行還攝安住內心一境　名為解住心
四者、轉住心
於安禪習定時　分別覺觀的心既已息止
不虛妄動搖向外內心得靜
定力轉深而轉生樂住　名轉住心
五者、伏住心
於安禪習定時　心住靜定久而生厭
若有種種相令心散亂　則應折伏眾相　安心不令流散
使心安禪益加精進　名為伏住心

六者、息住心
於安禪習定時　忽覺種種欲害煩惱令心擾動
而生起過患　此時由精進修定增上心力
使一切妄念煩惱
一念間能止息不使心生流散　名為息住心
七者、滅住心
於安禪習定時　由於外緣所引忽起妄念煩惱而生貪愛
這時一念方便滅除妄心　名為滅住心
八者、性住心
於安禪習定時　既能息止各種妄念　則了知心性本來明淨
無間三昧相續安住　名為性住心
九者、持住心
於安禪禪定時　功行純熟　安住心三摩地不由加行
作意無功用　任運相續　無散亂動轉持善無失
成就自性明淨　名為持住心

二

如是未成道前的釋迦菩薩　自誓日食一麻一米以續精氣
端坐六年了　只剩下皮骨相連了　形體羸瘦　精進　精進
菩薩安清靜默　寂淨一心　修習著安那般那六妙法門
於是一數、二隨、三止、四觀、五還、六淨　這是蓮華根在水中
妙華即將開啟　眾生將迎來遍照的光明

那是大慈心！大悲心啊！　諸佛乃至於在出息、入息間
都是為了利益眾生　何況是身、語、意的淨業所行
如何不利益眾生呢？
淨聞佛的大悲出息、入息　皆得清淨信心
捨離五欲發心修善

菩薩一心專精的數息禪修

遊志於止、觀出生四禪、四無量心、四空定等十二門禪
菩薩心淨無分散意　神通微妙棄除了欲念惡法
不再有貪欲、瞋恚、睡眠、掉悔與疑惑等五種蓋覆心性的煩惱
也不受色、聲、香、味、觸的五欲染著　一切眾惡自滅
其心念念分明　無為自在　具足初、二、三、四禪境
精進勝修不捨大悲　以智慧方便清暢究妙法
通達四念處、四正勤、四神足、五根、五力、
七覺支、八正道等三十七道品
周而復始　現觀淨心　無復瑕穢　一心一意成就三種禪證
一、修證空三昧　心念寂滅　思惟明淨　無作無捨
二、修證無相三昧　心定如實　不作意思惟分別善惡
三、修證無願三昧　不染著於三界　不復生於眾苦
如是而離於貪欲、離於瞋恚、離於愚痴等三毒自在而活
生命不再有任何罣礙

於是菩薩受善生村難陀波羅牧羊女供養乳糜
六年苦行色身氣力回復充足　渡水尼連禪河
慈愍一切眾生　安坐菩提樹下金剛座上　大覺成佛

諦觀佛陀善修六妙門大覺　我等亦復如是修習成道
如是六妙門乃三世諸佛入道根本

如是氣息調和　不澀不滑安詳而數
行者端坐正心　心息安定　氣息若存若亡　無聲、不滯
如是安禪修習數息　以一入一出為一息　從一至十　攝心在數
修數善巧心不馳散　覺心任運自在　不用運心造作
心住於息緣　息相虛微　心相漸細　心覺數數　心念太粗
干擾定心　不欲再數　此時放棄數息

如是善修習隨息　行者心念漸細
一心觀息　隨息出入於身　攝心在息　知其長、短、眾相

心住於息　無分散意念　如此修於隨息
心依於息　入時知入　出時知出　長、短、冷、暖　念念明晰
如是心息微細　覺息長短　遍身出入　心息任運相依
意念恬然凝靜　心息如一　如是覺察隨息心念為粗動
此時心欲寂靜　隨解相應　如是證隨　當捨隨修習於止

隨息法門相續修習　能生十六特勝
一、知息入　二、知息出　三、知息長短　四、知息遍身
五、除諸身行　六、受喜　七、受樂　八、受諸心行
九、心作喜　十、心作攝　十一、心作解脫　十二、觀無常
十三、觀出散　十四、觀離欲　十五、觀滅　十六、觀棄捨
此十六特勝　善對應於四念處
初四法對身念處觀　五至八法對受念處觀　九至十一法對心念處觀
十二至十五法對法念處觀　如是善修成就四禪八定
乃至不生顛倒心　無染著發無漏智慧　證三乘道果

息諸緣慮名為止、奢摩他　修止時不念於數息、隨息
凝寂自心　如是善修於止　自然與止相應
覺身心泯然入定　不見內外相貌　此時定法持心
任運不動　是為證止
證止心定　如是觀察　如是三昧　雖然似是無為
寂靜安穩快樂　卻無智慧方便　不能破除生死
如是審念　如此定境　只是假緣相會
屬五陰、十八界、六入的生死法門　為和合相緣而有
如是虛誑不實　我現不能徹見、覺知　應當如實觀照了悟
如此不著於止起觀　明照分別

三

修觀時乃在定心之中　以智慧分別　觀照微細氣息出入

呼吸息相　宛如空中風一般　無常無主
而皮肉、筋骨、臟腑、身體內外一切　也宛如芭蕉一般　空而不實
如是心識生滅無常　剎那不住　無我亦無人
一切身體感受、心念與存有眾法　完全都無自性
如此觀照　既然人與諸法的存在　都是空而不可得
如是定力三昧何所依恃？　仔細如實觀察是為修觀

證觀乃如是觀照之時　覺察呼吸細息出入遍達一切毛孔
心眼開發　澈見自身中所有內臟器官等
乃至身中各種蟲類、細菌等　身體內外不淨　剎那剎那間無常變異
心中警悟悲喜　破除身、受、心、法的執著顛倒妄想
這時觀相境界開發而起　心能緣歷觀察眾境
明利破析一切　如是觀覺分別　心念迅利流動
非真實證悟之道　此心為分別根本　應當捨觀修還

修還乃是了知覺觀明利　由心生起　若單從外境觀析
根本無法體悟真實根本　如是應當反觀能觀之心
如是觀心到底從何生起？　從觀心而生？
還是從非觀心而生？　如果從觀心而生　當下現即已有此觀
但事實並非如此　因為在數息、隨息、止三法當中
並未有此觀的存在
如果從非觀心而生　那不觀的心　是由滅而生或不滅而生？
如果由滅而生　滅法既無　既已消謝如何生觀？
如果不滅而生　則同時有滅與不滅而生　兩心並存
如果是亦滅亦不滅生　乃至非滅非不滅而生　一樣都是了不可得
如實的精微審細觀察　觀照自心本自不生　不生因此不有
不有如是當下即空　現空所以無觀心可得
如果沒有觀心　那有觀境可得　如此境智雙亡　善修於還
如此而相續證還　此時心中智慧開發　不加功力　任運自然

能夠無礙自在破析　返本還源　名為證還　亦名為還相應
這時與還相應　了知若離於境與智　欲歸於無境與智
也不離於境與智的縛著　因為如此還是隨於分別二邊的緣故
這時要捨棄還門　安心歸於淨門

修淨乃是了知眾色清淨　因此不起妄想分別
而受、想、行、識亦復如此　因此息滅妄想垢染　息滅分別垢染
息滅自我的垢染名為修淨　如果體證心如本淨
也不得能修、所修及淨與不淨境界　名為修淨
證淨乃是如是修時　豁然心慧善發無為相應　無礙方便任運開啟
此時三昧正受如實現行　心無分別　無所依恃
此時可得相似證得五停心、別相念住、總相念住等外凡三賢一位
與煖、頂、忍、世第一內凡四位等五種方便相似證相
得以開發無漏道慧
亦可真實見道　證得苦法忍乃至現成阿羅漢無礙道

發起真正的無漏智慧　三界染垢盡淨　名為證淨

四

數息銷遮生滅意念　隨息為斂心息意
止為成就定意　觀為遠離意念　還為返觀一意
淨為守意清淨無所著
數息喻為大地　隨息如同牛犁　止者如同牛軛
觀者譬為種子　還者是為雨下　淨者成就淨行　六事隨順於道
數息斷卻妄亂外事　隨息能斷內之虛妄　止能止卻罪業
觀能除卻心意生滅　不受世間為還　念斷心淨為淨

心意散亂　應先數息　意念寂定　應當隨息　意念斷時　當行止
得道意時　應當觀　不向於五蘊時　應當用還　一切無所有時
當為淨

因何數息　不欲隨五蘊煩惱而去　因此數息
因何隨息　欲了知五蘊煩惱的本質　因此隨息
因何行止　欲觀察五蘊煩惱的本質　因此修止
因何行觀　欲覺知身相的根本而棄一切罪苦　因此修觀
因何行還　因為厭棄生死故　還觀自心
因何行淨　如實分別色、受、想、行、識身心五蘊　而不受著
更隨順八正道而得證無漏解脫道果
如是行數息時隨於數　隨息時隨於心念　止時隨於定心
觀時隨於淨念　還時隨於覺意　淨時隨於道也隨於清淨聖行

如是修學六妙門時　能通達三十七道品菩提分法
數息時善修身、受、心、法四念處觀　數息時見息出入於身
調和氣息　一心諦觀　入息無所從來亦無所安止積聚
出息亦無所從去　了知息、身出入無常生滅不止
此身為四大和合而有　如水沫相聚　不淨充滿

終必敗壞　如是觀身不淨
如是數息覺知於受　五蘊之身觀息出入
無常生滅不止無有主宰
諸受但從虛誑顛倒妄想而生　為先世與現世業報因緣離染現起
不淨之身危脆苦聚　現觀是苦
如實數息觀心　此心無所從來　滅亦無所至
但從內外因緣和合而生　如是之心念念生、住、異、滅
剎剎那那　遷轉無定
只緣六塵相應顛倒　生滅相續強名為心　如是觀心無常
如是數息　觀察一切眾法　諸法但由因緣所生　無有自性
不在內、外、中間　非過去、現在、未來　因緣和合妄見而生眾法
了悟一切法　虛誑如幻　如是觀一切法空無我

五

隨息法門、十六特勝　能成就四念處亦能生起四正勤
善修隨息　攝心依息入出於身　如是輾轉遍身
知息入、出、長短　遍身了知息、身、心相
於是一心隨息　了知苦、空、無常、無我　如實精進
隨息時為斷除已生惡法　一心精進
即於四念處觀時　若有懈怠之心起　使五蓋等煩惱障覆自心
遠離於信、精進、念、定、慧等五種善根時
一心正勤精進　具足方便　斷除令盡
隨息時未生惡法為令不生　一心精進勤修
於四念處觀時　若有懈怠之心　五蓋等煩惱惡法雖然尚未生起
為恐惡法生起遮障信等五種善根　因此一心正勤精進
方便遮止使其不能生起
隨息時若有未生的善法　為使其生起　應當一心精進方便修習
使信等五種善根如法善生
隨息時若有已生的善法　為了使其增長應當一心正勤精進

使信等五根善法能如實增長　使已生善法圓滿成就

修習四正勤　於行者修心時可能有微小散動
因此以定攝心　名為如意足
如是以止修欲、精進、心、思惟四如意足
以止修欲如意足　以意欲為主　以止得定　修欲如意足
以止修精進如意足　以精進為主　以止得定　修精進如意神足
以止修心如意足　以守心為主　以止得定　修心如意神足
以止修思惟如意足　以思惟觀察為主　以止得定
修思惟如意神足

以觀修習五根、五力　在定心中　以智慧了別
觀照於微細的出入息相　心慧增長　五根、五力如是成就
以觀增長　信根　觀心明淨　增長信道及助道各種善法
名為信根

以觀增長　精進根　觀心明淨　行於正道及各種助道善法
如是觀照勤求不息　名為精進根
以觀增長　念根　觀心明淨　明念正道及各種助道善法
如是觀照無分別念　名為念根
以觀增長　定根　觀心明淨
一心念定不散於正道及各種助道善法　名為定根
以觀增長　慧根　觀心明淨　為正道及各種助道善法
觀照無常等十六行觀　名為慧根

如是以觀增長五根　不為煩惱所壞　具足威力名為五力
以觀增長信力　觀心明淨　具力信根增長　遮止疑惑
破除邪信及煩惱　名為信力
以觀增長精進力　觀心明淨具力　精進根增長
破除身心種種懈怠　能成辦出世解脫之事　名精進力
以觀增長念力　觀心明淨具力　念根增長

破除一切邪念　成就一切解脫的正念功德　名為念力
以觀增長定力　觀心明淨具力　定根增長　破除一切
亂想分別　生起各種禪定　名為定力
以觀增長慧力　觀心明淨具力
若慧根增長　能遮止三界的煩惱
發起真正的無漏智慧　名為慧力

以還修習七覺支　若於六妙門中返觀於能觀之心
覺知觀心根本修習七種覺支
以還修於擇法覺支　還觀自心本寂　以智慧觀察諸法
如實簡別一切眾法真偽　無有謬誤　名為擇法覺支
以還修於精進覺支　還觀自心本寂　以精進修習諸法
不謬行於無益的苦行　能正確精勤一心修習正法　名精進覺支
以還修於喜覺支　還觀自心本寂　心契於法而得法喜
善能覺了此喜是否從顛倒妄想而生　住於真正的法喜　名為喜覺支

以還修於除覺支　還觀自心本寂　斷除一切妄見煩惱
覺了遍除一切虛偽之法　增長真正的善根　名除覺支
以還修於捨覺支　還觀自心本寂　捨離所見與念著的境界
善能覺了　一切所捨的境界虛偽不實　並永不追憶　名捨覺支
以還修於定覺支　還觀自心本寂　在各種禪定發起時
能覺了一切禪境皆是虛假不實
不生起見愛妄想煩惱　名為定覺支
以還修於念覺支　還觀自心本寂　若修習一切道法時
善能覺了　能使定慧平等　使心不昏沉、不浮動
善巧攝持自心平等　名為念覺支

以淨相應於八正道修習　息滅一切分別妄想塵垢
心如本淨　心慧相應　如實修證八正道行
以淨相應於正見　以無漏道慧現觀覺證四諦成就
無漏十六勝行　名為正見

以淨相應於正思惟　以無漏道慧現觀四諦時
與無漏心相應　思惟發動　覺知籌量
令成就涅槃　名正思惟
以淨相應於正語　以無漏智慧　除卻捨離一切邪曲口業
安攝口業　住一切無謬淨語中　名為正語
以淨相應於正業　以無漏智慧　除卻一切邪業
安住清淨身業中　名為正業
以淨相應於正命　以無漏智慧　完全除去三業中以五種邪命自活之境
住於清淨的正命生活　名為正命
以淨相應於正精進　以無漏智慧相應　精進成就涅槃
名為正精進
以淨相應於正念　以無漏智慧相應　念覺於菩提、涅槃
名為正念
以淨相應於正定　以無漏智慧相應
入於一切解脫三昧覺定之中　名為正定

六

如是數、隨、止、觀、還、淨六妙門盡攝三十七菩提道品
成就正覺涅槃　並善能發起無上菩提菩薩大行　攝六波羅蜜行
如是以數息攝布施波羅蜜
數息時發心布施自己內身的息、身、心三者
成就布施波羅蜜
以隨息攝戒波羅蜜　意與心隨息出入　不生邪念
心意不動轉　安住正戒　為內戒波羅蜜
以止為忍波羅蜜　貪、瞋、痴、慢、疑等無明結使
能安忍不為　一切身、語、意的三業煩惱能自制安忍、不受
這是內忍波羅蜜
以觀為精進波羅蜜　內觀四大成就的身、口、意三業內身
及一切法界萬物的外身　悉將無常敗壞　普為空寂

不生任何貪執　一心修習無上菩提之道　心念無為現空
如實現觀精進不懈　這是內精進波羅蜜
以還為禪波羅蜜　斷除眼、耳、鼻、舌、身、意六入的執著
還觀色、受、想、行、識五陰空寂
返觀心身空寂自淨　不執有無雙邊
成就內禪波羅蜜
以淨為般若波羅蜜　了知法界萬物無常生滅　斷除生死愛欲
心證清淨智慧成就　安住實相於第一義而動
如是無相、無緣、無造作、無戲論　現前究竟寂滅如實法相
本然自淨　無得無證　成就內般若波羅蜜

如是數、隨、止、觀、還、淨六妙門
盡攝三十七道品乃至六波羅蜜等一切眾法
如是了知六波羅蜜、三十七道品法是過去十方諸佛父母
六波羅蜜、三十七道品法是現在十方諸佛父母

六波羅蜜、三十七道品法是未來十方諸佛父母
六波羅蜜能生過去、現有、未來十方諸佛
於是了知六波羅蜜及三十七道品　是我們成佛的父母

肆拾壹　妙覺淨思品

一

如是一心的修行
用楊枝淨水將心淨成了般若、大悲
如是一心觀息　用大悲心成就了大妙法門
皈命那大悲的至聖　觀世音菩薩
您教導我們覺了自淨的活
在行、住、坐、臥中
成了觀自在者
用大悲啊！　大悲啊！
在瘟疫蔓延時
用大智啊！　大智啊！
在瘟疫蔓延時

南無大悲觀世音菩薩
請安住我等的心
讓我們成為觀自在者
同樣的！　用楊枝淨水救度一切的眾生
除了那麼多的苦難
直到眾生全開悟了
證得無上菩提
全成了佛　成了全佛
啊！　那是觀世音的心

二

在瘟疫蔓延的時空裏　我們追憶著亡者
向他們致上至深的關懷　願他們放下此生的一切憂傷
洗盡一切的無明的纏縛　讓業障完全的消融

具足福德、智慧與悲心的超越生死
到達清淨的國土乃至涅槃的彼岸

祈願病者身心康復　不再受到病的糾纏
迅速的讓身體健康　具足喜悅的心靈
幸福自在的在慈悲、智慧與覺悟的大道上
安穩前行　直至圓滿

願我們所有的人　在這災疫當中
深刻的觀照　超克一切的哀傷
讓身心永健　社會康寧　地球再向光明幸福
普願那深刻的反思自照　讓人類共行
開創地球的黃金新紀
生者、亡者、病者、一切生命　病毒、疫菌吉祥圓滿

三

我們心中平和的讓瘟疫止息
不要在心中生起忿怒怨仇的毒素
引發自己身心的健康風暴　傷害自己的身心壽命
調適自己的身心　讓自己喜樂、康健、幸福
不要誤入負面情緒的身心黑洞
於是我們的心只有平和安寧

仔細觀照　原來那病毒　只在那裏靜靜的活
當我們一步侵入　讓它們驚恐失措　處處求生
於是　我們竟成了病毒的載體
帶著它們四方雲遊　擾動人間
只有平和寂淨的明智心境　是我們身心健康的不二法門
於是　我們心發出了光明　讓病毒悄悄的遠離我們

或與我們和平共生
如是增長了身心防護的力量

悟在瘟疫蔓延時……
我們的心發出和平的訊息　讓病毒不為了驚慌求生
宛如惡犬般的忿怒攻擊
轉化為溫柔的朋友　與我們和平相會
用最和諧的身心力量　讓我們更健康強健
在病毒附身時　也能夠自然療癒　了無病相

用智慧的心光　注照著自身及家人
讓他們共處安康
我們共同使用慈悲的心
廣照著親朋好友、台灣與地球上所有的人
都能受到吉祥的守護力量　迅速平復疫情

讓所有的人在瘟疫蔓延時　成為覺悟者
讓瘟疫幫助大家覺悟　開啟地球新的光明世紀

我們共同的心　在量子交映互照中　成為光明的覺悟網路
我們共同的讓悟在瘟疫蔓延時
昇華成覺性雲端
同時轉化這些驚恐的病毒
幫助他們完成了覺悟進化的旅程

四

於是用真誠的心念
向病毒發出和平的訊息
我的心中沒有敵者　不再視你為敵
只有真摯精純的心

向您發出共生共榮的願望
祈願從現在直到永恆的未來
我們相互扶持
走向圓滿生命的成就

當下！就在當下！
不再相互傷害　發展出和平共生的新模式
真心誠意的相互守護
這是最深的誓句
讓我們共創圓滿生命的願景
相互守護
不斷發出的純淨心念
圓滿這生命進化的旅程
用清晰安和的心意
觀注著您的容貌

仔細觀察著您那不可思議的宇宙舞蹈
病毒的演化之舞
如是用最純淨的心光
慢慢的化成了最空的寂靜
剎那時　您已舞出了法界體性
舞出了無盡的光明自身

看哪！
病毒的光明就像水晶般的明透
像彩虹舞出沒有實體的純粹光明
無數的病毒已是無數的光明
這是生命無盡昇華的演化之旅
不再有所危害　相互共生和平
病毒成了宇宙中最柔和清淨的光明

任何的身體
任何的地方
病毒的光明之舞　轉化了
帶來了無盡喜悅、安康、能量
病毒圓滿的化成了光
守護著我們　和平共生
帶來了　健康、覺悟
快樂、慈悲
病毒不再是病毒　成了最清淨的光明

五

用平和柔軟的心
共同發願
用溫柔謙卑的心

共同祈請
在慈悲與智慧的心靈注照下
您轉化成了光明
就像日月光明一樣
照亮了人類的生命

透過您　我們成就了自省觀照
透過您　我們昇華了自我的生命
現在一心看著化成光明的您
與人類相互扶持
守護著人類
在生命的無盡旅程中
進化成更圓滿的生命

祈願病毒護法成為光明的守護者

讓您如同大白傘蓋般的光明
守護著我們的身形

透過您　柔和的智慧與慈悲的威力
讓人類的身體不再受到所有病毒、細菌及各種疾病的侵擾
常保安康強健
讓人類的心靈不再驚恐　不安
安住在歡喜吉祥的心情

讓人類具足無上的智慧與慈悲
昇華進化成無上圓滿的生命
就是這樣　一心的共同祈請
人間及所有世界成了幸福光明的淨土
讓我們共同成了如來
讓病毒、人類及所有的生命都成了無上圓滿的佛陀

在此　一心的祈請

六

一心觀照法界頓然現空
從燦然不可得中
照見病毒現前化成了無比清淨光明的虹光身
就像千百億個太陽般明亮
比水晶更加的明透
宛如彩虹般的沒有實體

這就是遍照的光明
病毒的光明是遍照的光明
我們的心也是遍照的光明
全宇宙、全法界都是遍照的光明

這就是大日如來遍照光明的身形
觀照每一尊轉成光明的病毒
化成了清淨的佛身
許多遍照光明的病毒如來
合成了一尊尊光明遍照的佛身
於是無盡的病毒光明佛
全都合成了無比光明的遍照佛
一切的吉祥圓滿　就此成就

一切的世間成為清淨的佛土
人間淨土圓滿
病毒如來現成了
一切人類及眾生也成了佛陀
這是在宇宙中最歡喜的時節

就這麼觀照病毒成了佛
病毒成佛
您應當十分歡喜吧！

肆拾貳　通明禪品

一

觀心、心脈　由是心王開出一切的心脈
心王安住於現空實相
如是中脈現成　本覺心王　安住究竟寂滅現空
中脈　第一義禪現成
心脈開出四大身相　本然寂滅　宛然若有　如是如幻
於是通明清淨禪　觀心、心脈如實善修
觀於空寂　通觀三事
觀息通照色、心二事　觀色亦通照息、心二緣
觀心如實通照息、色二相
於是色身、心、呼吸息相三者通觀　此法明淨善開心眼
能通明禪境　善發六通、三明

通明禪證如箭　疾故名禪　疾、大疾　住、大住　靜、寂靜
如是迅疾如實　安住究竟寂靜
如實觀滅遠離　善名為禪
行者觀心　安心、心脈
善觀息相、色身、自心三事　俱無分別

先觀息道　端身正心　調和氣息　一心諦觀息相
遍身出入　如是慧心明利　善覺氣息入無積聚止住
出無分散　無所從來　無所從去
如實明覺自息　出入遍身　如空中風寂無所有
如是觀息如心相
行者了知息依於身　離身無息　諦觀是身色如之相
身色本自非有　由過去妄想因緣
招感地、水、火、風四大造色　假圍虛空說為身相
一心諦觀頭、身、手、足、五臟、六腑

一切身相是身、非身　空寂無實　這時心無分別　了達色如之相
觀照心如實相　由有心故而集身色與息　讓身形動轉
若無此心　色身不成　諦觀此心依緣而有無常生滅
一切寂空但有假名　假名亦空　了悟心如

如是了達　息如、色如、心如三無差別　即證如心境界
如是禪者　觀息不得息相　即達色心空寂
息、色、心三法不相離故
如是觀察色、心二相亦復如是
若不得息與色、心三相　即不得一切法
以三事和合出生一切五蘊、十二入、十八界等法
一切無明煩惱眾苦　十二因緣善惡眾業　往來六道輪迴
了達息、色、心三事無生　現觀一切諸法　本來空寂
行者如實觀察三相了不可得　任運安住泯然明淨　住欲界定

此定後心　依真如法心泯然入定　與如相應如法持心

心定不動　泯然不見身、息、心三法異相　安住猶如虛空

即是通明禪未到地相

初禪亦名具足亦名遠離

遠離者遠離貪欲、瞋恚、睡眠、掉悔、疑等五蓋煩惱

具足覺、觀、喜、安、定五支　覺者如心覺大覺

思惟、大思惟　觀於心性名為覺

觀者觀心行大行　遍行隨意是名為觀

喜者如真實知大知　心動至心是名為喜

樂者行於此法　心悅受於樂觸如是名為樂

安者所謂身安、心安、受安　受於樂觸名為安

定者若心住、大住不亂　於眾緣不謬誤、無有顛倒名為定

行者禪修發初禪相　豁然見身悉空　深見九萬九千毛孔空疎

氣息遍身毛孔出入　心眼明見氣息　遍身出入

而入無積聚　出無分散　來無經由　去無履涉

明見身內三十六物各種器官

了知此身內諸物　地、水、火、風眾相分明

了知四大性各差異不淨　如是心中驚悟　一切無我空寂

中發證相三昧漸深　覺息於五臟內息相各異

青、黃、赤、白、黑等依臟生別

乃至深觀諸根毛孔　一切臟器細微分別處

以及體內一切細胞諸蟲等之活動

如行者淨心細觀　能發解眾生語言三昧

二

觀照身內諸脈　由心脈生四大脈乃至四百四脈、八萬脈等

風氣相隨血行流住　各有諸蟲依脈而住

行者了知自身內外　不淨不實　猶如芭蕉　內外俱空
色、受、想、行、識亦復如是
善行三昧深證　智慧更轉深淨明利　見氣、息調和同為一色一相
如淨琉璃息　見息出入　無常、生、滅悉皆空寂
於三昧中覺了此身　空無自性　色不可得　心不可得
如心覺於世間俗諦眾相　如心大覺於出世間真諦空寂如相
覺於息、色、心三者眾相差別
大覺於息、色、心三者生滅無常　本來空寂
如實諦觀靜慮重審　再思惟於覺　再大思惟於大覺
如實思惟、大思惟後　觀於自心心性

返照能觀之心　心何所從來？何所從去？觀心畢竟空寂
如實返照自心　如是覺與大覺
如是觀心　行大行、遍行隨意
行大行於四諦、十二因緣

菩薩如實行大行於無生正覺正觀　證入現空寂定
入於琉璃三昧　毛孔見佛　入菩薩位

大行觀利　遍歷眾緣　如實遍行四諦十六行觀
行深十二因緣　遍行六波羅蜜
如是入定、出定　隨意自在　觀一切法　任運成就
不由作意攝心　自在隨意現觀
喜者如真實知、大知、心動至心
觀於心性如其真實　了知　性相空寂
如是豁然覺了　現空如理深悟
心性法喜成就大知　得法喜心動
若隨此喜動則顛倒亂心
如是了知此喜空寂即得喜性　名為至心
如是而安　身安、心安、受安、受於樂觸是名為安
了達身性　不為身業而動　即得身安

了達心性　不為心業妄動　即得心安
知受非受　斷絕受擾　出生安樂是為受安
世、出世間　樂法成就　樂法安心　受於樂觸
若心住、大住、不亂於緣、不謬、無有顛倒是名為定
心住世間定法　持心不亂名住
安住實相定法持心不散名大住
雖住一心　分別世間緣相而不亂
諦了實相不取妄想　心實不謬
行者了達真、俗二相無有顛倒
於實相中如如現行安於真實定中

如實善修二禪　遠離色界五事
貪、疑、睡、掉、慢等結使蓋覆煩惱
並具足喜、安、定三支成就
行者證於初禪後

心恚初禪覺觀散動　於是攝心修定　了知初禪無實
諦觀息、身、心三者　通觀一如之相　一心緣定
覺觀即滅　定中內發內淨大喜三昧
見身、息、心　如幻、如化、如泡、如影　空不可得　證入二禪

善修三禪　如上遠離色界五事煩惱
具足念、捨、慧、安、定五支
行者於二禪一心定後　厭離二禪大喜動心
攝心不受　了知禪境無實　諦觀續修
喜法消謝　捨二禪不悔　念觀樂從內發　守護增長
即於定中　見身如雲、如影　念慧長養大樂遍身
一心寂定　三禪成就

善修四禪　遠離色界五事煩惱
具足念、捨、不苦不樂與定四支

行者三禪後心　厭患大樂不寂　一心不受
了知三禪非實　大樂謝滅
如是諦觀息、色、心三性一如空寂　念心三昧善得增長
即得豁然明淨　三昧智慧與捨俱發　於不苦不樂、不動捨禪中
心不依善附惡　安止正觀　在定中　見身如幻如影
具足四禪之行　如是具足四禪　是為法行

三

續修空無邊處定　禪者觀身厭患
遠離身相一切身觸、喜觸、樂觸
分別色陰、遠離色陰　觀無量空處
觀身厭患　遠離身相　了知欲界、色界之身　悉皆具諸過患幻化
不實厭離不著一切　身觸、喜觸、樂觸悉皆遠離
過一切色相　滅有對相　不念種種相

分別色陰　遠離色陰　破一切色想
如是觀無量空處入空無邊處定

如是修習識無邊處定　禪者善修奢摩他、毗婆舍那
觀心意識　自知此身不受三受　遠離三受入識無邊處定
善修止觀深禪　觀察自心捨於虛空之定
行者以三昧攝持智慧　雖了悟喜、惡、無記三性不實
然而為入深禪轉心緣識　了知此身色、空皆寂
不受苦、樂、不苦不樂三受　入識無邊處定

修證無所有處定　行者修觀三世空　知一切法行亦生、亦滅
空處、識處亦生、亦滅　作是觀已
次第觀識　我今觀識亦非識、非非識　若非識者　是名寂靜
我今云何永斷此識？
作是觀已　得無有處定

如是善觀三世皆空了悟一切相生
亦生、亦滅悉為有為之相　虛誑不實
次第深觀心識　念念空寂　觀識當下亦非識、非非識
了知一切法悉不可得　如實觀照了達非識者即為寂靜
我今如何永斷此識　如是現觀
識念寂滅入於無所有處定

修證非想非非想處定　乃至無想三昧
若諸行者　有非心想　如是順忍思惟
我今此想是苦、是漏、是瘡、是癰　是不寂靜
若我能斷如是非想及非非想　是名寂靜
若有行者能越是非想非非想者　是名無想解脫門
行者深心觀思　若有受想、識想、觸想
若有空、識、非想、非想非非想　如是皆為粗想
於是修習無想三昧

永斷如是等想　如是見於非想非非想為寂靜之處
入於非想非非想定後　不受不著　即時破除無明
證得阿羅漢果

肆拾參　慈心三昧品

一

那一切慈心中　最究竟的至慈之心　在無有分別的究竟空中
不住有為　不住無為　不依止過去、現在、未來
不依止任何的因緣　在諸法實相智慧中　法爾的生起
這佛陀究竟無上的無緣大慈　如是的觀照眾生　現證全佛
安住在廣大無生的空寂安樂智慧大海

我看到大悲觀世音菩薩微笑了　那麼自在啊！自在！
原來！　這就是原來！　本覺的原來！　始覺的原來！
那現觀眾生成佛　相續不斷無間現成的大慈佛陀
心　三摩地中　豁然的本覺　究竟的大慈　誰非佛呢？
於是全佛大樂　印入了廣大慈心的海印三昧

由慈心到慈心　由究竟佛陀的大慈　到你我一切眾生的心
於是無緣大慈的廣大三昧傳承了　大家都成了佛

頓然放下　良久、良久……
不思善、不思惡、更忘記了瞋恨……
正在這時　那個是我的本來面目
就是這個心量與姿勢
最輕鬆的身體、最快樂細柔的呼吸、最最寂靜的心情
一切的一切都隨風飄逝了
剩下的　就是唯一光明的心

瞋恨無所從來、無所從去
大慈發生了無上的菩提心　大樂現成了圓滿的空證
頓然現起了寂滅空極的平等　無間相續那本覺的心
於是在無為中現觀著空寂的體性　無住現前法樂相續不停

豁然始覺大慈　現成了佛陀　在圓頓心體中赤裸的顯現
法爾現成　善觀眾生成佛　全佛涅槃　無不得證
開示悟入於本來佛陀　現觀誰不成佛才是真實發心

在無生無滅的體性中大慈無滅　在圓頓體性中大慈現生
於無住實相中慈心本然　在現成中大慈如實的示現
在本初大空中　慈心如是的廣大無量　眾生成佛　是唯一究竟的大慈
頓銷一切眾苦　安住廣大空樂　圓滿盡攝　法界遍照光明的喜樂
現見大樂平等空如實相　大樂不滅於因、道、果中

心中無瞋、無恨、無怨、無惱　廣大無量的慈心　在無生中生起了
實相本無所得　能生起究竟大樂　大慈善修　法爾成佛
念念清淨心　次第禪行　憶念十方眾生喜樂
善誓發願生起無壞的三昧耶　眾生受樂　乃證無上菩提
如有眾生尚未成佛　無二的大空樂未能圓證

如是不名為大慈三摩地　大願尚未圓滿　誓當精進修證

慈心歡喜我們要她前來　如是現成她無所離去
這就是自己如實最堅心的決定
永愛自己　對自己最深的慈愍　是宇宙中無上真誠的誓約
當我們把自己交給了自己時
就交付了不可違越的盟誓
與自己喜樂給與自己慈悲
與自己成為真正究竟的自在
於是我們擁有了　無盡慈心的能力

瞋恨已逝、憤怒已遠、歡喜已近、光明到來……
到了我們的身邊　我們的心底
我們成了如來
用如來的慈心、慈意　給予一切的人吉祥歡喜

歡喜成了我們唯一的名字　慈愛成了永遠的心意
一心喜悅　自慶欣悅　如實勝緣　緣於自心

二

自心無樂不能出生菩提　不能善生慈心妙定
所緣的煩惱自心在二六時中　相應著瞋恚怨惱而生
以無明錯謬自持著身、語、意　在顛倒妄緣事故中流轉於輪迴
無明五毒自生隨喜　顛倒夢想深害自性
至毒的自心殺害了自性之佛　毫不留情的摧破菩提
無所不用其極的自害己身　如實善觀　應當心生驚悔
安住清涼自性隨順大覺　自持於無上菩提之命
大慈三昧最勝初行　如實與樂施於自心
自心勝樂宛如泉湧　滿溢體性善巧隨喜

真樂歡喜普能同樂　大智空樂自在無間
一切眾生同生法樂　安住在慈心三摩地中

我們用清明的覺性　慈心對己　慈心面對一切摯愛的人
用善樂的慈心面對一切所愛……
無瞋、無恨、無怨、無惱　只有歡喜　真正的光明喜樂
大公無私的平等慈愛
就像投入宇宙大洋中的如意寶珠
從摯愛開始一圈一圈的平等向外迴旋
從至親到平疏及一切苦難的生命

我們永遠的慈愛
最平靜的慈心力量是永恆
對於所有往昔的仇怨也只有以真正的慈愛相應
對所有的生命歡喜、冤親都同樣的慈心相對

慈心三昧的成就　成為人生中最美麗的珍寶
從現在到無盡的未來
我們的慈心成了虛空法界的銘記
行動！慈心的永恆
就是我們真正的慈心三昧

次第所行的善妙因緣　清淨心念攝取至愛之人
一心繫緣觀照無礙　受樂妙相念念相續
所緣至愛最喜樂相　身心愉悅安住於本然
妙相形色極為明顯　安住於眼前等適之處
自樂所緣生起至親之樂　相互映照喜樂轉增
相互緣起　無有間斷　互相發起殊勝妙樂
宛若大樂摩尼寶珠　相即相入相攝無量
上親、中親以及下親　如是次第現樂圓滿

三

白光明慈心喜樂泉湧　汩汩無間相樂而住
宛如迴光明鏡相照　大樂體性自圓滿安住
空大緣大樂力自大　慈心善觀本寂無性
緣彼樂大具足大力　無緣能轉大慈妙緣
依彼廣大無為之力　善住緣生如實空相
六道四生眾生有情　二乘九界大慈悲憫
法界佛力加持之故　能生大樂三摩地海
乃至無識、無情眾生　遍慈成就體性法界

慈心滿溢無怨、無對　無瞋、無恨法界柔軟
至柔法界體性本然　法爾大樂大力金剛不壞
能摧破一切怨仇無明之殼　無怨無惱直至圓滿成佛
這是全慈具力的殊勝瑜伽　現觀眾怨心慈滿溢

相應會融如同薪材出生燄光　轉增大慈白色清淨光明
了悟體性無所分別　同體如實大空至樂
如佛慈心安住於究竟圓滿　究竟密力的三摩地中

出定現前慈心　相續不斷　行住坐臥喜樂故遍於眾生
現觀眾生現前成佛　究竟出生大慈三摩地王
無為法爾心慈光現　唯一法樂遍照慈滿
空樂雙運遍於法界　如實緣生性至柔軟

大慈心定觀人喜樂　依於自喜三摩地海
如實善觀眾人喜悅　次第轉增遍於法界
依於緣生三摩地法　緣生親人與一切友朋
十人、百人、千人會聚　受樂同悅住於大空喜樂
同修道友共同發心　究竟如實生起廣大慈心
大智空樂宛如大慈世尊　生起白光明海廣大慈心

所緣空間大慈之海　成就淨剎如同極樂世界
次第力大能輾轉增上　佛力因緣善妙慈力
法界體性力及金剛不壞力　緣生次第如實廣大
一市、一國遍及世界　娑婆地球　喜樂周遍　現成淨妙國土
一、十、百、千眾佛土中　法界遍樂成蓮華藏淨土
現前空樂空極圓滿　無一眾生非住大樂
現空大樂定力轉深　湛然不動一心慈定

五蘊、六根、十二入中　十八界海法性慈心
無量喜悅心無所畏　慈相應心無怨無濁
無瞋、無恨、無慳、無貪　無煩、無惱、大智生起
大智能生廣大空樂　無緣大慈如是轉生現前
功德廣大不可思議　現見眾生成為佛陀
初住法界勝利大海　無量喜悅法界同樂

法界大慈自在堅固　金剛不壞無等等慈
相續受用豁然喜樂　當下現成了悟三世
前念已過融於現前　後念未生本自無生

樂相現空無可執住　時劫、空劫了無自性
假名寂滅體中現成　無生、無滅中道顯了
大樂現空法性妙樂　法性樂顯唯大智成
大智現前無分別中　無始無滅法爾現前
無觀現成法性至樂　現法樂住常明寂光之中
主伴圓融摩尼珠網　交映互攝不可思議
相入相即　海印三昧　究竟佛樂　蓮華藏海
慈心三昧　圓頓究竟　金剛三昧　體中圓成
全體全用　大用全體　現前全佛　大慈海印
無上大智　廣大空樂　寂滅無生　大覺涅槃

肆拾肆　問禪波羅蜜品

一

於是觀世音菩薩深心的詢問佛陀
禪與般若波羅蜜多的種種差別　攝證緣起的禪觀
佛陀告訴大悲者說：
「善男子　觀世音大悲自在者
禪與般若波羅蜜多中各有三種的差別
禪波羅蜜多有三種差別：
一者、在無分別寂靜極寂靜的體性中　對治煩惱眾苦樂安住行禪
二者、生起無量功德禪
三者、生起利益眾生禪
而般若波羅蜜多為：
一者、現觀世俗諦緣生的般若勝慧

二者、現觀緣起實相空寂第一義諦的般若勝慧
三者、現觀利益一切眾生的般若勝慧」

因此　菩薩摩訶薩從得無生法忍乃至於安住無上菩提道場

如實觀照十二因緣
如是無明虛空不可盡乃至憂、悲、苦、惱虛空不可盡故
菩薩依禪行般若波羅蜜多
如實深觀因緣法　遠離諸邊、顛倒夢想
如實觀照十二因緣法　一切諸邊、顛倒妄想無明煩惱皆滅
如是觀想十二因緣法　甚深　甚深　能超越一切聲聞、緣覺
證得一切種智　深入畢竟空中　不見聲聞、辟支佛地二乘
不見涅槃　以不見故　則不必於二乘涅槃中安住
能如是觀照因緣法者　見一切法皆屬因緣生　不見一法無因緣生
亦不見法從常我因緣、世性等邪因緣生

菩薩深觀一切法因緣生　離一切常我自性故　無我乃至無知者、見者
這時　菩薩安住畢竟空十二因緣中　不見色等一切法若有、若無
不見無明、行乃至生、老死等一切法若有、若無
亦不見般若　亦不見應用此法行般若
乃至阿耨多羅三藐三菩提亦是如此
這方為菩薩所證的無所得般若波羅蜜多
如是啊！　一心！一心！　當現觀成就這無所得的般若勝智
在一切法中便得證無所障礙的般若智慧
當菩薩深入這十二因緣畢竟空中
一切諸魔　生起極大的愁苦
因為一切邪見魔網　皆如幻影般無所作用了

如實！如來所說如實啊！
不管如來出世或不出世　諸法常住、法相常住始終不會有所改易
因為一切法的實相、法性、法界、法住、法定、真如、

實際、不虛妄性、不變異性猶如虛空啊！
這其中如是無我、無有情眾生、無生命延續的命者、無生者、無養育者、無妄計我能為士夫之用、無補特伽羅自我、無意生、無年少儒童、無造作者、無使作者、無生起者、無使生起者、無受者、無使受者、無知者、無使知者、無見者、無使見者
如是無我、我所、我所依用
如是那會有色、受、想、行、識五蘊及眼、耳、鼻、舌、身、意六處色、聲、香、味、觸、法六塵及眼、耳、鼻、舌、身、意識界
如是乃至地、水、火、風、空、識界等六大一切現空了不可得
如實觀照緣起法、緣已生法、無明乃至生、老死等十二因緣
既無如是所說的諸法　如何有生死六趣？
生死六趣既不可得
如何有要成熟有情令其解脫？
這只是依於世俗因緣假說而有

菩薩應當了知一切諸法自性皆空

如夢、如響、如像、如光影、如陽焰、如幻事、如乾闥婆城、

如變化事都無自性　如實現觀法爾眾緣法界實相

一切諸法眾相　性空寂滅無有不動

是法現於是時　卻不於是時現起

諸法無有異時　不於異時起現

法無動與不動　性空如是寂滅

性空寂滅之時　是法是時現起

離相故為寂住　寂住因此不緣

因緣生滅皆無　生滅體性空寂

緣性能緣所緣　是緣本然緣起

是故法起非緣　緣無起時亦爾

因緣所生諸法　是法即是因緣

因緣生滅之相　彼則無有生滅

彼如真實之相　根本無有出沒

是故極淨根本　根本不因眾力
即於後得之處　得彼於本得之中
一切諸法因緣所生　體性非有亦非無
而於因緣及一切所起　畢竟於中無所取著
於中畢竟空無所得　明解諸法悉皆無我
如同眾生性本寂滅　如是了知一切眾法

二

法界的交響詩無盡的響起
宇宙在法界體性中
正舞著法住、法位
如是不可思議
和諧的寂然樂裏
在畢竟空中響徹

聞性經由無耳、無聲與無聞
已傾越了一切萬事萬物
啊！這已超越了一切界性而完全的自由
所以　這正是當下觀世音菩薩的自在心
為這法界寫下了大悲樂章

十方諸佛如此歡喜觀世音菩薩的自在的演音
安住在最究極的畢竟空中圓滿
剎那間　大悲的心　觀照出一切世出世間的究竟妙音
從自性中彈出法界中的第一聲弦
時、空遊戲出如來如去
一切群星舞在空寂性中
如是而來　如是而去
多小是點？

多細是線？
多平是平面？
多大是空間？
多鉅大是無窮盡？
多短是現在？
多長是時間？
如何編織出這宇宙？
觀自在喜悟這一切生命的第一樂章

第二音弦從自性中彈起
我們的生命是如是的歡娛
所有微細妙音
在耳際輕嘆
啊！我們將受用一切的覺幸福

法界彈起了第三音弦
無上的大悲將導引
法界交響詩篇的第三樂章
一閃、一閃　一切群星
他們各自群聚成為星雲、銀河
音光正明照著我們自心

用時間作為第四音弦
織出無盡的宇宙
這是為一切有情所作施行的全智行動
在空性妙樂中標註著一、二、三
彈奏出過去、現在、未來
超生越死

與觀世音菩薩在第五音弦相遇

當下是如是的靜安
大悲含著雙眸
如實專注淨聞至美的寂然
經由相互緣起的無盡幻生
滑入了五度時空
當下體悟我們如是一如的相會
完全覺知萬事萬物

自覺自悟了
淨聞著美麗的第六交響樂章
吉祥的法界在彼亦在此
如是了知根本即在自心

第七弦彈出那法界中幸運的弦
我們全然是無上之人

相互一切平等
如實的唱出了大悲心曲
相互圓成為究竟的調御者
互相幫助具足智慧與慈悲
開悟彼此
所以　這是法界的第八條弦最完美的樂章

最尊貴偉大的導師樂曲
在第九音弦中奏出
由十方諸佛覺唱
一切法界交響伴奏
如是和美的妙樂觸動了眾生全佛的心
我們全部睡在大覺的法界

全佛
全都是佛陀
全部都是大覺開悟的人
我們是否能舞在清淨的法界中
為法界音樂勝會而唱
第十樂章彈奏法界的第十音弦

那麼的美好　那麼的究竟吉祥安悟
妙音輕輕的飄入最尊貴無上的眾生耳中
這麼的尊榮
那是大悲觀世音菩薩現觀的心
我們共同活在自性之中
第十一樂章　演出第十一音弦
並滑奏了法界所有的音弦
啊！

這是最完美的法界交響詩篇
自由自在的從無始彈奏到無終

三

靜靜的聽　聽觀世音
淨淨的看　成了觀自在
那如中行來、如中行去的觀自在
於是用那不再分別的無心　言語道斷的無聞
細細密密的相應觀世音的法音
超絕世出、世間　無有一切眾相
現前的無生　如是的流行
斷了一切結使煩惱　現空心性自我
如是一切無生

諦聽！淨聽！無生法忍　本然無生
在現空中何有所謂入於無生法中　得證無生法忍
所謂的得　只有語言文字　並沒有任何的真實
仔細的現前覺知　如是無生法　如是不可得的
只是遠離攀緣而已
因此不得法忍啊！　那得是得　無所得　無得無失啊！
所以說得證了　無生法忍

如是的無生法忍　如是的安忍在一切法無生
如是的安忍在一切法無來、無去、無我、無主
一切法如是的無取、無捨、無實、無所有
那麼的無等、無等等、無比、無染、如虛空、無可破壞
如是的法無垢、無淨、空、無相、無願
遠離了貪、恚與愚痴
一切法那麼的如如、法性　如此的實際

無分別、無相應、無憶念、無戲論、無思惟、無作、無力、
虛誑的如幻如夢、如響如影、如鏡像、如芭蕉、
宛如聚沫水泡

如是的法忍　所可忍者亦無有可忍　非法亦非非法
只是以虛妄的假名　來詮說是法罷了
而如是假名亦不可得
這麼說吧！　本性自離　如此來解說這法忍
你如果是能信解欣樂　這無上法藥的人
謹記！謹記！
你是假名現空　無我、無我所　亦無無我
就能生起如實的信解
無疑、無惑、無驚、無怖、無動、無沒
如是啊！如是啊！　遍滿此身後　以正受三昧而行

而不得此身啊！　這身也無安止的實處啊！
菩薩就這麼的在諸法證得　無生法忍
乃至不行一切心想啊！
亦無無生法忍可證可得！
忍　安忍　忍實　現於實忍　不為一切的境界所破壞
如是即忍　眼、耳、鼻、舌、身、意相應一相、眾相而不染
不為色、聲、香、味、觸、法所壞
眼見色不取相、不耽著、不分別、不思惟、不愛、不厭
了知本性空寂　無有念想　不為一切色像所黏傷
就是如此　那耳、鼻、舌、身、意　也是如此
不為色、聲、香、味、觸、法所黏傷
那六種情根　無著、無縛、無壞、無傷

如是菩薩安住於法忍　如是安住於法忍
如是於一切法無所分別

無生與不生　無漏與不漏　無善與不善　無為與不無
不念著於世間法與出世間法　不分別亦不思惟
如是名為無生法忍
在畢竟空中　覺心　即本寂如如無生於行
諸行了然無生　生行不生　不生無行　即無生行
菩薩於一切法性中　寂然不動
那無所有、畢竟空、如、實際
菩薩定心安住是中不動　色性不動乃至大慈大悲性中不動

一切萬法如是的生相、住相　以虛誑如幻而不可得
何況那從本已來畢竟空　而有所得！
常既不可得　何況無常
菩薩安住於柔順忍中
精進勤學無生、無滅　亦非無生、非無滅
遠離有見、無見、有無見、非有非無見

滅除一切的戲論　得無生法忍
現觀一切法畢竟空　斷緣於心與心所有而不生
滅盡諸觀　語言道斷　現觀一切法如涅槃相

如是！如是！　從本已來常自無生
非用智慧觀照所以令其無生
現證如是無生、無滅　畢竟清淨　無常觀照尚不執取
何況是生、生、滅、滅一切相
菩薩住於無生法忍　得悟諸法實相
於是無生的行動開始了
從實相而起　以諸法名相語言
善自體解　為眾生說法　令一切眾生　善得開悟
令一切眾生圓滿成佛

肆拾伍　智慧大海品

一

用觀世音的心悟觀自在的心
用大悲的心安住成為法界觀自在王
乘著禪波羅蜜的船筏
到了法界的彼岸
那麼大的寶船　容得下法界一切的眾生
那麼小的芥子納須彌
一粒砂中盡藏法界
那無際無盡的大悲心啊！
一心一意觀注著如子的眾生
永不休息的擺渡在此岸、彼岸
或說是沒有此岸、彼岸的分別

究竟啊！　究竟！
大悲啊！　大悲！
一心憶念著觀世音
在瘟疫蔓延時
如是救度度一切有情
如是的圓滿眾生成佛
嗡！觀世音……

二

不要再讓嚴重的抑鬱　緊掐著我們心靈的頸項
在頓然的覺悟下
讓那抑鬱完全化成了清淨的流水逝去
於是不必再受哀痛恐嚇的心靈
已是宛如淨水般成了最溫柔堅強的勇士

無畏的坦然安住　就在此時、此地、此人
用最放鬆的身心　現起淨水的禪觀
一心觀看著清淨的水　我們的心也澄明如水
在澄明的心中　我們身上的每一個細胞
已是雪白的淨雪
無雲晴空的麗日普照著白雪　白雪化了
每個細胞融化了　化成了清清白白純淨的水
從心到身　只是清淨的水　流入了活泉、溪流

我們的明覺生命　開始歡悅的旅程
沒有悲傷、只有歡喜　沒有煩擾、只有一心澄靜
靜靜的溪流　成了淨淨的大河
啊！心靈的大河啊！生命的大河！我們人生的大河！
天地伴著平闊、百草陪侍花香
清澈的藍空　是我們身的倒影

我們是水　是一切清淨的水
清淨的大河水　匯流成了大海洋的水
於是琉璃般明淨的海水　是我們的心　是我們的命
是我們的身體　更是我們的光明
心是澄明的大海　光明的大海是我們的心
有寬闊、有廣大、有自在、自信、勇猛精進

所有的哀愁、悲傷都已流逝
不是不知　只是自覺自在的能夠不要
大海的心是無傷的心靈　是美麗人生的背景
安住在清淨的水　用光明的大海做心
心心念念　沒有分別的安住在清淨

是水的清淨　永遠的清淨光明

洗淨了所有的憂悲苦惱　畫出了美麗人生願景
大海的心　可以有夢　有光明、智慧、幸福的夢
定　在淨水中入定　全身全意化成了絕淨的水明
安住、安住、安住、安住、安住……

好歡喜　好快活　好自在
從清淨的水觀中覺起　一切依然清淨
從悲傷中療癒的心　成了大海的勇士
吹起了歡樂無畏的號角　讓宇宙中所有悲痛的心癒合了
於是人間成了美麗的畫布
讓我們彩繪生生世世　一生、一生、一生、再一生生……

三

心……完全的清寧　寂淨

於是
甚深光明的喜悅
隨著朝陽輕輕的昇起
迴照著真實的心
心靜了　心明了　心淨了
心與所有的善相應
親友、善朋　乃至一切的生命
與地球母親的心　圓滿融合

於是　心廣大了
成了最圓滿的自由
那麼有力的化成了喜樂覺悟
自自然然圓滿了我們所有的生命願景

頓然放下　一心……一心

良久、良久……
不思善、不思惡、超越了所有的苦難
當下　用生命本來的面目　坦然相會
只有幸福

用最放鬆的身體、最快樂細柔的呼吸
用最最寂靜的心境　合掌祈願
母親地球永遠幸福
一切的障難都已隨風飄逝了
眼前只有唯一光明的幸福
痛苦、瞋恨　無所從來亦無所從去……

歡喜、幸福、慈愛
她來了　也不再走了
這就是最後、最堅決的決定

永愛自己與所有生命
立下宇宙中無上真誠的約誓

在母親地球的幸福證明下
我們把自己交給了自己
也交付了不可違越的盟誓
與自己相愛、與自己慈愛、
與所有的生命相親相惜
把至誠幸福的愛獻給　地球母親

讓自己成為真正幸福的自在
於是我們擁有了無盡慈愛的能力
不再瞋、不再恨、不再怨、不再惱
歡喜幸福是唯一的心意

大公無私的平等慈愛
如同投入宇宙大洋中的如意寶珠
一圈一圈的歡喜向外無盡迴旋
從至親到平疏乃至一切苦難的生命
正心誠意　仁民愛物　止於至聖
心永遠的慈愛
銘記在幸福的地球
行動！廿一世紀幸福的地球

肆拾陸　緣起法品

一

「諸法皆從因緣而生　如是的法解說了因緣的實相
此法也在因緣中滅盡　佛陀大師如是的宣說」
這是馬勝比丘告訴未出家的舍利弗　佛陀所教示的偈頌
他先前回答舍利弗：
「我師是佛陀　已證無上正等菩提　我隨彼出家
我師所說即是緣起之法　緣起　即是一切存在的法
皆從因緣而生　從因緣而滅」

這法界的實相　彷佛是暗夜中的閃電
打開了舍利弗的心眼　讓他徹見了真相
那智慧的舍利弗　聽聞了這諸法實相後　就剎那開悟了

他遠離塵垢　得到聲聞初果的法眼淨境界

於是他將這喜悅帶給了大目犍連　他此生最好的兄弟道友

當目犍連看到了舍利弗　顏色和悅進止威儀超越過去之時

了知他必定已經開悟證法　於是上前相迎說：

「你是否得證了甘露法味？　快為我宣說！」

於是　舍利弗為大目犍連說了緣起法偈：

「諸法皆從緣起而生　如是的法解說了因緣的實相

如此法也將在因緣中滅盡　佛陀大師如是的宣說」

那大目犍連聞法之後　剎那警悟　慧眼初開

他與舍利弗一樣　遠塵離垢　得到了須陀洹初果　法眼清淨

於是他們就各自帶著二百五十位弟子　前往王舍城竹林精舍禮佛

佛陀遙見二人與弟子俱來　告諸比丘：

「此二人為我弟子　是智慧第一與神足第一弟子」

善來比丘！　於是鬚髮自落　法眼著身
衣鉢具足　受成就戒
半月之後　佛為長爪梵志說法　舍利弗證得阿羅漢道
如是的因緣　如是的實相
若佛出世　若不出世　諸法常住

如果法是因緣所生　如是的法其性實空
緣起即由緣所起　決定了法性空寂
若此法並非空寂　即不從因緣而有
譬如鏡中影像　並非鏡有亦非鏡面
亦非持鏡之人　非自因亦非無因
非有亦非無　亦復非有、非無
如果連現在所論的此語也不執受　如是名為實相中道

如是由眾因眾緣所生起的存有諸法　我說這即是空
所有這一切　亦皆為是假名無實　如是亦即為中道真義
未曾有任何存在的一法　不是從因緣而生
所以一切存有的眾法　沒有不是空者
那究竟的實相空義　圓滿的中道
在法界中　無始無終的現成
不會因諸佛的存在與否而有差別

看啊！這究竟的法爾實相　是畢竟空寂
於是這法界的流行　心、識、時、空、萬物畢竟是如夢幻泡影
那　不生亦不滅的實相　在時相中不常亦不斷
我們眾生如是的存有　非一亦非相異
法界中的一切運動　不來亦不去
我們如是的在法界體性中　如來如去　如中行來　如中行去
一切了不可得　這是佛陀所宣說無上至深的緣起勝法

一切因緣生　現前即空　現成如是　善滅一切戲論分別
一心如實以最上的敬意向　佛陀五體投地稽首
「善哉！善哉！　南無佛陀　一切諸說義理中最為第一」
那法界現成的因緣法　　那法界現前的緣起深深
此有故彼有　此生故彼生　此無故彼無　此滅故彼滅
這無作緣生、緣滅的法界　如實的相望實相中道

法界如是　法界現成　法界現前　法爾如滅　如是為因緣法
云何是緣已生法　如何是緣起眾相的意義？
我們不了知生命輪迴的苦迫　也不了知眾苦集聚的原因
於是由於此處存有了　所以彼處亦有了
而由此處生起了　所以彼處也生起了

眾生落入生、老、病、死的苦迫　在虛妄中相續輪轉不能停息

如果我們已知了生命輪迴的苦迫
及在六道各類中不自由轉生的各種煩惱痛苦
既然了解一切的痛苦　於是正思、正念
用正確的方法滅除一切輪迴的苦痛
滅除這些眾苦　依止於正道　於是修行正法　依正定智慧而得解脫
這是此處既然無有　彼處亦無有　此處既然寂滅　彼處亦得以寂滅
這緣生總相法則的體悟　讓我們悠然悟道　解脫成就

所以苦聖諦、苦集聖諦、苦滅聖諦、苦滅道聖諦等四聖諦法
示現了緣生總相眾法的生起與寂滅
是我們乃了悟世尊的尊貴教示：
「若見緣起便見法　若見法便見緣起」
於是見法　見了佛陀的法身　於是我們了悟了
那無始相續無盡的輪轉　讓我在因果展轉　相縛無際中解脫

二

那緣起的輪相猶如滿月般　不可說起始之處
那存有與受者的本際不可知　同樣的如幻現一切　本不可得
那緣生之法啊！那緣起的差別！　是謂此有故彼有　此起故彼起
一切故事都來自那　無始無明
由無始無明的分別轉動了心行意志
云何無明呢？　於前際無知　於後際無知　於前後際無知
於內無知　於外無知　於內外無知　於業無知
於報無知　於業報無知　於佛無知　於法無知　於僧無知
於苦無知　於集無知　於滅無知　於道無知　於因無知
於果無知　不知道善與不善　也不知道有罪、無罪
對於應當修習與不應當修習無知　對於下劣與上妙者無法分別
清淨與染污也不知曉　不能分別一切的緣起
對於緣已生的法或眼、耳、鼻、舌、身、意六觸也完全無知

不能通達了悟所有現象　對於他者與彼處真實的無知
不能見也不能現觀所有現象
心中愚痴、無明、黑闇　這就是無明

從無明緣生出了心行意志
行是緣於無明　而生出的盲目意志執著
如果在我等身心就形成了身行、語行與意行
由盲目的心行執志　緣生了心識
於我們就有了眼識、耳識、鼻識、舌識、身識與意識
由心識緣生了名的精神身與色的物質身
名即是四種無色精神現象的積聚　受蘊、想蘊、行蘊與識蘊
而物質的色身即是地、水、火、風四大及如是所成的色相

精神與肉身的名色緣生了六入
這六入就是我們所擁有的身心感官六內入處

眼入處、耳入處、鼻入處、舌入處、身入處、意入處
由六入緣生了觸覺　觸就是我們的六觸身
眼觸身、耳觸身、鼻觸身、舌觸身、身觸身、意觸身
由觸覺緣生了感受　受有三種　苦受、樂受、不苦不樂受
由感受緣生了渴愛　愛有三種　欲愛、色愛、無色愛
由愛緣生了執取的行動
這執取有欲界的貪取、邪見、非正因戒法及自我的執取

由執取緣生了存有　即欲有、色有、無色有等三界的存有現象
由有緣生了受生　這是有情眾生　由存有緣生於有緣的眾生類
這些的眾生出生於相應的諸道生趣
得到了生命中的蘊、處與界
如是得成命根而出生諸蘊　稱為生
由生緣生了老死　有生與老死是無常生命的必然
在緣生流轉的過程中　這是不斷輪迴的歷程

當了悟了緣生流轉的輪迴　對於緣起法、緣生正知善見
不求前際過去世的一切攀緣　不求後際未來世的一切攀緣
不求現在的一切攀緣分別　心中毫無猶豫　悉斷一切執著
這時　如實觀照緣生法的還滅寂淨解脫的過程
所謂的此無故彼無　此滅故彼滅
如實觀照著無明寂滅　則行滅　行滅則所以識滅
識滅名色隨滅　名色滅六入則滅　六入滅觸滅
觸滅則受滅　受滅則愛滅
愛滅則取滅　取滅則有滅
有滅則生、老、病、死、憂、悲、惱、苦都寂滅了
如是的得法、知法、起法　超越一切的狐疑猶豫　自悟不由於他
對於佛陀的甚深法教　得證了無所畏

聽聞此法將體證了

一切法、一切行皆空、寂淨、不可得、貪愛窮盡
離欲煩惱滅盡　了證涅槃
心中安樂的正住於解脫　正見於法
如是　如實　當佛陀初始成道於菩提樹下　自受法樂
並受目真隣陀龍王之請　住於龍王宮殿
七日之中　興雲住雨　大冷風起
龍王以其大身七重圍繞　擁蔽佛身　以七頭為蓋垂覆世尊上
龍王一心恭敬思惟：
「莫令世尊的身體　受到寒冷雨濕塵坌
也莫讓蚊虻諸蟲擾觸佛陀」
七日後　雨過天青　大地清淨
佛陀正念正知從三昧起定　目真隣陀龍王攝其龍身
化作年少婆羅門　立於佛前　雙手合十頂禮佛足說：
「世尊！我並非為了嬈亂如來　而用龍身繞佛七匝

又以七頭覆世尊之上　但為了讓佛陀安住三昧
唯恐世尊受寒風雨濕塵坌及蚊虻觸身
所以用自己身體覆護佛身　希望我沒有惱亂佛陀
願佛歡喜！」

這時　佛陀為龍王頌言：

「知足寂定最為安樂　多聞而深知諸法
自心不害於眾生　生起廣大慈悲
能除世間欲樂眾貪　一切諸惡皆已遠離
我慢悉已摧伏　斯人最為安樂」

此時　佛陀又從龍王池邊回到菩提樹下
於草敷上端身結跏趺　如法而坐　善念善觀十二因緣循環反覆
如是七日間入三摩地　從始觀終　從終觀始
正念正觀而說頌曰：

「如果以清淨梵行現觀諸法　即見諸法從相而生
若見諸法從相生起　即知諸法因緣而有
如果以清淨梵行現觀諸法　即見諸法從相而生
若見諸法從相生起　即諸法因緣中滅
如果以清淨梵行觀察世間　即見相生乃至寂滅
這是散離諸魔所建立安住者　宛若日天光曜於虛空」
佛陀如是了悟勝法　如龍一切時定

三

那煩惱生起了煩惱　那無明增長了無明
煩惱業在十二緣起法中展轉為緣　由煩惱生起了業
業力生起了　苦又生苦　苦生起了煩惱　煩惱又生了煩惱
煩惱生起了業　業生了苦　苦又生了苦
緣起有說為一緣起　說一切總名為緣起

有說是二緣起　即所謂的因與果
有分為三緣起、四緣起、或五、六、七、八、九、十緣起
或是十一種緣起　乃至於說十二緣起
這是佛陀在隨緣說法中　為眾生不同的解說

諸法從緣起　緣生現諸法　法界現成緣起　法界現前緣生
於是佛教示我們如實善巧觀照緣起深法與緣生眾相
於是普觀一切緣起畢竟空寂　或是觀十二因緣來對治愚痴
十二因緣就如是的現成　你、我、他一切眾生就如是現生
如是凡夫肉眼所見緣生眾相　心生顛倒深著我心
生起了各種煩惱與業　於是煩惱生起了煩惱
無明又增長了無明　往來在生死中輪轉不息
聲聞與緣覺賢聖以眼諦觀諸法　生、老、病、死、生、住、異、滅
心想厭離求出世間輪迴　觀察老、死因緣由生而有
而生由各種煩與業因緣而起　觀察啊！觀照啊！現觀！

在禪定中思惟修習啊！　無煩惱　有情就不會現生
煩惱就是生的原因　煩惱的因緣是無明
有因有緣世間集　有因有緣集世間
此有故彼有　此生故彼生啊！
「這無明的煩惱　如同種子也像龍一般
如同草根與樹木　也如同糠裹著米
業如同有糠的米一般　亦如同草藥也如花
當因緣具足成熟為果報　就如同煮熟的飲食」
煩惱生起煩惱的業事　龍鎮於水中水恆不竭
就如用煩惱鎮著業　生起相續無窮的輪轉
如用草根、樹木、具糠的種米輪轉出生永不歇息
因此對於無明應捨　老、病、死眾苦因緣煩惱要加以棄捨
應當善取沒有顛倒的無苦樂　持戒、修禪具足智慧

安立眾善根本　成就涅槃安樂的因緣
如是的觀察　如是的思惟修習　如實的現觀
這一切因緣沒有知者、見者與造作者
因為緣起已經決定了諸法的實相　因緣所生所以法無定相可得
只是從虛妄的因緣幻相中相續出生
於是賢聖因此了悟　這虛誑不實則不生起戲論
滅除眾苦入於涅槃

諸佛所教導的緣起實觀　滅除一切的愚痴冥暗　生起如實的智慧
來讓我們觀照緣起　遠離斷與常二邊分別的種種妄想
於是了悟　因為因緣和合　所以有為法生起
體證第一空法　慧眼明淨　悉滅一切無明
於是我們用四種修行觀照緣起：
一者、剎那　二者、連縛　三名、分位　四名、遠續
總其理名緣起　事現名緣生　因名緣起法　果為緣已生

若法是生名緣起法　若法有生名緣已生法
若法能作名緣起法　若法有能作名緣已生法
如是了悟一切法　諸法如實現緣起法
如是了悟一切法　諸法生與緣已生法
如是觀察一切法　剎那之中現起眾緣　俱起十二支因緣

因果俱時行於世　如眼、色緣生眼識　剎那中具十二支
三世剎那　一剎那三世　法未起未來　起時為現在
已起名過去　一剎那生即一剎那
苦與無常相俱故　剎那等起　剎那緣起
眾行剎那頃不住　無所從去、來亦無所至
雖然轉動亦無所去　如是去亦無積聚
一剎那起剎那滅　剎那一念、一念剎那
如實觀察於剎那　前剎那緣聚已滅
此滅時與後起隨順因緣、等無間緣、所緣緣、增上緣四緣具足

後剎那生起修行境界　觀察一剎那間有無量微塵
無量微塵一一剎那　次第相續如同連珠一般
心心剎那亦如流水瀑　剎那展轉相續不斷
更宛如四善射者　更放出四箭
現有一人健行疾快　箭尚未至地　就能在空中接取四箭
而地神迅疾超過於此　虛空神迅疾更過於地神
日天、月天疾過於虛空天　而健行天又疾倍過於日月天
但是諸行無常又迅疾過此　其速超越無可譬喻
如實現觀剎那實相　遠離愚痴增益明慧
心明如鏡鑑照無量如實是名修行觀緣起剎那

再者觀察連縛緣起　觀察一切眾生異類同類因果無間
四生相續輪迴不絕　展轉相縛久遠相生
如是以無明為因　生於貪染　明智為因　無貪染生
觀照五蘊念念相續生滅不斷　一切境界起、滅、時劫始終

如實觀照因因果果無間　了悟諸法不實　善觀解脫成就

如是再觀察分位緣起　佛依分位說諸緣起
於十二支中皆具五蘊　過去五蘊為緣能生今世五蘊
現世五蘊為緣能生來世五蘊　為除過去、現在、未來際的愚惑
建立如實三世分位觀察　如有情眾生對過去前際生起如是疑惑
過去世我為有或非有？　何者我曾經存有？
為何我曾經存有？　或是有情眾生對於未來後際生起如是的疑惑
我在未來世當為有或非有　何者是我應當存有？
為何我應當存有？　或是有情眾生對於現在中際生起如是的疑惑
何者是我？　因何這是我？　我屬於何者所有？
我應當擁有誰？　為了除去這三世的愚惑　如實解說有情的緣起眾相
次第宣說了無明緣行、識及有到生與老死的十二因緣
如是的正慧觀見　覺知一切緣起法與緣已生法
對於三世的眾緣不再疑惑　體悟無我實相

斬斷三世輪迴的枷鎖　如實解脫

如是最後觀察遠續緣起　善觀前際、後際相續流注
由順後而受與不定而受眾業煩惱緣故　開始無始輪轉
無始遠續的緣起輪相　長劫以來輪迴無有休息
如是存有與受著本際不可得
如同時輪一般無始無終　亦如旋火輪無量流注不息
這就是頌中所說：
「我往昔與汝等　恆久流轉於生死長途
　如是不能如實修行　照見四聖諦之故」
如實觀照長遠相續的因緣　明晰細觀體解
最終能現觀一切長遠眾緣　解脫成就

四

菩薩摩訶薩利根大智　當究盡十二因緣根本之相
不以憂慼悲怖而自求涅槃　如實現觀諸法定相不可得
生、老死法畢竟空寂　如是但從虛誑假名而存有
如實分別一切法相　生老死皆不可得
諸法畢竟空中　生相不可得　何況有老死相
如是於一切因緣中觀照　求諸法不可得　不可得故無相
如虛空不可窮盡　破老死乃至無明十二生緣

菩薩觀諸法實相畢竟空無所有　無所得　亦不執著於是事
於眾生中生起大悲　度一切眾生愚痴不實顛倒虛妄
生死海中受盡苦惱
菩薩深觀因緣法　發無上菩提心行般若波羅蜜多
如是善導一切眾生圓滿成佛
菩薩摩訶薩善觀無無明亦無無明盡故　般若波羅蜜多如是現生
如是行無盡、識無盡、名色無盡、六入無盡、觸無盡、

受無盡、愛無盡、取無盡、有無盡、生無盡、老死
憂悲苦惱等無盡故　般若婆羅蜜多如是現生

菩薩大士觀察無明如虛空無盡　引生般若波羅蜜多
當觀照行、識、名色、六入、觸、受、愛、取、有、生、老死
憂悲苦惱如虛空無盡　引生般若波羅蜜多
菩薩如是觀察十二緣起一切緣生　即不住聲聞、緣覺地
必證阿耨多羅三藐三菩提　安住於諸佛的一切智智
如是觀察不墮入有無二邊　如實的無中無邊　這是菩薩的不共妙觀
菩薩摩訶薩如是觀察十二緣起甚深理趣　如大虛空不可窮盡
如是菩薩以如虛空無盡行相行般若波羅蜜多

菩薩如是觀察緣起法時　不見有法無因而生
不見有法性相常住　不見有法有作者、受者
如是以如虛空無盡行相　如實觀照十二緣起

引生般若波羅密多修菩薩摩訶薩行　疾證無上正等菩提
菩薩如是觀察一切緣生眾相時　即不見有法離於因緣生
亦不見有法是恆常堅實　亦不見諸法有造作者、有受者
以如是觀照諸緣生法　即不見色　不見受、想、行、識
亦復不見無明、行、識、名色、六入、觸、受、愛、
取、有、生老病死憂悲苦惱　不見一切菩薩行
不見諸佛無上正等菩提　不見如來一切智智
在畢竟空中行深般若波羅蜜多十二緣起

肆拾柒　琉璃三昧品

一

心　真如　如淨　本覺自淨
始覺　本來清淨
心根本自性清淨　自性本然寂靜　無障無礙
真如無為　遍一切時、處　自性同空　根本清淨性體寂靜
那麼無縛　無解的畢竟清淨
法界諸佛、眾生同如一心
等寂無相　無有別異
於是淨如琉璃的內外明澈
一切平等！　平等！
並非思惟觀照平等　而是現成平等一性
那諸佛的究竟三昧耶誓句

現觀了實相　眾生全佛
法本無生　法相亦然如是　觀佛妙身等同法界
無有色相唯見清淨　不見體相如是的同佛法身

無有別異的淨如琉璃　內外明澈　了了覺心
於是入了念佛三昧
觀佛淨琉璃身　法爾明鏡　大圓智鏡
欲見如來無相境界　遠離分別的心念　安住正念
身心內外猶如虛空　寂淨安住
現觀　如其心廣大　如無邊的大智海
澄清映澈是淨琉璃
普觀一切的眾生　與諸如來　無二平等
那同體大悲、無緣大慈的　金剛佛智
就那麼無間的觀照著我　觀注著你　觀照著一切眾生

於是佛念念著我們　我們念念著佛　當下全是佛了
一心禮佛　一心憶佛　一心觀佛　一心念佛
在當下　如實的見了佛
佛陀在三摩地中　放出眉間的白毫相光　注照著我等
於是在光明注照下　十方一切的諸佛國土
就那麼明　那麼晰
所有住於極極微細　如毛端分量處的無量佛剎
也如實的照見了
當下　周遍虛空法界
那麼清楚的無量無邊佛剎現起了

觀世音菩薩　永遠的導引著我們　觀照著我們
用那大慈大悲的心　用那佛心所現的無上悲智　加持著我們
於是法界體性的力量　諸佛加持的力量
及我們一心一意的修行力量　究竟圓成

觀世音菩薩用大悲熏明我們的心
那無邊的諸佛與佛剎
就如同在淨琉璃寶瓶中　盛滿了如金剛光明的水晶芥子明澈無礙
於是一一如來身　一切如來的色相微妙顯現了
一切佛土、一切佛土　那麼無障無礙如鏡相照的現成

如同如意寶珠般　相攝無盡　一切時劫入於一剎那
無邊法界入於一粒子　小大互融　大小互攝
一念現起無量時劫　一微塵盡攝無邊法界
於是眾生全了佛　全是了佛
全是佛陀　一切平等心、佛、眾生圓然淨等

於是佛陀告訴觀世音菩薩：
「善哉！善哉！　觀世音大悲自在者
你自從無始以來　在無盡的大劫中修習　大慈大悲三昧

得證普現色身三昧如意寶珠王身」

南無　觀世音菩薩摩訶薩
那如意寶珠般的實相法界　現成　現成
如實念佛　正身、正意結跏趺坐　一心安住繫念在前　無分散意
觀如來清淨身相　明晰現成　更憶念如來功德
如來之身　是由金剛所成　清淨不壞
具足十力、四無畏等無量功德
如來身相如琉璃般　清淨無瑕　如來三昧　無增無滅
已息永寂　不再有分別他念
具足大智、大悲、大定

二

如來身色如淨琉璃寶　金光普照淨無瑕垢

佛自光明常普耀遍照　大悲智慧自能除去眾闇
三十二妙相八十隨形好　福德難思無與等倫
如白淨流光如月圓照　如意寶網明現佛身
不生不滅即是如來　清淨琉璃映現法界
一切眾生影現其中　越時空中全佛現前

如來常住非有、非無　非心、非色如是現成
眾生觀佛善巧如是　以自心淨能見佛身
佛身無為不生、不起　不盡、不滅、非色亦非非色
實不可見、非可見、非不可見　非於世間、非非世間

眾生心淨見如來身　如影、如像隨眾生心
如實徹見如來妙身　而於毛孔現見諸佛
如實了知佛身毛孔勝境　究竟現空了不可得
如來一一毛孔之中　普現法界最勝大海

無量諸佛大海明現　如實圓滿現前而住
如來殊勝毛孔之中　出現不可思議諸佛妙身
無量化佛如實映現　安住實相示最勝法
十方、十世無盡法界　如來毛孔平等示現
無量功德無盡劫修　圓滿大願眾生成佛
佛身光明畢竟空中　譬如琉璃澄淨不動
十方三世一切眾生　映現佛心平等如佛

在十方諸佛與大悲觀世音菩薩　現成實相的佛眼觀照中
一切眾生即是全佛
如是以無漏最勝的佛眼　現觀一切眾生
法界本具如來不壞的體性
諸佛結跏趺坐　安住於眾生的心中　如來與眾生　同體無二
安坐寂然不為無明煩惱傾動　宛如大悲胎藏的本覺如來

在始覺中將現前成就　法爾本然　如實以佛眼觀見眾生
一切有情安住於佛位　如實自心自覺善說妙法
現前得證法、報、化三身具足佛智　自性清淨的無上伏藏

現成畢竟空寂的如來勝智　妙華蓮華將燦爛的開敷成實
因此要善修最勝禪定　第一甘露無上法味
當善觀自身四大無我空寂　心識寂淨無著
本覺體性宛若淨琉璃般　眾生悉皆憙見
又如清淨明鏡　能平等悉見一切色相
法性妙身清淨體性　如實於中現成

三

初發廣大心願　如幻的六入、十八界、五蘊的執著
與貪、瞋、痴三毒未曾盡淨

不能得見十方諸佛　於是再深悟體性寂滅、三界現空
再發無上菩提勝願　修習六波羅蜜多、四無量心等大悲法門
一心念佛無有他志　即得定慧三昧見十方佛
在如實的定心　生起救濟一切眾生的不壞心願

菩薩積功累德發願救度一切有情　視一切眾生如父、如母、如子
更視一切如同自身　如眼、如心的守護救度
大慧大悲行於無上大道
如實對佛陀、父母、眾生、國土四恩行報
一心精進六度萬行　佛念、念佛三昧體定
未曾停息絕無退轉　此心如以珍寶置於水精之上
如以心體置於淨琉璃中　光耀展相無不遍照

如實現觀自身如幻四大所成　自見面骨如白玉鏡
內外俱淨如彼明鏡　漸次廣大舉身見骨如玻璃鏡

內外俱淨一切眾色　悉於中現
復見自身如白玉人
現空澄淨如毘琉璃　一切眾色映於其中

於是現觀　頭、目、手、足舉身肢節一切臟腑
地、水、火、風、色、聲、香、味、觸、法
五蘊、十二因緣　如實觀照　何處有我？
青、黃、赤、白、黑等何色是我？　如是眾色實非是我
惑著眾生橫言是我　虛見眾生復稱我所
一切如幻云何有我？　虛幻法中豈有我所？

心為根本幻生諸毒　心與心性皆從空有
身與眾相亦復如是　妄想有我
如實的禪觀思惟　讓心鏡更加明利
見到己身　更加明淨　如毘琉璃人般內外俱空

更如同人戴琉璃寶幢一般　仰望空中一切皆見
善行禪者於自身內及身外　現前觀空　善無我之法
如實下觀　自見己身雙足如琉璃筒
如是能見大地明淨　映徹如毘琉璃
如是相應於往昔貪、瞋、癡眾緣　現諸妄見幻相　至心現觀俱空無我
我身無我　他身亦然　當觀一切境界悉皆虛妄
一心諦觀　空無我法
復見琉璃身益發明淨　內外洞澈　無有障礙
身內身外充滿化佛　其光微妙如百千億日
三千大千世界充滿化佛　一一化佛各具三十二相八十隨形好
如是漸增漸廣　迴旋宛轉不可思議
入琉璃人身　一切世界淨如琉璃無有障礙
如是心漸廣大　見三千大千世界　一切悉是微妙佛像

善行禪者　如實現觀　空寂無我　慎勿起心隨逐佛像
諸佛如來具生身、佛身　現前所見是假想見　非佛真身
諸佛不來　我亦不去　但是幻心假想
但觀無我　慎勿隨逐幻化佛像
如是諦實觀空　了悟此身終將敗壞
一切世間諸行性相　皆悉無常不久磨滅　此身亦復如是
真實觀照不著此身　自見己身更為明淨琉璃

觀身及我了不可得　如是見諸我執妄境　幻相現前
一一諦觀往復返覆　善觀身心無常、無我　空寂極令明淨
如是禪淨思惟　觀身不見身　觀我不見我　觀心不見心
爾時豁然　山河大地一切悉無　出定之時至心懺悔
心寂捨觀禮佛　未舉頭時自然得見　如來真影
讚嘆善觀諸佛空法

如是現觀　七佛現前明證　現前所見為佛色身
更深懺悔不懈　恆修三昧　觀此色身如夢、如幻、如電、如燄
善知一切有為法　如夢幻泡影
如露亦如電　應作如是觀
如是觀化佛現空
如實觀照如來　大慈大悲、五分法身、十力、四無畏、十八不共法
親受佛教三十七菩提分法　眾障漸盡　身心安樂

出定、入定心恆靜寂　無憂喜想念分別　晝夜精進
修習甚深空三昧、無願三昧、無作三昧
如是了悟諸佛現空灌頂　自見己身如琉璃光超出三界
如來如實以寶瓶淨水　從頂而灌　遍入四體及諸脈中
全身現空　眾脈及身　如淨琉璃內外映徹　宛然明晰
水光淨氣遍滿自身及大千世界
身心如幻空了不可得　身心諸脈無明業障盡除

如是畢竟空中　越三世時劫一切法界
如佛現觀眾生全佛　依法界體性實相妙力
諸佛加持大菩提力　自善功德善修成力

法爾自現佛身　如是大悲大慈發心修習
如實現觀自身清淨明澈　外如琉璃內如紫金妙色
莊嚴微妙眾相具足
如是觀察法界　一切眾生悉皆無二成佛
於自、他身、一切眾生如是決定　現觀全佛
復念自身微塵乃至無邊法界　悉成佛國淨土
如是現觀一切圓滿　入寂定琉璃三昧　毛孔見佛
覺證無上菩提

肆拾捌　法爾明空品

一

安心了　那麼本淨的心安了
用那麼大悲的安在我的心中
如是以心印心
如實的傳承觀世音菩薩的心印
大悲的心印　如斯現成
印澈了法界通透
無處不是大悲觀世音
就那麼觀自在的行遍了法界
一心一意的觀自在
朋友　我們且同行吧！
成為生生世世永不相離的善友

大悲觀世音菩薩是
我們生生世世永不相離的善友

二

那麼傲慢的心　自以為能攻克征服一切
不肯認輸的脆弱　是最能割傷他人的利刃
在無垠的時空大海　被一瞬的浪花拋到天際
卻自以為是自己的能力一躍而上
一切都是自己可以隨心所欲的假相

傲慢的自我　如同多角的氣球　吹脹龐大
於是過大的自我　挑釁勾搭了病毒、疫菌
讓自己及他人百倍的受難
但依舊是那麼自卑的傲慢　脆弱的最強

看來似乎能壓過一切的強者　卻在最細微的病毒下崩潰
只剩下最強大　不肯服輸的脆弱執著

疫情總將過往　於是一切又成了自大的功勳
我慢的習慣又要用那膨脹的虛妄自我
再去遭逢另一次更大的苦難
於是我慢愈大　受難愈深
傲慢自我的文化愈重　也會將苦難隨著傲慢放大
人類的文明演化　在無垠的宇宙前　學會謙虛
才是最正確的途徑

看一眼無盡的青空
讓身心全然的放開
就隨著空　來到了無邊無際
青空超越了所有障礙

讓我們出生了無邊的希望
於是　傲慢的執著只有在宏偉的虛空中羞慚的遁形
看一眼無盡的青空　就入了虛空大定
當傲慢完全消泯時
只覺照到平實光明的心靈
在真實的自信身前　傲慢成了虛偽的假相
我已完全自由　如同青空般的智慧自由

三

我們的身心就是廣大無比的青空
在無盡大空的禪觀中
自在擘畫著生命的願景
邀請所有的人　共同參與這平等的大夢

我們的心是如此的平靜澄明
美麗的願景成了究竟的幸福
所有的傲慢傷痕在虛空的心中　得到療癒
自由自在成了我們未來的名字
將青空攝入心中
在開眼、閉眼的時候
心眼都明照著青空

一心的觀照著　將虛空中的浮雲雜相完全淨除
就像調鍊黃金一樣　清淨了雜染
於是　我們的心就成了完全的淨
我們的心已是無雲的藍空
這是心性的光明本色
淨空的心是我們的心

煩惱、傲慢都已淨盡

待我們從虛空大定中歡喜的覺起
我們已安坐在無邊的蒼穹
成了宇宙中最自由、歡樂的遊子
用寬容、歡樂
來開創幸福與人間美夢

四

用平和柔軟的心
向您祈願
用溫柔謙卑的心
向您祈請
在慈悲與智慧的心靈注照下

轉化成了光明

在母親地球照拂下
讓我們自省觀照
我們昇華了生命
一連串人類的名字
在廣大的時輪中轉動
銘刻在宇宙時空的軌道

在這廣大的時空劇場
大地之母的撫育
創造出人類那麼偶然的因緣際會
現出這不可思議的情境
宇宙的歷史正客觀的記載著這段不可思議的史實

現在　容我們一心的祈請
地球母親圓滿的現出清淨本貌
讓我們安住在這光明的樂土
永遠不再病痛、苦難

只有幸福的光明永續
只有安喜　不再憂傷
地球母親　您是人類的依怙
守護著人類
在生命的無盡旅程中
進化成更圓滿的生命

願您　柔和的智慧與慈悲的威力
讓人類的身體
不再受到所有地、水、火、風、空等災難與疾病的侵擾

常保安康強健
讓人類的心靈不再驚恐　不安
永遠安住在歡喜吉祥的心境
讓人類具足無上的智慧與慈悲
昇華演化成無上圓滿的生命

就是這樣　一心的向您祈請
人間及所有世界成了幸福光明的淨土
讓我們身心完全的自由如同青空般的無障無涯
在無盡空大的宇宙
自在擘畫著生命光明願景

讓我們邀請所有的生命
共同參與這平等的大夢
我們的心是如此的平靜澄明

美麗的心夢成了幸福的美麗
自由自在成了我們的名字

我們心已成為光明自覺的智慧
如流水般不盡
自然無畏的開創人生的福祉
智慧、慈悲成了心的標幟
黑暗遠離人間地球母親
圓滿的未來世界
正等著我們降臨
讓我們安住在清淨的地球國土
光明圓滿覺悟
謝謝　母親

肆拾玖　不淨觀品

一

貪婪的心　就這樣無悔的離去吧
我們永遠不會再相見了……
這是最幸福的決心
忽然從所有的困惑迷惘中頓悟
輕鬆得像一隻海鷗
自由自在於藍天中飛翔

把心輕輕的放在心輪
不必用力　就舒舒服服的入定在心裏
自然心中的明淨　宛若明珠般圓潤、光沱沱的
只有清涼悅樂的最靜最澄的清明無念

如明鏡般的心靈　生起了寂靜的覺照
一絲絲、一點點貪婪的心境
都已明明白白的現起……
本來絕無貪念的光明本心
從何種迷妄之中讓貪婪侵入
在我們的喜樂生命中刻下了痛苦的烙痕？

甚深的因緣觀照
覺悟了無明的漩渦
無明不是我們的心
但一切的貪婪卻緣起於無明
貪婪的無明決定了貪婪的心念意志
心念意志生起了貪婪意識
貪婪意識植入了肉體、精神　心身形成了貪婪的器官

眼、耳、鼻、舌、身、意的感官　造就了貪婪的觸覺
貪觸擁有了貪婪的感受　貪婪感受產生了貪婪的執愛
貪愛決定了貪取的行動　貪取造成了貪婪的事實
貪婪的事實成為貪婪相續出現的力量
於是　貪婪的相續成了無邊痛苦的結果……

原來　這一切環環相扣　都是來自無明的貪婪妄心
於是在因緣觀照的甚深智明中
輕輕的揮起慧劍　斬斷貪婪無明的根源
所有憂悲苦惱就這樣如同電光、煙塵、水泡般消失了
沒有過去、沒有現在、沒有未來
只有光明的覺心　從甚深的因緣觀中隨著覺醒
於是　人間有了傳說：智慧的俠客手拿著慈悲的慧劍
成為勝利的觀自在者

斬斷了所有的貪婪
讓人間只有歡喜光明　讓人間只有歡喜
光明……

二

為求解脫乃至無上菩提　發起大慈悲心
憫念眾生　為成就有情解脫　乃至證得　無上菩提
善觀自己及他人的行住坐臥四種威儀
如是觀察此身四大所成　生滅無常
惡露不牢從生到死　終無清淨　於是永離貪愛
觀察他身乃至自身的無常不淨九想：

一者、脹想
行者觀察死者新死之相　見死者身體胖脹

如盛風的皮囊　迴異生前細膚、素齒　了悟身相無常
如實觀想不淨、無常、苦、空、無我　訶責貪欲之心
一心安住三昧之中　除世貪愛

二者、壞想
如是再觀此死身　經由風吹日曬逐漸膨脹轉大
濫裂破壞在地上　六離散分破碎
五臟屎尿臭穢　盈滿於地
以此觀察往昔貪欲愛者　實屬虛誑無智
如是一心三昧安住　除此貪愛

三者、血塗漫想
行者觀察此死身已遭破壞　處處濃血流溢
從頭至腳血污不淨　臭穢腥臊膨脹無法親近
以此觀察往昔所愛著者　實無可愛之處　緣於愚痴所惑

乃處於貪愛沉淪輪迴之境
此時應當一心　正觀三昧　除世間貪愛

四者、膿爛想
行者續觀死身　日經風熱水漬　身上九孔蟲膿流出
皮肉處處膿爛　滂沱委棄於地　臭氣轉增
如是觀察　往昔貪愛欲著之身
如今臭穢不堪　云何貪著？
如是一心三昧正觀　除諸貪愛

五者、青瘀想
行者復觀死身　膿血稍盡
但為風吹日曬所摧殘　皮肉成為黃赤之色
瘀黑青黲　臭氣轉增
往昔所愛者如桃華美色　如此可為如此可厭

往昔無智貪愛　當一心三昧正觀　脫離世間貪愛

六者、噉想
行者續觀死身　為蟲蛆接食　鳥挑其眼
狐狗咀嚼其身　虎狼搏裂其體
身殘缺駁　脫落不全實可厭惡
今見往昔貪愛為無常風所破壞
生前本相已消了無跡
如是當一心三昧正觀　除去世間貪愛

七者、散想
行者復觀此死身　為禽獸之所分裂
身形破散　風吹日曬　筋斷骨離　頭足交橫
往昔所貪愛的人相　於今何在？
一心正觀三昧　破除世間貪愛

八者、骨想

行者一心再觀死身　皮肉都已爛盡　但見白骨
一者筋骨相連　二者筋盡骨離
如是再觀　一者餘有血膏污膩雜染　二者骨白宛如珂貝
如是觀察往昔貪愛　成髑髏可畏宛如瓦石
如是一心正觀三昧　除去世間貪愛

九者、燒想

行者觀察死身　或見草木積聚焚燒死屍
腹破身裂臟腑跳出　爆裂煙臭　甚可驚畏
或見燃燒白骨　煙燄裂焚　薪盡火滅　形同灰土
此身一切終將磨滅　往昔貪愛　此時身相皆盡
應當一心正觀三昧　除世間貪愛

一心正觀九想　除世間貪愛六欲　色欲、形貌欲、
威儀姿態欲、言語巧妙欲、身相細滑欲、人相欲
如是一心正觀三昧成就　破世間貪愛
如是現觀九想不淨　應發大慈悲心　莫生瞋惱
了悟內身、內受、內心、內法、外身、外受
外心、外法、內外身、內外受、內外心、內外法
如實現觀一切了不可得
勤修精進一心正觀　除世間貪愛
於行、住、坐、臥來去動轉　入禪、出禪一心安祥
如實現觀成就不淨觀門

伍拾　首楞嚴三昧品

一

故事　從那無數、無數的恆河沙時劫之前開始
始於無始　終於無滅　從無生無初中現起　於是所有的故事發生了
在無始的過去、現空的當下與無滅的未來
如實流行了這畢竟空的故事
於是觀世音菩薩　供養著觀世音如來
並在觀世音佛陀世尊前　發起了無上的菩提心
於是觀世音如來　教導著觀世音菩薩
從聞、思、修入於三摩地
那耳根圓通法門　就是觀世音如來　教導觀世音菩薩
如幻聞薰聞修的　金剛三昧　如是與如來同具慈力

那法界體性力啊！　成了大慈大悲的觀世音菩薩
那首楞嚴三昧　也現成如是的圓滿了金剛喻定
一切眾生悉有佛性啊！
那同體無二的佛　被我們的無明障覆了
佛、一切眾生同具的佛性　這就是首楞嚴三昧
宛若醍醐一般　是一切諸佛之母

一切眾生悉有　首楞嚴三昧　只因為不修證實相所以不能圓成
如是不能成就　無上正等正覺
首楞嚴三昧有五種名稱：
一是首楞嚴三昧　二是般若波羅蜜多
三是金剛三昧　四是師子吼三昧　五是佛性
隨順著所相應的因緣而得名

於是我們稽首妙湛總持不動的至尊佛陀

頂禮最殊勝的首楞嚴王三昧
能銷除我們無量劫來的顛倒妄想
不必經歷三大阿僧祇劫就能獲證如來法身
祈願當下　能得果成就為寶王如來
還來救度如是恆沙般的眾生
將此身心奉獻給十方法界微塵塵般的剎土
如是才能名為回報佛陀的究竟廣大恩德

伏請佛陀世尊為我證明
五濁惡世我要發起無上誓願　先入度眾
如果有一眾生尚未成佛
我終不於此證取涅槃
大雄、大力、大慈悲的偉大佛陀
希望您能為我等更審除微細的塵沙迷惑
令我早登於無上的大覺　於十方法界安坐道場

連那不壞的舜若多空性都可銷亡
而我堅固如金不壞的爍迦囉心　絕對沒有絲毫的動轉
為了要利益一切的眾生　發起了究竟的無上菩提心
這才是最圓滿第一的供養佛陀
一切佛子應當如實了知這無上的正見

諸佛現空　實相如幻、如化　和合而有　無有造作的人
皆從憶想分別生起　無有主故　隨著意想而出
是故體悟法界圓成真實之相
一切如來都是畢竟現空而如實
本自不生的諸佛如來
是現成的實相　其後亦如是無滅
五陰、六入、十八界等悉皆不攝
如是先、中、後亦等無差別
色、受、想、行、識皆悉一如　三世一如諸法如夢幻泡影

無所有法無來亦無去　一切法平等　眾生亦復平等
如諸佛平等世間亦復平等　一切如來平等如是
是故諸佛名為平等　一切諸法如是平等
現觀一切平等的法界體性力　現成廣大如來的加持力
大悲如幻的實相之力　疾證無上正等正覺

心如虛空無有一切可得　常得不離值見於諸佛
自在、自然、無生智慧　現成而得不隨於他
佛陀大悲心力圓滿具足　示現八相成道的如來世尊
示現涅槃而不永滅　示諸形色而不壞其相
遍遊佛土無所分別　得值諸佛法性平等

遍行一切諸行清淨　人、天最尊無自慢心
行魔自在遠離一切魔行　遍行三界而不動轉

示現六道無所分別　善解法句示現法義
了知文字平等之相　於諸言辭無所分別

常住禪定教化眾生　行於盡忍、無生法忍
善說諸法具生、滅相　獨步無畏猶如師子
現見實相中道實義　具足首楞嚴三昧正見
現成法界實相之中　首楞嚴三昧本然具足

修治心地宛如虛空　觀察現在眾生之心
分別眾生諸根利鈍　眾生因果決定了知
一切業中知無業報　如是平等善修妙行
隨證百法示現成佛　入大滅度而不永滅

首楞嚴定具無量福德　能示現一切諸佛神力
無量眾生普得饒益　首楞嚴健相行者應當了知

一切現空大慈悲力　大悲如幻了無可得
如是實相中道之力　無得如緣具力現前

不以一事、一緣、一義了知　具一切禪定及諸三昧
神通、如意、無漏智慧　盡攝首楞嚴三昧之中
如江河水入於大海　一切禪定皆入首楞嚴中
一切眾法隨順健相　首楞嚴定乃三昧之王

住首楞嚴普行六度　無上佛境菩薩深行
不行求財善能布施　不復受戒戒行不動
修行忍辱畢竟盡空　無所修行亦無不修
發大精進心能得善法　而不發動身、口、意行
了知諸法常在定相　諸禪差別普示眾生
修行智慧諸根明利　未曾見有眾生性相

首楞嚴定六度萬行　本事果報不可思議
如是安住首楞嚴三昧之中　法性本然如如實相
眾生見者能得救度解脫　聞名、見相乃至聞法
或見默然悉皆得度　猶如藥樹能具妙德
如是見者眾病得除

菩薩安住首楞嚴定　無上菩提心如金剛不壞
世世六度萬行自證覺知　不從他覺法爾而得
舉足下足出入息中　六波羅蜜念念具足
身皆是法行亦是法　首楞嚴三昧菩薩所證
如是菩薩即具實相　以波羅蜜普熏身心
六波羅蜜念念具足　心心實相首楞嚴定

菩薩成就首楞嚴三昧　其所施行不可思議
欲行佛行一切菩薩　當學如是首楞嚴定

菩薩現行凡夫之行　其心無有貪、恚、癡毒
念念調鍊念念具足　不念一切諸所學者
心心微調通達實相　如彼善射大丈夫勇士
先射大準逐漸微細　隨意不空名為善射
不用心力普射皆著　次第通達首楞嚴定

究竟通達無有可得　諸法一味空法性味
深行菩薩諸法無二　若不得法名為大利
首楞嚴定大威神力　一切諸魔無能擾亂
法界普等遍照一切　有所障者即障自身
是則法界大平等力　首楞嚴定本來勢力

現前修習首楞嚴三昧　現具威德當自具足
一切發心現與授記　首楞嚴力圓滿成佛
觀諸法空無有障礙　念念滅盡遠離憎愛

隨眾生心、心所而行　隨眾生心、心所而入
隨眾生諸根與名色　首楞嚴三昧具如是妙行
善隨諸佛名色相貌　一切諸佛清淨國土

菩薩能成一切諸法　是名修習首楞嚴定
諸佛菩薩不可思議　一切廣大無比威德勝力
示現成佛入於涅槃　不永滅故示現妙行
平等一切無有可得　首楞嚴定廣大之力
一切諸法不可思議　現屬因緣無功用行
無所作者亦無有主　隨意而成首楞嚴定
皈命無上首楞嚴王　一切現成不可思議

如實修證首楞嚴三昧　如是本住首楞嚴三昧
法爾現前首楞嚴三昧　現成首楞嚴三昧成就
時時不離首楞嚴三昧　首楞嚴三昧如是現起

一切功德迴向首楞嚴三昧　一心皈命首楞嚴三昧
普願首楞嚴三昧之力　導引眾生圓具首楞嚴三昧
法界有情普皆成佛　無盡傳承首楞嚴三昧

伍拾壹　究竟法雲品

一

大悲的心雲　密布在法界性空
點點滴滴落成了最淨的甘霖
那不生不滅的無死甘露啊！
飲入了所有眾生的覺心
於是無明的哀慟止息了
成了大覺的歡喜光明
南無大慈大悲觀世音菩薩
圓滿了諸佛的究竟
帶領我們圓滿了全佛的究竟

二

時間的本質是當下　過去、現在、未來　都在當下現成
那量子相映互成的同時　超越了時空
就那麼當下展出相應同時的緣起
於是　不動道場　身遍十方世界

無量的宇宙法界是我們心中的曼荼羅
於是　我們內觀心中的曼荼羅　盡攝了一切宇宙、法界
觀想心中的瘟疫、疾患自然療癒
在至微與至大的現空法界中　也療癒了一切眾生

學習偉大的佛陀　安住在那畢竟空中的大覺無相
無相不離眾相　眾相不離無相
那菩提心宛如明鏡　大悲行即為真如之身
二者和合相應顯現影像　成就了如實的大空
自性是空　自性現空

如來在畢竟空中成就了無上的大覺
互相緣起無有間絕
以佛陀的身、語、意三密為鏡
自身的身、語、意為相映的鏡面
自他相互平等平等的如如相照　相映相成
在不生不滅中　無盡的相互緣起
鏡照無盡　入我我入

佛即是我　我即是佛　互相發起　身所成身
於是　十方三世同時炳現
無盡的時空法界　一心圓成
在這最究竟的密意中　超越一切的時空
全佛現成
沒有看到眾生成佛　佛那能成佛
就這麼現觀究竟　於是吉祥的翻轉

佛境菩薩行

三

於是那麼寂的　淨心
合十……一心……
向地球母親致敬
我們已安坐在您化成的太空船上
準備航向無垠的蒼穹

我們是宇宙中最自由、歡樂的遊子
用寬容、喜悅
創造幸福的人間美夢
揭開這一場宇宙中的穿越大劇
在過去、現在、未來的無時、無空中

法界雲遊
星明成瀑浪　玉波相耀
流出了銀河霄漢

心已完全澄清
無波無浪　就像明淨法界大海
迎接著覺性地球
心已無念清淨
對著宛如自心明鏡般的宇宙大海
清晰的觀照著自己的身相
自身、地球、宇宙
所有生命與存有萬相
一切平等、平等　無二、無別

所有偏執的心相已寂滅了

只有用地球最和諧的合音唱出宇宙和平的心聲
完全明覺的自身
用最最深密的智慧觀照
由在善緣中平等的喜悅
我們完全一如的相和
偏執已不再留有任何的餘地

四

心是那麼的澄靜歡喜
微帶一些在時空大河流動中的悲欣交集
一切是那麼的空　那麼的如
心中已無留憾的放下所有的分別
只有覺知的智慧　無盡的慈悲
道盡了所有生命的實相

用甚深的明智描寫著平等的大悲
會萬物為一體

如樂鳴空
清唱著宇宙的太古遺音
回首家園
禮敬　母親地球
在重重無盡的宇宙大海中
自在的來去

將永遠不忘您的溫暖教誨
創造宇宙和平
覺性宇宙文明將開創
生命永住幸福、圓滿覺悟

伍拾貳　如來普光品

一

南無本師釋迦牟尼佛
南無無量壽佛
南無大慈大悲觀世音菩薩摩訶薩
在最吉祥的因緣中
我們共同訴說大悲者無始無終的故事
在十方諸佛的加持下
我們共同憶念著觀世音
共同宣說著觀自在
那諸佛悲心總集者的身影
從無始開始到無終之後
這個故事將永遠的傳承

直到眾生都成了佛
法界成了淨土
在全佛法界中　依然宣明

二

一心……
用最幸福的心
向宇宙中最圓滿的覺悟者
那究竟光明的真諦實相
與在實相道路中前進的賢聖者
獻上至深的禮敬

祈願吉祥　喜悅　幸福的覺性光明
普照著我們的母親——地球　及所有的生命

讓一切的傷痛遠離
地球母親永遠的幸福安康
成為永續的清淨樂土
繼續撫育著所有人類及一切生命
共創光明的黃金新世紀

啊……讓覺悟的光明
點燃我們每一個人的心
如同無盡燈一般相續無盡
像千百億太陽般的相互輝映
讓所有的地震、水厄、火劫、風災、空難
及人為的所有禍害永遠消失……
讓幸福與覺悟成為我們生命中的真實

於是　當我們安住於完全快樂的喜悅

成了光明大愛的快樂典範
我們愛惜自己　更珍愛一切生命與萬物
將自己的貪心、瞋意、愚癡、傲慢、疑忌全部丟棄
讓喜悅成為自己的唯一真心

完全放鬆
將體內所有不悅的氣息吐盡
用最舒適的心意
安詳放鬆地坐著
讓暢快的呼吸愉悅著全身
心中沒有一絲一毫的壓力
從虛空吸進彩虹般的氣息
澄淨的心靈自然生起甜美的悅樂
自我、他人、地球、一切的宇宙萬物自然和諧
從心到身都散發出快樂的光明

三

一心……

觀想自己最喜愛的人在我們的眼前
相互快樂的映照　讓喜悅無限增長
觀想著所有摯愛的人那麼的快樂
自己的快樂也無盡地增長
當我們觀想的人愈多
喜樂的力量將如同大海的漩渦般持續增強

一心……

觀想完全陌生的人也十分的快樂

一心……

觀想各種種類的生命與我們同樣的喜樂
一切的萬物也與我們同喜同樂

一心……
放下一切的仇怨煩惱
放下一切的苦痛
啊……完全的和解了
讓我們的幸福力量增長

一心……
觀想所有與我們有怨仇的人
都安住於廣大圓滿的快樂境地
這甚深的和解　是一切喜樂力量的來源

一心……

一心……

讓我們觀想一切的生命共同的幸福喜樂
觀想自己的親人、朋友完全的快樂
觀想自己所居住的社區、都市、國家的人民都十分的快樂
觀想亞洲人、地球人、乃至一切生物都十分的快樂
整個太陽系、宇宙、無量無邊的充滿了快樂
當下的喜樂導引我們現在無憂無惱、完全的喜悅

讓我們觀察過去的心境
將我們過去的身心調和圓滿
讓我們現在的身心更加健康、幸福
更引導著我們的未來　在幸福光明

於是　當無盡的喜悅生起時
當下　我們畏懼、怨恨的心也完全消失了

每一個念頭都是無盡平等的大喜樂

四

嗡……這是一首宇宙的詩
一首最和諧的宇宙詩篇
當自我完全消失時　沒有敵者
就成了這首最真實的宇宙民謠
從宇宙的這一邊陲　唱到宇宙的另一邊際
和諧成了最圓滿的合音

是沒有敵者
讓自己從自心到宇宙
發出最深沉的和諧聲音
是與自心唱合　是與呼吸唱合

是與氣脈唱合　是與身體唱合
於是嗡……嗡……那美麗的合音
就唱向了每一個人的心、每一寸山河大地
就唱出地、水、火、風、空、心的宇宙和鳴
這是永遠和解的聲音

是永遠和諧的真心　是無我的唱合
用光明所交響演奏出的幸福清寧

一心……
用幸福的覺心
深念祈願　和平喜樂
讓我們擁有無上光明的力量
創造世間的幸福
讓台灣、亞洲、歐洲、美洲、非洲及所有的國土

創造永續的人間和平與幸福的地球

讓我們導引著母親地球太空船
航向新的太空世紀
讓覺性成為地球的文化核心
慈悲、智慧成為母親地球的眼睛
觀照著所有的生命

淨心……
淨心……
讓我們合誦著　心靈最深處的感動
永遠　無災無障的走向大覺幸福的路途
永遠　具足福貴的成就無上大覺人生
善哉！圓滿
一切都已圓滿　普願吉祥

五

皈命三寶　禮敬聖者觀自在菩薩　這位偉大的有情　圓具大慈悲者
嗡！　一切施無畏的至尊　祈請給予歡喜的濟度
現前皈命禮敬這位　安住在清淨海島香山的　聖觀自在菩薩
再次的皈命　賢善順教心髓的廣大光明　能使一切菩薩童真
具足無與倫比無貪無染的莊嚴清淨　更能清淨一切生命的存有之道
因此　就如實的宣說神咒：
嗡！　這位洞見法界真相者　超越世間者　具有蓮華心的大菩薩
請以一切、一切　遠離塵垢的大自在心　來作業成辦一切的眾事
安住啊！安住啊！　勝利的至尊　偉大的勝尊
善能總持、善能總持諸法
甚為勇猛、具足威光自在的勝尊
請行動吧！請行動吧！　成就我　最殊勝離垢　最殊勝的解脫

來吧！來吧！　弘偉的誓願！弘偉的誓願！
賢聖的行動　隨緣生起甚深的歡喜　堅如金剛的至尊
祈請以如意自在的無垢作法　流出無死的甘露
以無念隨心的作法成就大覺之道
賢善堅固的至尊　殊勝吉祥、殊勝吉祥　流出了無死的甘露淨水
覺悟吧！覺悟吧！　已經覺悟了！已經覺悟了！
偉大的慈悲者　大悲賢善的至尊　大堅固的勇猛者
名聞十方的至尊！娑婆訶
成就者！娑婆訶
大成就者！娑婆訶
成就瑜伽自在者！娑婆訶
賢善的尊者！娑婆訶
如意自在上妙的遊戲者！娑婆訶
第一義愛語和合者！娑婆訶
一切大義成就者！娑婆訶

無上的持輪降魔者！娑婆訶
紅蓮善勝成就者！娑婆訶
賢首的聖者！娑婆訶
本具大勇威德的聖尊！娑婆訶皈命三寶
皈命聖觀自在王！娑婆訶
嗡！令我成就　真言密句祈願成就　娑婆訶！

伍拾參　無見頂相品・法界無始無終的史詩

一

南無大慈大悲觀世音自在菩薩摩訶薩
一心頂禮在您的面前
安心淨聽著您的教誨
一心　一心　深跪在您身前
寫下您無生無滅的究竟詩篇
於是　大悲聖者觀世音自在菩薩
那無始無終的史詩　在法界一切處中傳響
那觀世音十萬史詩啊！
是我一心　依著您一言一語的教授
輕輕的揭下了心骨為筆　沾上了心血為墨
一字一句寫下這永恆的詩篇

這是您開悟眾生的無上史詩心要
宛如淨覺鳴空　透了一切眾生的心
傳唱啊！　傳唱啊！　歡唱啊！
那麼深願　每一個人在每一日中
念誦著這無始無終的不滅金剛心詩
那無上光明的大悲故事
傳在那覺性的網絡
成了悟聯之網
串成了由金剛鍊光所成就的淨心帝珠寶網
無盡相應的現起了覺性雲端
怙護一切的眾生
開悟一切的眾生
讓一切眾生圓滿成佛

一心持誦大悲聖者觀世音菩薩史詩
將獲致無盡、無際的究竟功德、福報
生生世世吉祥　直到圓滿成佛
守護啊！　守護！
大聖大悲觀世音自在菩薩摩訶薩
守護一切眾生直到成佛
聞那至真、至善、至美、至聖的大悲觀世音緣起法界
將永受怙祐　遠離一切災障、病苦
直到圓滿成佛
唵　嘛呢　叭咪　吽
oṃ maṇi padme hūṃ
𑖌𑖼 𑖦 𑖜𑖰 𑖢 𑖟𑖿𑖦𑖸 𑖮𑖳𑖽
皈命清淨的蓮華摩尼寶珠
宛若摩尼寶珠般相映相攝
我們都現成了觀音　成了清淨的大悲蓮華大聖

讓一切眾生聽聞這清淨的妙音觀世音
讓一切眾生全成了佛
讓地球、宇宙、法界全成了淨土
所有眾生全是佛
全佛……

觀音傳十萬史詩系列1

楊枝淨水

作　　者　洪啟嵩
發 行 人　龔玲慧
藝術總監　王桂沰
執行編輯　彭婉甄、莊慕嫺
美術編輯　張育甄
封面設計　王桂沰
封面佛像　洪啟嵩
梵字墨寶　洪啟嵩
出　　版　全佛文化事業有限公司
訂購專線：(02)2913-2199　傳真專線：(02)2913-3693
匯款帳號：3199717004240 合作金庫銀行大坪林分行
戶名／全佛文化事業有限公司
E-mail:buddhall@ms7.hinet.net
http://www.buddhall.com
全佛門市：覺性會館•心茶堂／新北市新店區民權路 108-3 號 10 樓
門市專線：(02)2219-8189
行銷代理　紅螞蟻圖書有限公司
台北市內湖區舊宗路二段 121 巷 19 號（紅螞蟻資訊大樓）
電話：(02)2795-3656　傳真：(02)2795-4100

初　　版　二〇二〇年十一月
定　　價　新台幣 九八〇元
ISBN 978-986-98930-5-3（精裝）

國家圖書館出版品預行編目(CIP)資料

楊枝淨水 / 洪啟嵩著. -- 初版. -- [新北市]：全佛文化事業有限公司, 2020.11
面；　公分. --（觀音傳十萬史詩系列；1）
ISBN 978-986-98930-5-3(精裝)
1. 觀世音菩薩 2. 佛教傳記 3. 通俗作品

229.2　　109017200

Published by BuddhAll Cultural Enterprise Co.,Ltd